파이썬과 OpenCV로 실습하며 배우는

영상처리

IMAGE PROCESSING *using*
PYTHON *and* OPENCV

김성영 지음

카오스북
CHAOS BOOK

김성영 sykim@kumoh.ac.kr

- 2003.8 부산대학교 공학박사
- 2004.3 ~ 현재 금오공과대학교 교수
- 2011.1 ~ 2012.2 UC.Irvine 교환교수
- 2014.3 ~ 2016.2 공학교육인증프로그램 PD
- 2017.11 ~ 현재 교수학습개발센터 센터장
- 2020.09 ~ 현재 교육대학원 AI융합전공 주임교수

♣ 관심 분야

- 멀티미디어, 영상 처리, 패턴 인식 등

파이썬과 OpenCV로 실습하며 배우는

영상처리

발행일 2021년 3월 1일
저자 김성영
발행인 오성준
발행처 카오스북

등록번호 제2020-000074호
주소 서울 은평구 통일로73길 31번지
전화 02-3144-8755, 8756
팩스 02-3144-8757
웹사이트 www.chaosbook.co.kr
ISBN 979-11-87486-22-0 93000
정가 23,000원

머리말

4차 산업혁명 시대를 맞아 인공지능에 대한 관심이 매우 높아지고 있습니다. 인공지능 분야에서 특히 두각을 보이며 높은 기술 수준을 나타내는 분야가 기계학습과 머신비전 분야입니다. 머신비전의 경우 영상을 입력으로 사용하여 영상에 포함된 여러 가지 고수준 정보를 획득하고 있습니다. 최근에는 이를 위한 처리 과정이 많이 자동화되었지만 아직은 영상 관련 분야에 대한 지식을 요구하고 있으며 이를 통해 조금 더 향상된 결과물을 생산할 수 있습니다.

영상처리는 인공지능 분야에서 영상을 입력으로 사용하는 모든 분야에 활용할 수 있으며 최근 영상에 대한 의존도가 점점 높아지고 있으므로 그 활용도가 더욱 높아질 것으로 예상합니다. 저자는 10년 이상 교육 현장에서 영상처리 및 패턴인식과 관련된 강의를 진행하였습니다. 제가 공부했던 시기에는 주로 원서로 된 도서를 사용하여 영상 관련 분야를 공부했습니다. 꽤 많은 시간이 흐른 지금은 다양한 영상처리 관련 도서들이 집필되었고 충실한 내용을 담고 있는 도서들도 상당히 많이 있습니다. 그런데 대부분들의 도서들이 너무 많은 내용을 담아 두꺼운 분량으로 작성되어 영상처리에 입문하는 사람들에게 큰 부담을 주고 있습니다. 또한 대부분 이론 위주로 작성되어 이론에 따른 실습을 해 볼 수 있는 기회가 없는 상황입니다. 실습서의 경우에는 실습 분량으로 인해 이론서보다 분량이 더욱 많아지는 경우가 있으며 대부분의 실습은 C언어 또는 C++언어로 작성되어 언어 장벽으로 인해 실습에 어려움을 겪는 경우가 자주 발생하고 있습니다.

이 책에서는 간단한 이론과 이에 따른 실습을 함께 진행할 수 있도록 내용을 구성하였습니다. 실습의 경우에는 초보자도 쉽게 이해할 수 있는 파이썬 언어를 기반으로 OpenCV를 사용하여 영상처리에 대한 입문자들이 쉽게 이해하고 따라할 수 있도록 내용을 준비하였습니다. 총 8개의 장으로 구성되어 있으며 각 장은 모두 기초 이론, 따라하기 실습, 스스로 하기 실습의 3단계로 구성하여 이론과 실습을 병행할 수 있도록 하였으며 스스로 하기 실습을 통해 따라하기 실습에서 진행하였던 내용을 스스로 활용하고 발전시킬 수 있도록 하였습니다.

10년 이상 준비하고 강의하였던 내용을 이 한 권에 담았지만 여전히 부족한 내용이 있을 수도 있고 집필하는 과정에서 오타를 포함해서 일부 오류가 있을 수도 있습니다. 여러분들께서 이 책을 읽으면서 수정하거나 추가적으로 검토할 내용을 알려 주시면 기쁘게 받아 미흡한 부분을 보완하도록 하겠습니다. 이 책을 집필하는 데 도움을 주신 여러분들께 감사드리며 특히 가족에게 큰 고마움과 사랑을 전합니다.

2021년 3월

저자

차례

제 1 장

개발 환경 구축하기

학습 목표

1) 마이크로소프트 윈도우즈(MS-Windows) 운영체제에서 파이썬과 OpenCV를 설치하는 방법을 학습한다.
2) 파이썬 기반의 OpenCV 프로그램을 작성하고 실행하는 방법을 학습한다.

1.1 아나콘다 기반의 파이썬 설치

파이썬 설치는 파이썬 공식 사이트(python.org)에서 설치 파일을 다운로드하여 설치하는 방법과 아나콘다를 사용하는 방법이 있다. 아나콘다는 파이썬 배포판 중의 한 가지 방식이다. 아나콘다를 사용하면 설치 파일의 용량이 큰 단점이 있지만 이미 여러 가지 패키지들이 설치되어 있기 때문에 개별 패키지를 설치해야 하는 불편함을 해결할 수 있다. 이 책에서는 아나콘다를 사용하여 파이썬을 설치하는 방법에 대해 살펴본다.

아나콘다(anaconda) 공식 사이트(anaconda.com)에 접속한 후 화면 상단 또는 중간의 'Get Started' 버튼을 클릭한다. 그리고 'Download Anaconda installer'를 클릭한 후 운영체제의 종류에 맞게 아나콘다 설치 프로그램을 다운로드한다. 이 책에서는 MS-Windows 운영체제에서 파이썬 3.8을 사용한다. 따라서 [그림 1.1.1]과 같이 Python 3.8 버전의 64-Bit 설치 프로그램을 다운로드한다. (아나콘다 웹 사이트의 설치 파일 버전은 접속하는 시점에 따라 달라질 수 있다.) 설치 파일을 다운로드할 때 전자우편 주소를 입력해야 할 수도 있다. 설치 파일의 용량이 크기 때문에 다운로드 시간

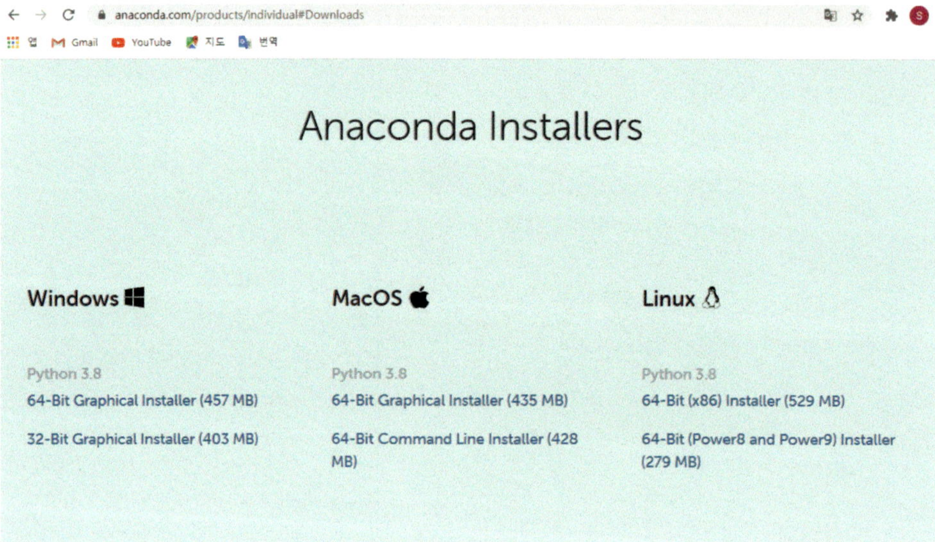

[그림 1.1.1] 아나콘다 다운로드 사이트

이 다소 소요될 수 있다.

다운로드한 설치 파일을 실행하여 아나콘다 프로그램을 설치한다. 설치 단계는 모두 기본 설정 값을 사용하여 진행한다. 설치를 완료한 프로그램 목록에서 [Anaconda Prompt]를 찾아 실행한다. 이 프로그램은 [그림 1.1.2]와 같이 [A]로 시작하는 프로그램 목록에서 검색할 수 있다. 이때 반드시 관리자 권한으로 실행한다. 관리자 권한으로 실행하기 위해서는 항목에서 마우스 오른쪽 버튼을 누른 후 '관리자 권한으로 실행'을 선택한다.

[아나콘다 프롬프트]에서 [그림 1.1.3]과 명령어를 입력하여 아나콘다 프로그램을 통해 설치한 파이썬 버전을 확인한다. 파이썬 버전은 3.8.5로 확인할 수 있다. 설치한 시점에 따라 파이썬 버전은 달라질 수 있다. '>' 기호는 명령 프롬프트를 의미한다.

```
> python --version
```

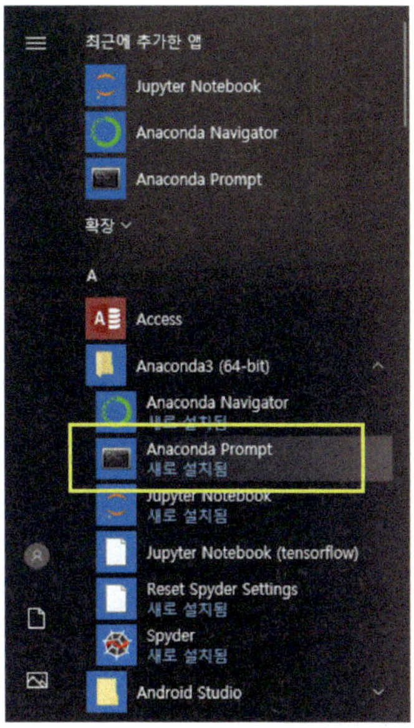

[그림 1.1.2] 아나콘다 프롬프트 프로그램 실행

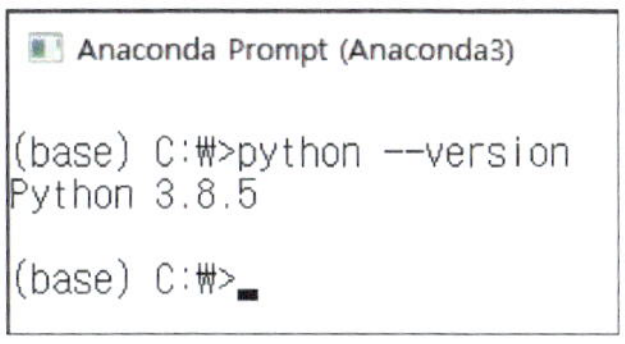

[그림 1.1.3] 파이썬 버전 확인

이번에는 파이썬 IDLE(Integrated Development and Learning Environment)를 실행해보자. [그림 1.1.4]와 같이 명령어를 입력하여 파이썬 IDLE를 실행한다. 실행 화면에서 파이썬 버전을 확인할 수 있다.

```
> python
```

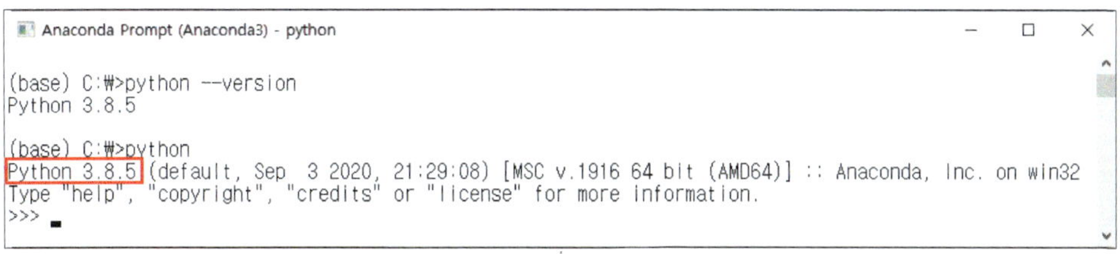

[그림 1.1.4] 파이썬 IDLE 실행

아나콘다를 사용하여 파이썬을 설치하면 여러 가지 유용한 파이썬 패키지들이 함께 설치된다. 그럼 아나콘다를 통해 파이썬과 함께 설치된 Numpy 라이브러리를 확인하자. Numpy는 과학 계산 분야에서 유용하게 사용할 수 있는 파이썬 패키지이다. Numpy는 특히 다차원 배열을 처리하는 강력한 성능과 도구를 제공한다. 특히 OpenCV의 영상 데이터는 Numpy 배열을 사용하여 저장하기 때문에 OpenCV를 사용할 때 Numpy 라이브러리를 많이 활용한다. [그림 1.1.5]와 같이 파이썬에서 Numpy 패키지를 불러온 후에 Numpy의 버전을 확인한다. '>>>' 기호는 파이썬 IDLE에서의 명령 프롬프트를 의미한다.

```
>>> import numpy as np
>>> np.__version__
```

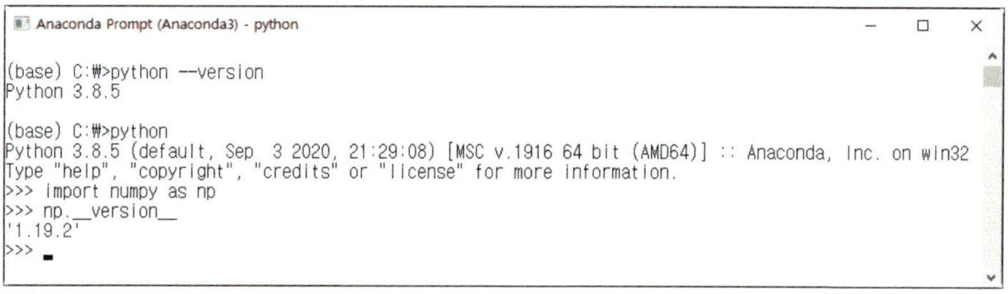

[그림 1.1.5] Numpy 라이브러리의 버전 확인

이제 파이썬 IDLE를 종료하고 명령 프롬프트로 복귀한다. IDLE를 종료하기 위해서는 [그림 1.1.6]과 같이 CTRL(^) + z 또는 exit() 명령을 입력한다.

```
>>> ^z 또는 exit()
```

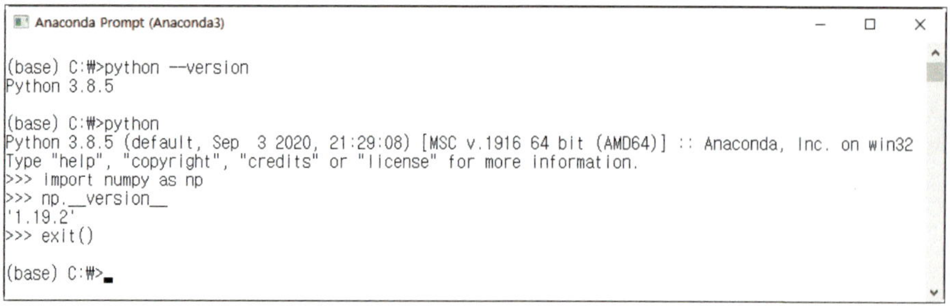

[그림 1.1.6] 파이썬 IDLE 종료

이번에는 OpenCV를 설치한다. OpenCV는 공식 사이트(opencv.org)에서 소스코드를 다운로드하여 설치할 수도 있지만 설치 과정이 복잡하고 까다롭다. 이 책에서는 wheel binary package[1,2] 방식을 사용하여 설치한다. Wheel이란 파이썬 배포를 위한 새로운 표준이다. OpenCV는 wheel binary package(www.lfd.uci.edu/~gohlke/pythonlibs)에서 찾을 수 있다. [그림 1.1.7]과 같이 opencv_python-4.4.0-cp38-cp38m-win_amd64.whl을 다운로드한다. 이 파일은 64비트 MS-Windows 환경에서 파이썬 3.8 버전을 위한 OpenCV 4.4.0 버전에 대한 패키지이다.

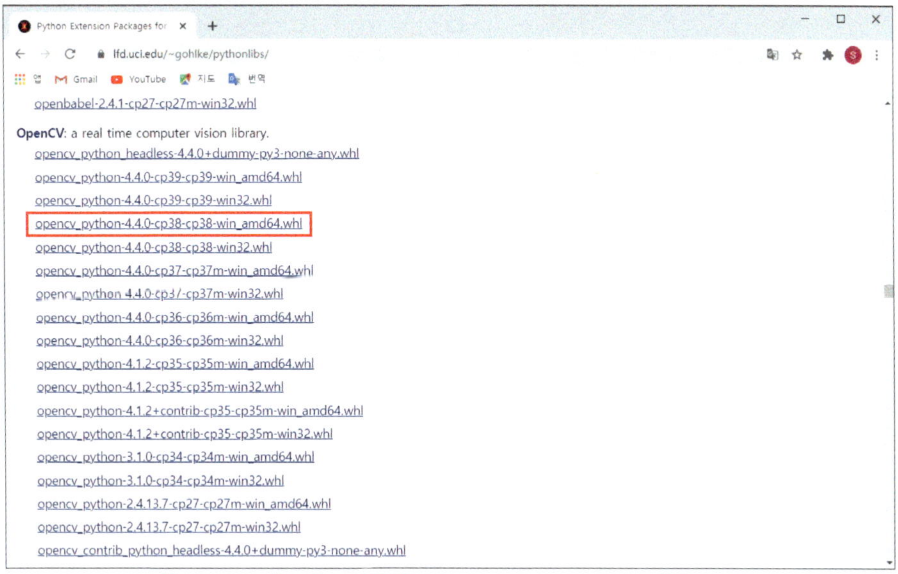

[그림 1.1.7] OpenCV용 wheel binary package 다운로드

OpenCV를 설치하기 전에 우선 파이썬용 패키지 설치 프로그램인 pip의 버전을 확인하자. 필요에 따라 [그림 1.1.8]처럼 pip의 버전을 최신 버전으로 업그레이드할 수 있다.

```
> pip --version
> python -m pip install --upgrade pip
```

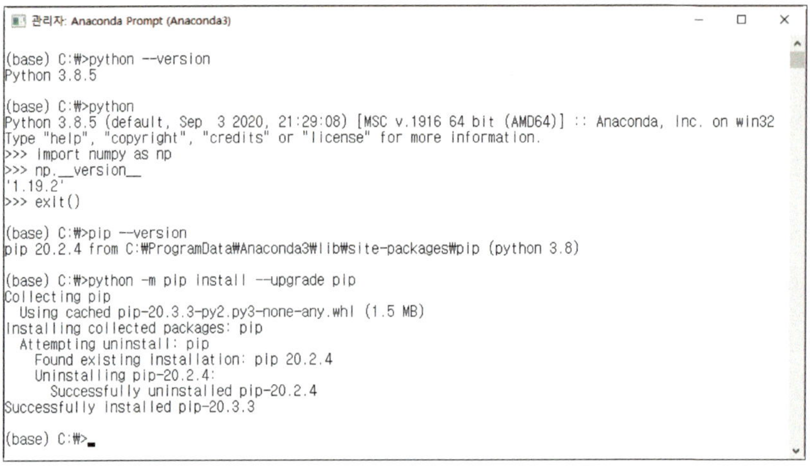

[그림 1.1.8] pip 버전 업그레이드

이번에는 OpenCV를 설치하자. OpenCV를 설치하기 위해서는 이전 단계에서 다운로드한 OpenCV 패키지가 위치한 경로로 이동해야 한다. 만약 다운로드한 패키지 파일이 [D:\packages] 폴더에 위치하고 현재 폴더의 위치가 [C:\]라고 하면 다음과 같이 명령을 실행한다. 마지막의 dir 명령을 통해 폴더에 포함된 하위 폴더와 파일 목록을 확인할 수 있다. [그림 1.1.9]를 참조하자.

```
> d:
> cd packages
> dir
```

[그림 1.1.9]와 같이 아나콘다 프롬프트 환경에서 OpenCV를 설치한다. 파일 명이 길기 때문에 오타가 없도록 잘 확인한다. 파일 명의 일부(예를 들어, open_)만을 입력한 후 탭(tab) 키를 누르면 나머지 파일 명이 자동 입력되므로 편리하다.

```
> pip install opencv_python-4.4.0-cp38-cp38-win_amd64.whl
```

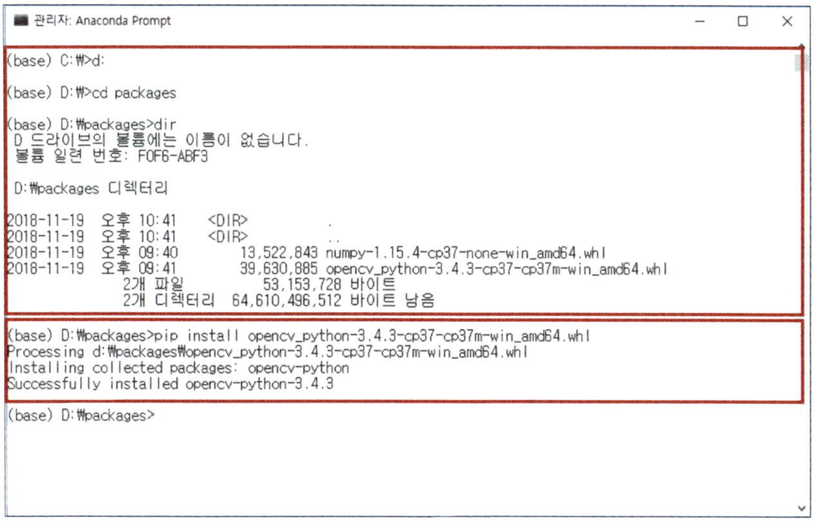

[그림 1.1.9] OpenCV 설치

OpenCV의 설치 여부와 버전을 확인하자. 파이썬 IDLE를 실행한 후 OpenCV 패키지를 임포트하여 버전을 확인한다.

```
> python
>>> import cv2
>>> cv2.__version__
'4.4.0'
```

1.2 따라하기 실습

실습 내용

- OpenCV를 사용하여 영상 불러오기
- OpenCV를 사용하여 영상 처리하기

1) OpenCV를 사용하여 영상 불러오고 화면에 표시하기

이번 예제에서는 OpenCV를 사용하여 영상을 윈도우에 출력하는 프로그램의 실행 과정에 대해 살펴본다. 이번 예제는 파이썬 프로그램을 실행하는 방법에 대해 살펴보는 것이 목적이다. 따라서 소스 코드에 대한 자세한 설명은 생략한다. 3장에서 이번 소스 코드를 다시 살펴볼 것이다. 소스 코드는 1장 폴더에 위치하며 파일 명은 display_image.py이다. 소스 코드를 실행하는 방법은 다음과 같다. 영상 파일의 경로를 위한 구분자는 슬래쉬(/) 또는 역슬래쉬(\)를 사용할 수 있다.

```
python display_image.py --image ../images/nature.jpg
```

아나콘다 프롬프트에서 우선 display_image.py 파일이 위치한 폴더로 이동한 후에 앞의 명령을 실행한다. 프로그램 실행 과정에서 1개의 명령 행 인자를 사용하여 입력 영상의 경로를 지정한다. 입력 영상의 경로는 상위 폴더의 images 폴더에 위치하는 nature.jpg이다. 소스 코드는 다음과 같으며 프로그램의 실행 결과는 [그림 1.2.1]과 같다. 사용자가 지정한 파일의 영상 데이터가 윈도우에 출력된다.

```
# 필요한 패키지를 import함
from __future__ import print_function
import argparse
import cv2

def display_image(img):
    # 영상 정보 출력
    print("(rows, cols, ch): {}".format(img.shape))

    # 영상 출력을 윈도우 생성
    cv2.namedWindow('image', cv2.WINDOW_NORMAL)
```

```
    # 윈도우에 영상 출력
    cv2.imshow('image', img)

    # 사용자 입력 대기
    cv2.waitKey(0)
    # 윈도우 파괴
    cv2.destroyAllWindows()

if __name__ == '__main__':
    # 명령 행 인자 처리
    ap = argparse.ArgumentParser()
    ap.add_argument("-i", "--image", required = True, \
            help = "Path to the input image")
    args = vars(ap.parse_args())

    filename = args["image"]

    # OpenCV를 사용하여 영상 데이터 로딩
    image = cv2.imread(filename, cv2.IMREAD_COLOR)
    if(image is None):
        print('{}: reading error'.format(filename))
    else:
        # 윈도우에 영상 출력
        display_image(image)
```

[그림 1.2.1] 프로그램 실행 결과

2) OpenCV를 사용하여 영상처리하기

이번 예제는 OpenCV를 사용하여 입력 영상에 대해 간단한 영상처리를 수행한 후, 그 결과를 윈도우에 출력하는 소스 코드의 실행 과정을 살펴본다. 이번 예제도 이전 예제처럼 파이썬 프로그램을 실행하는 방법을 살펴보는 것이 목적이다. 소스 코드는 1장 폴더에 위치하며 파일 명은 process_image.py이다. 소스 코드를 실행하는 방법은 다음과 같다.

```
python process_image.py --input../images/nature.jpg
    --output result.jpg
```

프로그램 실행 과정에서 2개의 명령 행 인자를 사용한다. 첫 번째 인자는 입력 영상의 경로를 지정하고 두 번째 인자는 결과 영상의 저장 경로를 나타낸다. 이 프로그램은 입력 영상에 대해 윤곽선 검출을 수행한 후 그 결과를 화면에 출력한다. 실행 결과는 [그림 1.2.2]와 같다. 1장 폴더를 확인해 보면 result.jpg 파일이 생성된 것을 확인할 수 있다.

```
# 필요한 패키지를 import함
from __future__ import print_function
import argparse
import cv2
import display_image

def process_image(image):
    result = cv2.GaussianBlur(image, (5,5), 0)
    result = cv2.Canny(result, 100, 200)

    return result

if __name__ == '__main__':
    # 명령 행 인자 처리
    ap = argparse.ArgumentParser()
    ap.add_argument("-i", "--input", required = True, \
            help = "Path to the input image")
    ap.add_argument("-o", "--output", required = True, \
            help = "Path to the output image")
```

```
    args = vars(ap.parse_args())

    infile = args["input"]
    outfile = args["output"]

    # OpenCV를 사용하여 영상 데이터 로딩
    image = cv2.imread(infile, cv2.IMREAD_COLOR)
    if(image is None):
        print('{}: reading error'.format(filename))
    else:
        # 영상 블러링 및 캐니 에지 연산 수행
        result = process_image(image)

        # 윈도우에 영상 출력
        display_image.display_image(result)

        # 결과 영상을 새로운 이름으로 저장
        cv2.imwrite(outfile, result)
```

[그림 1.2.2] 프로그램 실행 결과

제 2 장

디지털 영상 구조의 이해

학습 목표

1) 디지털 영상의 유형을 구분하여 유형별 특성을 살펴본다.
2) PBM/PGM/PPM 파일의 구조를 학습하고 영상 유형별로 영상 데이터가 파일에 저장되는 방식을 확인한다.
3) GIMP를 사용하여 PBM/PGM/PPM 파일을 생성하는 방법을 실습한다.
4) XVI32를 사용하여 PBM/PGM/PPM 파일 구조를 확인하는 방법을 실습한다.
5) 파이썬을 사용하여 PPM 파일을 읽고 저장하는 방법을 실습한다.

2.1 기본 이론

1) 디지털 영상의 유형 구분

디지털 영상은 이진 영상(binary image), 그레이 스케일 영상(gray-scale image), 컬러 영상(color image)으로 유형을 구분할 수 있다. 이진 영상(binary image)은 픽셀당 1비트를 사용하는 영상이다. 따라서 각 픽셀은 두 가지 값인 흰색과 검정색만을 표현할 수 있다. 이진 영상은 [그림 2.1.1](a)와 같이 주로 영상에 포함된 객체의 형상(shape)이나 윤곽선(contour) 정보를 표현하기 위한 용도로 사용한다. 그레이 스케일 영상은 [그림 2.1.1](b)와 같이 색(color)에 대한 정보 없이 밝기에 대한 정보만을 포함하는 영상이다. 그레이 스케일 영상의 경우 픽셀당 사용하는 비트 수에 따라 표현 가능한 밝기의 단계는 달라진다. 일반적인 그레이 스케일 영상은 픽셀당 8비트를 사용한다. 이 경우 픽셀은 0~255 범위의 밝기 값을 가지며 0은 검정색, 255는 흰색에 해당한다. 반면 4비트 그레이 스케일 영상은 픽셀당 4비트를 사용하며 이 경우 0은 검정색, 15는

(a) 이진 영상

(b) 그레이 스케일 영상

(c) 컬러 영상

[그림 2.1.1] 영상 유형에 따른 영상 구분

흰색에 해당한다.

컬러 영상(color image)은 [그림 2.1.1](c)와 같이 각 픽셀이 색(color)에 대한 정보를 갖는 영상이다. 그런데 우리가 인지하는 색은 기본색(primary color)의 조합으로 표현된다. 기본색의 종류에는 빛의 삼원색에 해당하는 빨간색(red, R), 초록색(green, G), 파란색(blue, B), 그리고 색의 삼원색인 청록색(cyan, C), 자홍색(magenta, M), 노란색(yellow, Y) 등이 존재한다. 두 가지 종류만 소개했지만 훨씬 다양한 종류가 존재한다. 이처럼 기본색을 혼합하여 여러 가지 색을 표현할 수 있다. 색 모델(color model)은 기본색을 사용하여 다른 색을 표현하는 수학적 모델을 의미한다[3]. 컬러 영상에서는 주로 R, G, B를 기본색으로 사용한다. 따라서 컬러 영상은 R, G, B 밝기 정보를 가지는 세 장의 그레이 스케일 영상이 합쳐진 영상으로 간주할 수 있다. 앞서 설명한 것처럼 일반적인 그레이 스케일 영상은 픽셀당 8비트를 사용하므로 RGB 컬러 영상은 각 픽셀이 24(8×3)비트를 사용한다. 이처럼 픽셀당 24비트를 사용하는 컬러 영상을 트루 컬러 영상(true color image)이라고 한다. 컬러 영상의 세부 유형에는 인덱스 컬러 영상(indexed color image)[4]이라는 것도 있지만 영상처리에서는 트루 컬러 영상만을 입력으로 사용하기 때문에 인덱스 컬러 영상에 대한 설명은 생략한다.

2) Netpbm 파일 구조

Netpbm[5]은 그래픽 프로그램과 프로그래밍 라이브러리를 위한 오픈소스 패키지이다. Netpbm 파일 형식에는 PBM, PGM, PPM 형식이 존재한다. PBM, PGM, PPM은 영상 데이터를 저장하는 매우 단순한 형식을 영상 파일 포맷이다. 이들은 순서대로 Portable BitMap, Portable GrayMap, Portable PixMap의 약자이며 각각 이진 영상, 그레이 스케일 영상, 컬러 영상 데이터를 저장한다. 이 포맷은 영상 데이터를 압축하지 않는 방식으로 저장한다. 이 세 가지 포맷은 동일하게 [그림 2.1.2]의 구조를 갖는다.

식별자 (매직넘버)	구분자	가로길이	구분자	세로길이	구분자	최대밝기	구분자	영상데이터
헤더								데이터

[그림 2.1.2] PBM/PGM/PPM 파일 구조

파일 구조는 크게 헤더와 데이터 영역으로 구분할 수 있다. 헤더는 식별자(identifier), 영상 크기, 최대 밝기의 세 가지 정보를 포함한다. 단, PBM은 최대 밝기 정보를 생략한다. 식별자를 사용하여 파일의 유형을 구분할 수 있는데 파일의 유형에 따른 식별자는 [표 2.1]과 같다.

[표 2.1.1] 파일 유형에 따른 식별자 구분

식별자	파일 유형
P1, P4	PBM
P2, P5	PGM
P3, P6	PPM

가로 길이와 세로 길이는 영상의 가로 방향 및 세로 방향의 크기를 나타내며, 최대 밝기는 픽셀이 가질 수 있는 최대의 밝기를 지정하며 픽셀당 사용하는 비트 수를 결정한다. 최대 밝기는 0이상 65535 이하의 값을 가질 수 있는데, 일반적으로 255를 사용한다. 헤더 영역에 포함되는 값들은 모두 아스키 문자를 사용하여 표현되는데 구분자에 의해 분리된다. 구분자는 개행 문자(linefeed, \n), 복귀 문자(carriage return, \r) 또는 공백 문자(white space)를 사용한다. 헤더에는 주석이 포함될 수 있는데, 주석은

기호로 시작하여 개행 문자로 끝난다.

개행 문자의 아스키 코드는 16진수로 0x10이고 복귀 문자는 0x13이다. 식별자가 P1, P2, P3인 경우는 영상 데이터가 아스키 문자, P4, P5, P6인 경우는 바이트(이진) 형식으로 저장된다. 마이크로소프트 윈도우즈 환경에서는 Nebpbm 포맷의 파일들을 화면에 출력하기 위해서는 뷰어 프로그램을 설치해야 한다. 사용 가능한 프로그램은 IrFanView(www.irfanview.com)나 GIMP(www.gimp.org) 등이 있다. Netpbm 포맷 영상 파일의 구조를 상세히 이해하기 위해 몇 가지를 예제를 살펴보자.

예제 2.1 PPM 예제 1

다음과 같은 영상 데이터를 포함하는 PPM 파일 구조를 살펴보자. 가로 길이는 10, 세로 길이는 3을 갖는 컬러 영상이다.

[그림 2.1.3] 예제 2.1을 위한 영상 데이터

파일에 저장된 값을 확인하면 다음과 같다.

50	36	0A	31	30	0A	33	0A	32	35	35	0A	FF	00	00	00	FF	00	...
'P'	'6'		'1'	'0'		'3'		'2'	'5'	'5'		255	0	0	0	255	0	...
식별자			가로			세로		최대 밝기				픽셀 1			픽셀 2			

파일에 저장된 첫 번째 값은 16진수로 0x50이다. 이 값은 아스키 코드의 'P'에 해당한다. 다음 값은 '6'이다. 이 두 개의 값은 식별자에 해당하며 이 파일의 경우 식별자는 P6이므로 PPM 형식이라는 사실을 알 수 있다. 구분자를 위해서는 0x0A(개행 문자)를 사용하고 있다. 영상의 가로 길이와 세로 길이는 아스키 문자로 각각 10과 3이라는 사실을 확인할 수 있고 최대 밝기는 255이다. 최대 밝기가 255이므로 픽셀이 가질 수 있는 밝기의 범위는 [0, 255]이다. 최대 밝기 이후에는 영상 데이터가 위치한다. 컬

러 영상이므로 각 픽셀은 기본 색인 R, G, B의 세 가지 값으로 구성된다. 픽셀 1의 R, G, B 값은 순서대로 255, 0, 0이라는 사실을 확인할 수 있다. (R, G, B) = (255, 0, 0)은 빨간색에 해당한다. 픽셀 2의 R, G, B 값은 순서대로 0, 255, 0이며 이 값은 초록색을 나타낸다. 위의 그림에서 해당 픽셀 위치의 색을 확인할 수 있다. ■

예제 2.2 PPM 예제 2

예제 2.1의 영상 데이터에 대해 다른 방식으로 저장된 결과를 확인하자. 파일에 저장된 값을 확인하면 다음과 같다.

50	33	0A	23	20	47	49	4D	50	0A	31	30	0A	33	0A	32	35	35	0A
‘P’	‘3’		‘#’	‘ ’	‘G’	‘I’	‘M’	‘P’		‘1’	‘0’		‘3’		‘2’	‘5’	‘5’	
식별자			주석							가로			세로		최대밝기			
32	35	35	0A	30	0A	30	0A	30	0A	32	35	35	0A	30	0A	30	0A	30
‘2’	‘5’	‘5’		‘0’		‘0’		‘0’		‘2’	‘5’	‘5’		‘0’		‘0’		‘0’
픽셀 1								픽셀 2										

이 파일의 경우 식별자는 P3이다. PPM 형식 중에서 아스키 형식을 사용하는 방식이다. 영상 데이터 영역을 살펴보면 픽셀 1은 아스키 방식으로 ‘255’, ‘0’, ‘0’의 값을 갖는 것을 확인할 수 있다. 그리고 파일 내부에 주석을 포함하고 있다. ‘#’으로 시작해 구분자(0A)에서 끝난다. ■

예제 2.3 PGM 예제

다음과 같은 영상 데이터를 포함하는 PGM 파일 구조를 살펴보자. 가로 길이는 10, 세로 길이는 3을 갖는 그레이 스케일 영상이다.

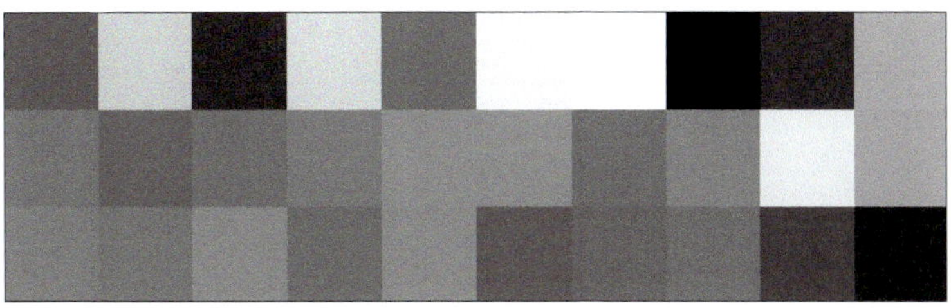

[그림 2.1.4] 예제 2.3을 위한 영상 데이터

파일에 저장된 값을 확인하면 다음과 같다.

50	35	0A	31	30	0A	33	0A	32	35	35	0A	5E	CD	28	D8	6F	...
'P'	'5'		'1'	'0'		'3'		'2'	'5'	'5'		94	205	40	216	111	...
식별자			가로			세로		최대 밝기				픽셀 1	픽셀 2	픽셀 3	픽셀 4	픽셀 5	...

이 파일의 경우 식별자는 P5이다. PGM 형식 중에서 바이트 형식을 사용하는 방식이다. 영상 데이터 영역을 살펴보면 픽셀 1은 밝기 값 0x5E(94)를 갖는다. 픽셀 2의 값은 0xCD(205)이고 픽셀 1에 비해 밝은 밝기를 갖는다. ■

예제 2.4 PBM 예제

다음과 같은 영상 데이터를 포함하는 PBM 파일 구조를 살펴보자. 가로 길이는 10, 세로 길이는 3을 갖는 이진 영상이다.

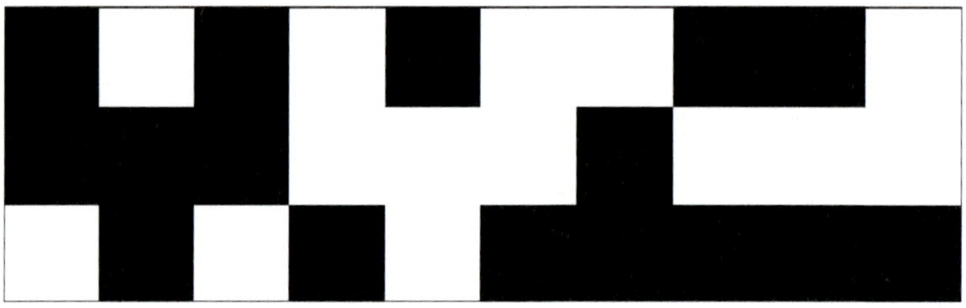

[그림 2.1.5] 예제 2.4를 위한 영상 데이터

파일에 저장된 값을 확인하면 다음과 같다.

50	33	0A	31	30	0A	33	0A	A9	A0	E2	20	57	E0
'P'	'4'		'1'	'0'		'3'		169	160	226	32	87	224
식별자			가로			세로							

이 파일의 경우 식별자는 P4이다. PBM 형식 중에서 바이트 형식을 사용하는 방식이다. 헤더 영역에 최대 밝기 항목이 생략된 것을 확인할 수 있다. 데이터 영역을 살펴보자. 1번째 바이트의 값은 0xA9이다. 이진 영상에서는 각 픽셀이 1비트로 표현되므로 1개의 바이트는 8개 픽셀의 정보를 저장한다. 0xA9는 0b10101001이므로 초기 8개의 픽셀은 '검정, 하양, 검정, 하양, 검정, 하양, 하양, 검정'의 순서로 나타난다. 그림에서 이 순서를 확인할 수 있다. 일반적으로 0은 흰색, 1은 검정색을 나타낸다. ■

2.2 따라하기 실습

실습 내용

- GIMP를 사용하여 Netpbm 파일 생성하기
- XVI32를 사용하여 PPM 파일 내용 확인하기
- 파이썬을 사용하여 PPM 파일을 읽어 새로운 이름으로 저장하는 프로그램 작성하기

1) GIMP를 사용하여 Netpbm 파일 생성

GIMP 설치

www.gimp.org 사이트에 접속하여 설치 파일을 다운로드하여 컴퓨터에 설치한다. [그림 2.2.1]과 같이 'download' 링크를 쉽게 찾을 수 있다.

[그림 2.2.1] GIMP 공식 사이트

새로운 영상 만들기

GIMP의 [파일 > 새 이미지...] 메뉴를 실행한 후 [그림 2.2.2]와 같이 [새 이미지 만들기] 대화상자에서 [너비] 10, [높이] 3으로 입력한다.

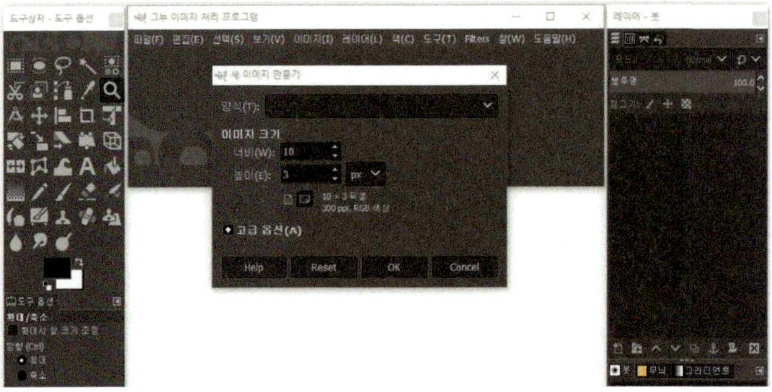

[그림 2.2.2] 새 영상 만들기

컬러 채우기

[그림 2.2.3]과 같이 ① 확대 도구를 선택하여 영상을 충분히 확대한다. 영상 내부를 마우스로 클릭하면 영상을 확대할 수 있다. ② 연필 도구를 선택한 후 하단 [도구 옵션] 영역에서 ③ [크기] 값을 1.0으로 직접 입력하여 변경한다. 메인 메뉴의 [창 > 도킹 가능한 대화 > 팔레트] 메뉴를 실행하여 [팔레트] 대화상자를 표시한 후 ④ 'Visbone 2' 항목을 찾은 후에 ⑤ 더블 클릭하여 [팔레트 편집기] 대화상자를 표시한다. 이 대화상자에서 마우스를 사용하여 한 가지 색을 클릭하면 해당 색을 전경색으로 설정할 수 있다. 전경색을 선택한 후 ⑥ 연필 도구를 사용하여 영상을 클릭하면 해당 위치의 픽셀에 색을 칠할 수 있다.

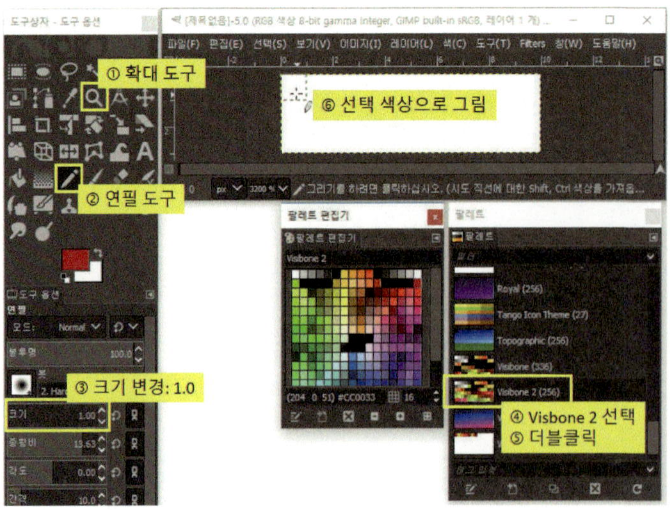

[그림 2.2.3] 컬러 채우기

컬러 영상 완성 및 저장하기

[그림 2.2.4]와 유사한 색으로 영상을 채운다. 완성한 컬러 영상을 저장하기 위해 메인 메뉴의 [파일 > 내보내기...] 메뉴를 실행한다. [그림 2.2.5]와 같이 [이미지 보내보기] 대화상자에서 [이름]을 'color.ppm'으로 지정한 후, 대화상자 하단의 [내보내기] 버튼을 누르면 [다른 형식으로 이미지 내보내기] 대화상자가 다시 표시되는데, [데이터 포맷 중]에서 'Raw' 형식을 선택한다. 'Raw'는 영상 데이터를 바이트 방식으로 'ASCII'는 아스키 방식으로 저장한다. GIMP에서 영상 파일의 포맷은 파일 이름의 확장자를 통해 지정한다. 여기에서는 확장자를 'ppm'으로 지정하였으므로 파일은 PPM 포맷으로 저장된다.

[그림 2.2.4] 완성한 컬러 영상

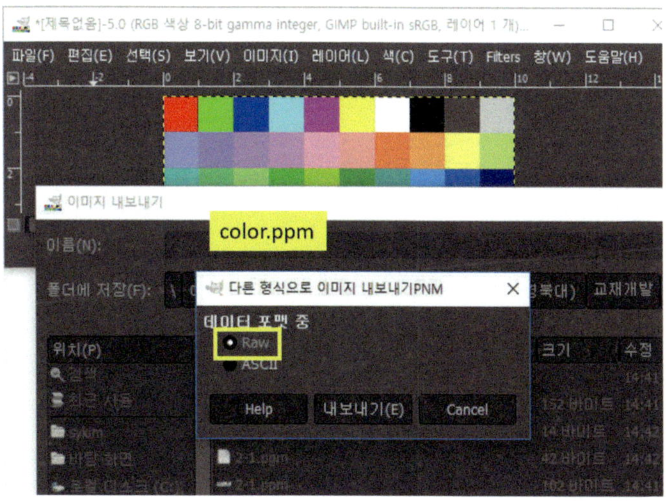

[그림 2.2.5] 영상 데이터의 저장

PGM 파일 생성하기

메인 메뉴의 [이미지 > 모드 > 그레이 스케일] 메뉴를 실행하여 컬러 영상을 그레이 스케일 영상으로 변환한다. 변환한 그레이 스케일 영상을 저장하기 위해 이전과 동일한 절차를 수행한다. 메인 메뉴의 [파일 > 내보내기...] 메뉴를 실행한다. [이미지 보내보기] 대화상자에서 [이름]을 'grayscale.pgm'으로 지정한 후 대화상자 하단의 [내보내기] 버튼을 누르면 [다른 형식으로 이미지 내보내기] 대화상자가 다시 표시되는데, [데이터 포맷 중]에서 'Raw' 형식을 선택한다.

PBM 파일 생성하기

메인 메뉴의 [이미지 > 모드 > 인덱스] 메뉴를 실행한다. [색인 색상 변환] 대화상자의 [색상표] 영역의 'Use black and white (1-bit) palette' 항목을 선택한다. 그리고 대화상자의 [디더링] 영역의 [색상 디더링]은 기본값을 사용하여 [변환] 버튼을 클릭한다.

변환한 이진 영상을 저장하기 위해 이전과 동일한 절차를 수행한다. 메인 메뉴의 [파일 > 내보내기...] 메뉴를 실행한다. [이미지 보내보기] 대화상자에서 [이름]을 'binary.pbm'으로 지정한 후 대화상자 하단의 [내보내기] 버튼을 누르면 [다른 형식으로 이미지 내보내기] 대화상자가 다시 표시되는데, [데이터 포맷 중]에서 'Raw' 형식을 선택한다.

2) XVI32를 사용하여 PPM 파일 내용 확인

XVI32 다운로드 및 설치하기

www.chmaas.handshake.de 사이트에 접속하여 설치 파일을 다운로드하여 컴퓨터에 설치한다. XVI32는 이진 파일의 내용을 16진수로 확인하고 편집할 수 있는 헥스 에디터(hex editor) 프로그램이다.

PPM 파일 내용 확인하기

내용을 확인할 Portable Bit Map 파일을 XVI32로 드래그 앤 드롭하여 오픈한다. 앞에서 생성한 'color.ppm' 파일을 오픈하면 [그림 2.2.6]과 같은 결과를 확인할 수 있다. 파일 내용을 확인하여 앞의 예제에서 살펴본 헤더 정보와 영상 데이터를 확인할 수 있다.

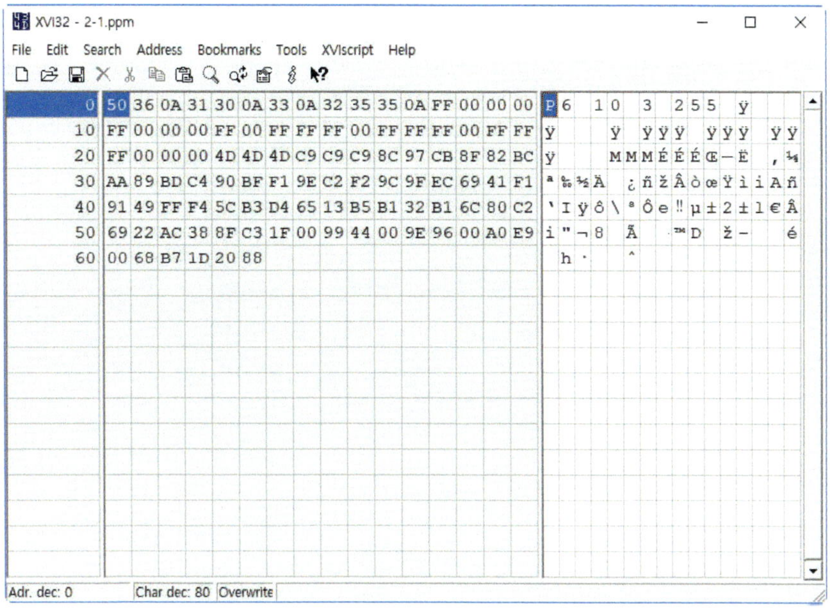

[그림 2.2.6] XVI32 헥스 에디터를 사용하여 PPM 파일 내용 확인

3) 파이썬을 사용하여 PPM 파일을 읽어 새로운 이름으로 저장하는 프로그램

식별자가 'P6'인 PPM 파일을 읽어 다른 이름으로 복사하여 저장하는 파이썬 프로그램에 대해 살펴보자. 파이썬 코드를 작성하기 위해서는 Sublime Text 편집기(www.sublimetext.com)를 사용하면 편리하다. 또는 Anaconda와 함께 설치된 Spyder를 사용해도 된다. 편집기에서 새로운 문서를 생성한 후 파일 이름을 PPM_P6.py로 저장한다. 파일은 PPM 폴더에 저장한다. 이번 실습에서 사용하는 폴더의 구조는 다음과 같다.

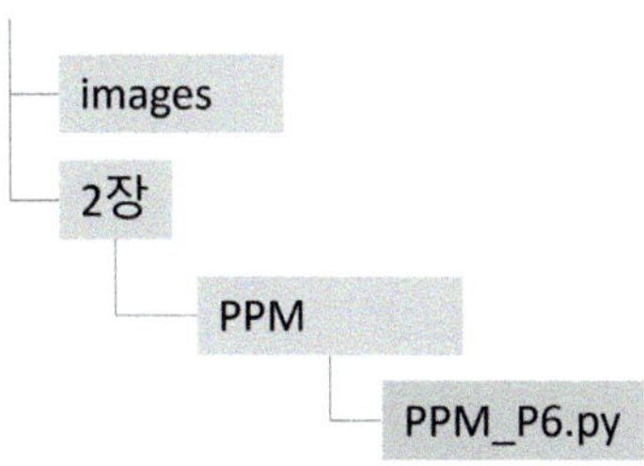


```
# 필요한 패키지를 import함
import array

class PPM_P6:
```

```
5       def __init__(self):
6           # 초기자를 정의하여 데이터 필드 초기화
7           self.width = 0
8           self.height = 0
9           self.maxval = 0
10
11      def __repr__(self):
12          # 클래스 정보를 표현하는 문자열을 생성하여 반환
13          return "PPM(\n'P6'\n {}, {}\n {}\n)".format(
14              self.width, self.height, self.maxval)
```

2번 줄에서는 PPM 클래스 정의에 필요한 패키지를 포함한다. 이 예제에서는 array 패키지만을 사용한다. 이 패키지는 기본 자료형에 대한 배열(array)을 효과적으로 표현하기 위한 기능들을 정의한다.

5번 줄은 PPM_P6 클래스의 초기자를 정의한다. 초기자는 새로운 객체가 생성될 때 객체의 상태를 초기화하기 위해 자동으로 호출된다. 이 초기자는 파라미터가 없으며 7~9번 줄에서 세 개의 데이터 필드 값을 초기화한다. width는 비트맵의 가로 길이, height는 비트맵의 세로 길이, maxval는 픽셀이 가지는 최대 밝기를 나타낸다. width와 height는 0으로 초기화하는데 PPM 파일을 읽은 후에 해당 파일의 정보를 사용하여 이 값을 설정한다. 이 값을 확인하여 파일을 읽었는지의 여부를 판단할 수 있다.

11~14번 줄에서는 클래스의 내부 정보를 표현하는 문자열을 생성하여 반환한다. __repr() 메소드는 객체 정보를 표현하기로 약속한 특별한 (매직) 메소드이다.

```
16      def read(self, filename):
17          infile = open(filename, 'rb')
18
19          # 헤더 정보 읽음
20          idx = 0
21          for line in infile:
22              # 주석문은 처리 생략
23              # 행의 첫 번째 문자가 '#' (0x23)인 경우 주석문으로 처리
24              if(line[0] == 0x23):
25                  continue
```

16번 줄은 read 메소드를 정의한다. 이 메소드는 한 개의 파라미터를 요구하는데, filename은 읽을 PPM 파일 명을 포함한다. 17번 줄은 파라미터를 통해 전달된 파일을 읽기 용도로 연다. 20번 줄에서는 idx 변수의 값을 초기화한다. idx 변수는 헤더 영역의 정보인 식별자, 가로 길이, 세로 길이 및 최대 밝기를 읽은 후 1씩 증가하도록 하여 파일에서 현재 어떤 정보까지 읽었는지를 구분할 수 있도록 한다.

21번 줄에서는 파일에서 행 단위로 데이터를 읽는다. 이 과정을 파일에서 더 이상 읽을 데이터가 없을 때까지 반복한다. 이진 파일에서 읽은 데이터는 bytes형을 갖는다. 이 자료형은 바이트 시퀀스를 저장할 수 있는 클래스이다. 단일 바이트는 아스키 값을 나타내는 0에서 255 사이의 정수이다.

24번 줄은 읽은 데이터의 첫 번째 값이 '#' 문자에 해당하는 아스키 코드 값인 0x23인지의 여부를 판단한다. 시작 문자가 '#'인 경우 해당 행은 주석문이므로 분석 과정을 생략하도록 25번 줄에서 continue문을 실행한다. 앞에서 설명한 것처럼 주석문은 개행 문자로 끝나는 단일 행으로 표현된다. 따라서 continue문을 통해 주석에 해당하는 한 개의 행을 건너뛴다.

```
27              # 행 단위로 파일에서 데이터를 읽어 line 변수에 저장
28              # 데이터의 마지막에는 줄바꿈 문자를 포함하고 있음
29              # 줄바꿈 문자를 제거한 후
30              # 파일에서 읽은 데이터만을 포함하는 list 생성
31              # line 변수에 저장된 데이터는 bytes 자료형을 가짐
32              line = line.splitlines()
33
34              # Bytes 자료형을 문자열로 변환
35              line = line[0].decode()
36
37              # 공백 문자에 의한 문자열 분리
38              line = line.split()
```

행 단위로 파일에서 데이터를 읽은 경우 읽은 데이터의 마지막 위치에는 줄바꿈 문자(개행 문자)를 포함한다. 32번 줄에서는 줄 바꿈 문자를 제거하는 처리를 수행한다. splitlines() 메소드는 \n 또는 \r을 기준으로 문자열을 행 단위로 분리하는 기능을 수행한다. 이번 예제에서는 이미 입력 데이터가 이미 행 단위로 분리되어 있는데 행의 마지막에 위치하는 개행 문자를 제거하기 위해 사용한다. 분리 결과는 list형으로

저장한다.

헤더 영역의 정보는 아스키 방식으로 저장되므로 35번 줄에서는 이진 파일에서 읽은 bytes 자료형의 데이터를 문자열로 변환한다. 38번 줄에서는 변환한 문자열을 공백 문자를 기준으로 부분 문자열로 변환한다. 헤더 정보들은 일반적으로 개행 문자('\n', 0x0A)에 의해 구분되지만 공백 문자(space bar 또는 tab)에 의해 구분되는 경우도 있으므로 이런 상황도 처리할 수 있도록 한다.

```
40          # 헤더 정보 처리
41          # idx는 식별자, 가로 길이, 세로 길이, 최대 밝기를
42          # 읽을 때마다 1씩 증가
43          # 헤더 영역에 포함된 정보는 ASCII로 구성되어 있음
44          # 구분자가 공백문자(space bar 또는 tab)인 경우도 고려
45          for token in line:
46              if(idx == 0):
47                  # 식별자를 확인하여 'P6'이 아닌 경우
48                  # 에러 메시지를 출력하고 종료
49                  assert token == 'P6', 'Wrong filetype'
50              elif(idx == 1):
51                  # 가로 길이 저장
52                  width = int(token)
53              elif(idx == 2):
54                  # 세로 길이 저장
55                  height = int(token)
56              elif(idx == 3):
57                  # 최대 밝기 저장
58                  maxval = int(token)
59                  assert maxval < 256, 'Too many colors'
60
61              idx = idx + 1
62
63          if idx == 4: # 데이터 영역
64              break
```

45번 줄에서는 공백에 의해 분리된 부분 문자열이 여러 개 있는 경우에 모두 처리할 수 있도록 한다. 46번 줄은 이진 파일에서 읽은 데이터가 PPM 파일의 식별자인

경우를 처리한다. 49번 줄에서 식별자가 'P6'이 아닌 경우에는 에러 메시지를 출력하고 프로그램을 종료하도록 처리한다.

50~59번 줄에서는 가로 길이, 세로 길이 및 최대 밝기를 정수로 변환하여 저장한다. 이 프로그램은 최대 밝기가 256 미만인 경우만을 고려하고 있기 때문에 59번 줄에서는 최대 밝기가 256 이상이면 에러 메시지를 출력하고 프로그램을 종료한다. 이 예제는 헤더의 마지막 구분자는 반드시 ₩n 또는 ₩r인 것으로 가정한다.

63번과 64번 줄은 헤더 영역의 정보를 모두 읽었으면 반복 구문을 벗어나도록 처리한다. 헤더 영역 다음에는 비트맵 데이터가 존재하기 때문에 이진 파일에서 행 단위로 데이터를 읽는 과정을 중단한다. 행 단위로 데이터를 읽는 과정은 텍스트 파일에 대해 적용하는 방식이므로 비트맵 데이터를 읽기 위해서는 이진 파일의 입력 기능을 사용하도록 한다. 이를 위해 비트맵 데이터의 크기를 계산하고 이 크기만큼 파일에서 한꺼번에 읽어 메모리에 저장한다.

```
66        # 비트맵 데이터 읽음
67        bitmap = infile.read(width*height*3)
68
69        # 파일 닫음
70        infile.close()
71
72        # 헤더 정보를 데이터 필드에 저장
73        self.width = width
74        self.height = height
75        self.maxval = maxval
76
77        # 결과 데이터 반환
78        return (width, height, maxval, bitmap)
```

67번 줄은 비트맵 데이터의 크기를 계산(width×height×3)하여 그 크기만큼 한꺼번에 파일에서 읽는다. 73~75번 줄에서는 헤더에 포함된 정보를 데이터 필드에 저장한다. __repr__() 메소드를 통해 클래스 정보를 출력할 때 사용한다. 78번 줄에서는 헤더 정보와 비트맵 데이터를 호출한 곳으로 반환한다.

```
80      def write(self, width, height, maxval, \
81                  bitmap, filename):
82          ppm_header = ‘P6\n’ + str(width) + ‘\n‘ + \
83              str(height) + ‘\n’ + str(maxval) + ‘\n’
84
85          image = array.array(‘B’, bitmap)
86          # Save the PPM image as a binary file
87          with open(filename, ‘wb’) as f:
88              f.write(bytearray(ppm_header, ‘ascii’))
89              image.tofile(f)
```

80~89번 줄에서는 write() 메소드를 정의한다. 이 메소드는 5개의 파라미터를 요구하는데 width는 가로 길이, height는 세로 길이, maxval은 최대 밝기, bitmap은 비트맵 데이터, 그리고 filename은 출력 파일 명이다. 이 메소드는 출력 파일 명의 새로운 PPM 파일을 생성한다.

82번과 83번 줄은 전달된 파라미터를 사용하여 PPM 영상의 헤더를 생성한다. 식별자는 ‘P6’으로 고정한다.

85번 줄에서는 bitmap 변수에 저장된 값으로부터 array를 생성한다. Array는 문자, 정수, 실수의 기본 자료형을 갖는 값의 배열을 효과적으로 표현하기 위해 사용한다. Array는 list와 매우 유사한데 array는 기본 자료형 값만 저장할 수 있다는 차이가 있다. 생성자의 첫 번째 인자는 타입 코드(type code)인데 ‘B’는 unsigned char를 의미한다. Bytes 데이터를 array로 변환하는 이유는 89번 줄과 같이 Array 클래스의 tofile() 메소드를 사용하여 쉽게 파일에 저장할 수 있기 때문이다.

87번 줄에서는 파라미터로 전달된 파일 명을 사용하여 새로운 이진 파일을 생성한다. 88번 줄에서는 이진 파일에 헤더 정보를 저장하고 89번 줄에서 비트맵 정보를 저장한다.

이번에는 정의한 클래스를 활용하는 소스 코드를 작성한다. 이번 소스 코드에서는 입력 PPM 파일을 읽어 별도의 처리 과정 없이 있는 그대로의 데이터를 새로운 결과 PPM 파일에 저장한다. 문서 편집기에서 새로운 문서를 연 후 파일 명을 copy_ppm.py로 지정한다. 이 파일은 2장 폴더에 저장한다. 폴더 구조는 다음 그림을 참조하자.

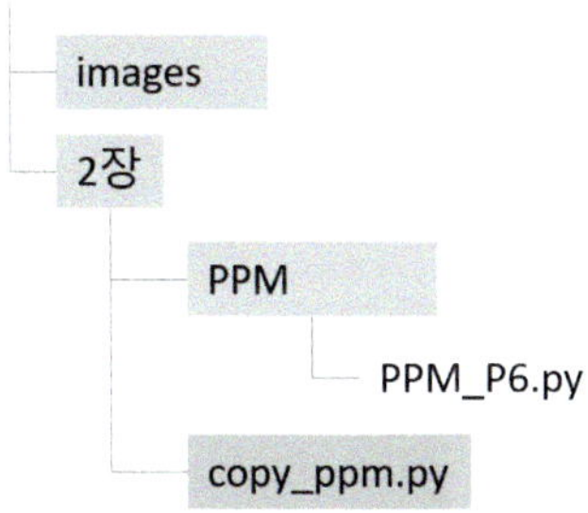


```
1  # 필요한 패키지를 import함
2  from __future__ import print_function
3  import argparse
4  import PPM.PPM_P6 as ppm
5
6  ap = argparse.ArgumentParser()
7  ap.add_argument("-i", "--input", required = True, \
8         help = "Path to the input image")
9  ap.add_argument("-o", "--output", required = True, \
10        help = "Path to the output image")
11 args = vars(ap.parse_args())
12
13 infile = args["input"]
14 outfile = args["output"]
```

2번 줄에서는 구현에 필요한 패키지를 포함한다. 세 개의 패키지를 포함하는데 2번 줄에서는 __future__ 패키지로부터 print_function을 임포트한다. 파이썬 2와 파이썬 3에서 작성한 코드가 모두 동작할 수 있도록 이 패키지의 도움을 받아 print() 함수를 사용한다. 3번 줄에서는 argparse 패키지를 포함한다. argparse 패키지를 사용하여 명령 행 인자를 처리할 수 있다. 4번 줄에서는 앞에서 정의한 PPM_P6 클래스를 임포트한다.

6번~11번 줄에서는 명령 행 인자에 대한 파싱을 처리한다. 이 프로그램은 두 개의 명령 행 인자를 사용하는데 첫 번째 인자는 --input이며 입력 영상에 대한 경로를 지정한다. 이 인자는 필수 인자이다. 두 번째 인자는 --output으로 출력 영상에 대한 경로를 지정한다. 이 인자 역시 필수 인자이다. 11번 줄에서 최종적으로 명령 행 인자를 파싱하여 dictionary에 인자들을 저장한다. 13~14번 줄에서 args dictionary를 사용하여 명령 행 인자에 접근하고 있다. 13번 줄에서는 --input 인자를 통해 전달된 값에 접근하고 14번 줄에서는 --output 인자를 통해 전달된 값에 접근한다.

```
16  # PPM_P6 객체 생성
17  ppm_p6 = ppm.PPM_P6()
18  
19  # PPM_P6 객체를 사용하여 PPM 파일 읽기
20  (width, height, maxval, bitmap) = ppm_p6.read(infile)
21  # PPM_P6 객체 정보 출력
22  print(ppm_p6)
23  
24  # PPM_P6 객체를 사용하여 PPM 파일 저장
25  ppm_p6.write(width, height, maxval, bitmap, outfile)
```

17번 줄에서 우리가 정의한 PPM_P6 클래스의 객체를 생성한다. 20번 줄에서는 이 객체의 read() 메소드를 사용하여 지정한 입력 파일에서 정보를 읽어 변수에 저장한다. 22번 줄은 생성한 객체의 정보를 출력한다. 이때 PPM_P6 클래스의 __repr__() 메소드가 자동으로 호출된다. 25번 줄에서는 입력 파일에서 읽은 데이터를 write() 메소드에 저장하여 지정한 출력 파일을 생성한다.

이 소스 코드의 실행 방법은 다음과 같다. 소스 파일이 위치한 폴더의 하위 폴더인 images 폴더에 포함된 palette.ppm 파일을 읽어 images 폴더에 palette_copy.ppm 이름의 결과 파일을 생성한다.

```
> python copy_ppm.py --i ../images/palette.ppm
    --o ../images/palette_copy.ppm
```

또는

```
> python copy_ppm.py --input ../images/palette.ppm
    --output ../images/palette_copy.ppm
```

2.3 스스로 하기 실습

실습 내용

- 바탕색으로 채워진 PPM 영상 생성하기
- 기존 PPM 영상에 사각형 출력하여 저장하기

1) 바탕색으로 채워진 PPM 영상 생성하기

목표

배경을 노란색으로 채운 PPM 영상을 생성한다.

절차

- 파일 명은 create_new_ppm.py로 지정한다. 2장 폴더에 저장한다. 폴더 구조는 아래와 같다.
- 명령 행 인자를 사용하여 영상의 가로 및 세로 길이, 배경색 그리고 출력 파일 명을 전달한다.
- 지정한 크기와 배경색을 갖는 PPM 파일을 생성한다.
- 따라하기 실습에서 정의한 PPM_P6 클래스를 활용한다.
- GIMP를 사용하여 영상 생성 결과를 확인한다.

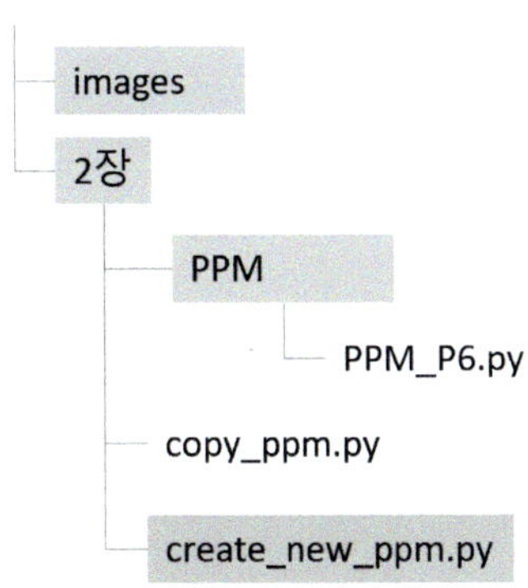

실행 방법

- 출력 파일 명은 ../images/new.ppm, 영상의 가로 및 세로 길이는 기본 크기(50, 30), 픽셀의 색은 기본 값인 흰색(255, 255, 255)으로 지정

```
> python create_new_ppm.py --output ../images/new.ppm
```

- 출력 파일 명은 ../images/new.ppm, 영상의 가로 및 세로 길이는 (200, 100), 픽셀의 색은 기본 값인 흰색 (255, 255, 255)으로 지정

```
> python create_new_ppm.py --output images/new.ppm
    --size 200 100
```

- 출력 파일 명은 ../images/new.ppm, 영상의 가로 및 세로 길이는 (200, 100), 픽셀의 색은 노란색(255, 255, 0)으로 지정

```
> python create_new_ppm.py --output ../images/new.ppm
    --size 200 100 --color 255 255 0
```

실행 결과 확인

```
> python create_new_ppm.py --output ../images/new.ppm
```

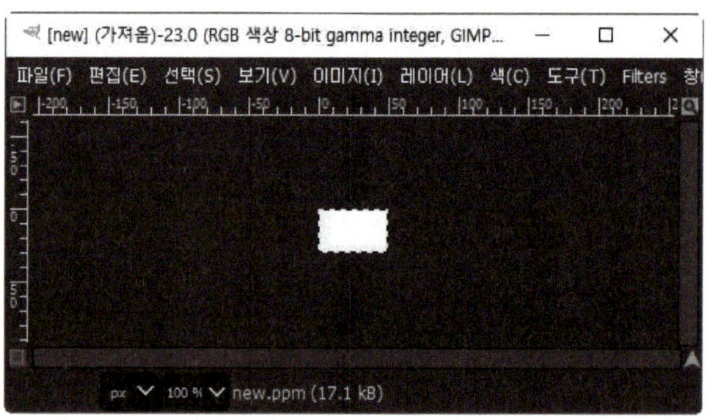

[그림 2.3.1] 결과 화면

```
> python create_new_ppm.py --output ../images/new.ppm
    --size 200 100
```

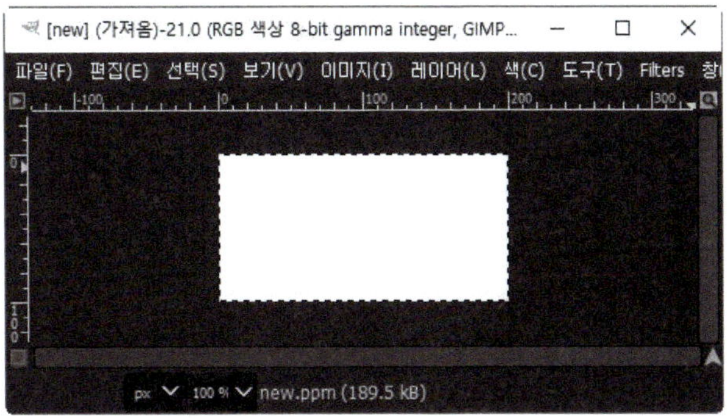

[그림 2.3.2] 결과 화면

```
> python create_new_ppm.py --output ../images/new.ppm
    --size 200 100 --color 255 255 0
```

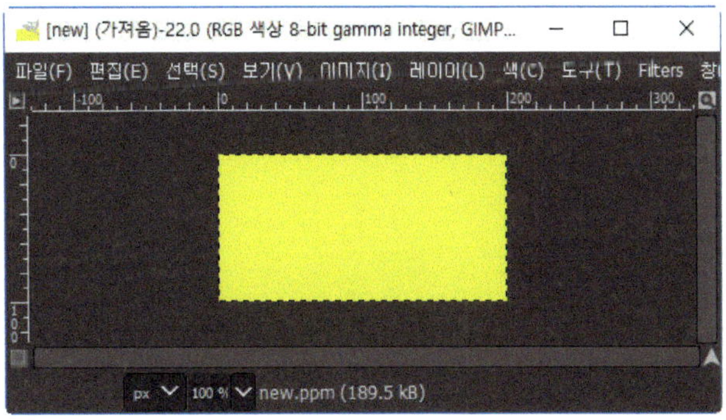

[그림 2.3.3] 결과 화면

☞ 도움말

1. 크기(size)를 입력하는 명령 행 인자의 경우 다음과 같이 작성할 수 있다.

```
ap.add_argument("-s", "--size", type = int, \
          nargs='+', default=[50, 30], \
          help = "Size of the output image")
```

2. list를 n번 복사하여 연결할 수 있다.

```
color = [255, 0, 0]
colors = color * 5
[255, 0, 0, 255, 0, 0, 255, 0, 0, 255, 0, 0, 255, 0, 0]
```

2) 기존 PPM 영상에 사각형 출력하고 저장하기

목표

기존 PPM 영상을 읽어 사각형을 출력한 후 다른 이름으로 저장한다.

절차

- 파일 명은 draw_rect_ppm.py로 지정한다.
- 명령 행 인자를 사용하여 영상의 가로 및 세로 길이, 배경색, 출력 파일 명을 전달한다.
- 지정한 크기와 배경색을 갖는 PPM 파일을 생성한다.
- 따라하기 실습에서 정의한 PPM_P6 클래스를 활용한다.
- GIMP를 사용하여 영상 생성 결과를 확인한다.

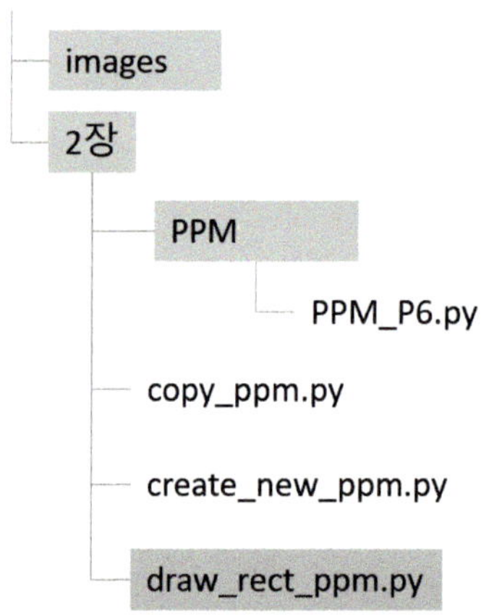

실행 방법

- 입력 파일 명은 ../images/rock.ppm, 사각형의 시작 위치(좌측 상단 좌표)는 기본값인 (0, 0), 사각형 크기는 기본값인 (50, 50), 사각형 색은 기본값인 빨간색 (255, 0, 0), 출력 파일 명은 ../images/rock_rect.ppm으로 지정

```
> python draw_rect_ppm.py --input ../images/rock.ppm
    --output ../images/rock_rect.ppm
```

- 입력 파일 명은 ../images/tree.ppm, 사각형의 시작 위치(좌측 상단 좌표)는 (20,

30), 사각형 크기는 (100, 40), 사각형 색은 녹색 (0, 255, 0), 출력 파일 명은 ../images/tree_rect.ppm으로 지정

```
> python draw_rect_ppm.py --input ../images/tree.ppm
    --location 20 30 --size 100 40
    --color 0 255 0 --output ../images/tree_rect.ppm
```

실행 결과 확인

```
> python draw_rect_ppm.py --input ../images/rock.ppm
    --output ../images/rock_rect.ppm
```

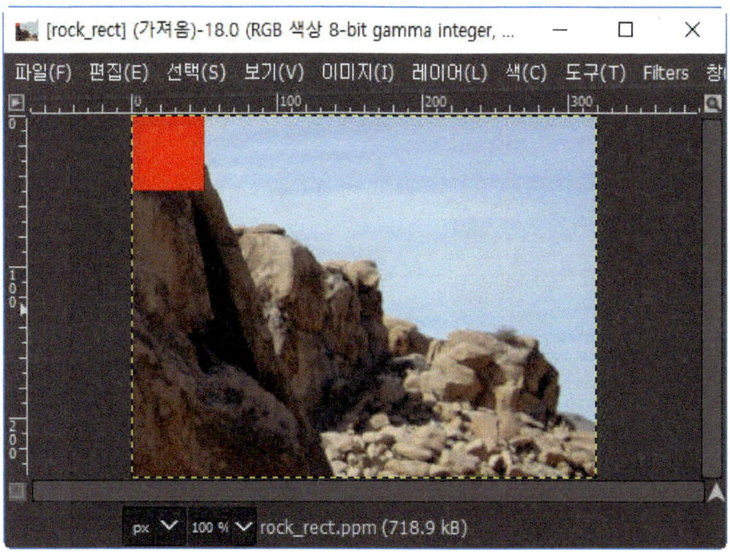

[그림 2.3.4] 결과 화면

```
> python draw_rect_ppm.py --input ../images/tree.ppm
    --location 20 30 --size 50 40
    --color 0 255 0 --output ../images/tree_rect.ppm
```

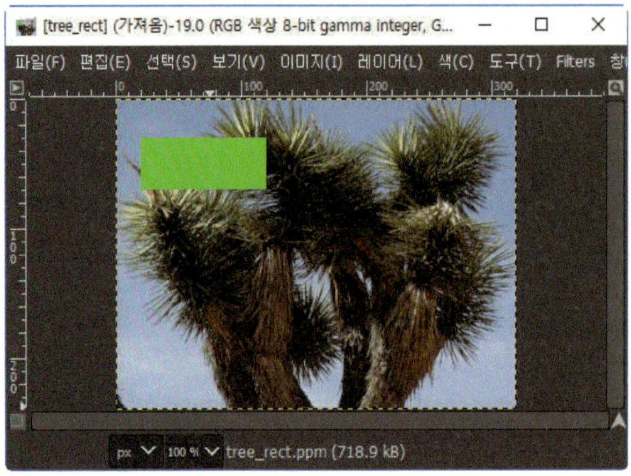

[그림 2.3.5] 실습 결과 화면

☞ 도움말

첫 번째 방법

1. PPM_P6 클래스의 read() 메소드를 사용하여 읽은 비트맵 데이터는 Bytes 형이다. 이 데이터의 자료형을 array 형으로 변환한다.

```
# Bytes형을 array형으로 변환
image = array.array('B', bitmap)
```

2. 파일에서 읽은 비트맵 데이터는 1차원이며 (R, G, B) 순으로 픽셀 데이터가 위치한다. 반면 디지털 영상은 개념적으로 2차원 구조이다. 따라서 영상의 (x, y)에 위치하는 픽셀은 다음과 같이 접근할 수 있다.

```
index = 3 * (y * width + x)
```

3. 픽셀은 (R, G, B)의 세 가지 값으로 구성된다. 따라서 단계 2에서 계산한 index를 기반으로 (R, B, B) 값을 구하고 싶다면 다음과 같이 할 수 있다.

```
R = image[index + 0]
R = image[index + 1]
R = image[index + 2]
```

4. PPM_P6.write() 메소드의 4번째 인자인 bitmap은 bytes형을 요구하지만 메소드 내부에서 array형으로 변환하여 사용하기 때문에 호출할 때의 인자의 자료형을 bytes형 대신 array형을 사용하는 것도 가능하다.

두 번째 방법

1. PPM_P6 클래스의 read() 메소드를 사용하여 읽은 비트맵 데이터는 Bytes형이다. 이 데이터의 자료형을 Numpy의 array형으로 변환한다.

```
# Numpy 패키지를 임포트
import Numpy as np
...
# Bytes형을 파이썬 array형으로 변환
image = array.array('B', bitmap)
# 파이썬 array형을 Numpy array형으로 변환
image = np.array(image)
```

2. Numpy array의 차원을 1차원에서 3차원(rows × cols × channels)으로 변경한다. 3차원은 컬러 영상을 의미한다.

```
image = image.reshape((height, width, 3))
```

3. 사각형을 그리기 위해서는 Numpy의 array slicing 기능 사용한다. 예를 들어, 영상의 (10,30)에서 (20,50)의 사각형 영역을 검정색(0,0,0)으로 채우려면 다음과 같이 한다.

```
image[10:30, 20:50] = [0, 0, 0]
```

4. Numpy array의 차원을 3차원에서 1차원으로 변경한 후 bytes형으로 변환한다.

```
# 3차원 array를 1차원 array로 변환
image = image.reshape(height * width * 3)
# Numpy.array를 bytes 데이터로 변환
image = bytes(image)
```

실습 보고서 (실습 주제별로 작성)

<table>
<tr><td>학번</td><td></td><td>이름</td><td></td></tr>
<tr><td>제출일</td><td></td><td>전자 메일</td><td></td></tr>
<tr><td>주제</td><td colspan="3">기존 PPM 영상에 사각형 출력하고 저장하기(예시)</td></tr>
<tr><td>실습 목표</td><td colspan="3">이번 실습을 통해 달성하고자 하는 목표를 2가지 이상 개별 제시
• 목표1
• 목표2</td></tr>
<tr><td>해결 과정 및 주요 코드에 대한 설명</td><td colspan="3">• 문제 해결 절차 및 방법
• 소스 코드에서 핵심 코드 제시 및 기능 설명</td></tr>
<tr><td>실행 결과</td><td colspan="3">• 세 가지 이상의 서로 다른 실행 결과 제시
• 명령 행 인자나 호출 함수 인자의 변경을 통해 실행 결과 생성</td></tr>
<tr><td>느낀 점</td><td colspan="3">• 문제 해결 과정이나 실습 과정에서 느낀 점</td></tr>
<tr><td colspan="4">첨부: 소스 파일(별도 파일)</td></tr>
</table>

제3장

영상 필터링

학습 목표

1) 영상 필터링 방법에 대해 살펴본다.
2) 영상 필터링의 활용 방법을 확인한다.
3) OpenCV를 사용하여 영상 필터링을 수행하는 방법을 실습한다.

3.1 기본 이론

1) 영상 필터링

영상 필터링(image filtering)은 디지털 영상으로부터 유용한 정보를 추출하기 위해 입력 영상에 대해 수학적인 연산을 수행하여 목적에 부합하는 정보만을 포함하는 결과 영상을 생성하는 과정이다. 이 과정은 [그림 3.1.1]과 같이 표현할 수 있다. 동일한 영상을 입력하더라도 시스템의 특성인 필터의 종류에 따라 전혀 다른 결과 영상이 출력으로 만들어진다. 즉, 입력 영상으로부터 추출되는 정보는 달라질 수 있다.

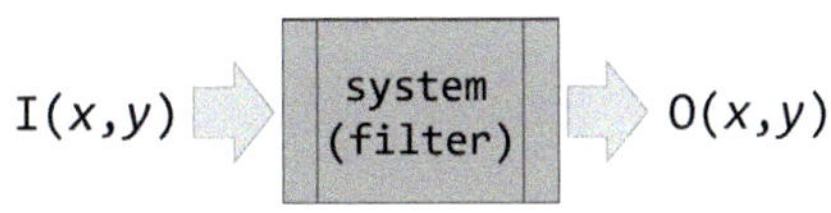

[그림 3.1.1] 영상 필터링

시스템에서 입력 영상과 필터를 사용하여 수학적 연산을 수행한 결과 영상을 생성한다. 이 수학적 연산을 컨볼루션(convolution) 연산이라고 한다. 컨볼루션 연산은 일종의 선형(linear) 연산이다. 2차원 신호의 일종인 디지털 영상에 대한 컨볼루션은 식 (3.1.1)과 같이 정의된다. 영상 필터링은 컨볼루션 연산처럼 일반적으로 선형 연산을 사용하지만, 일부 비선형 연산을 사용하는 경우도 있다.

$$I'(x,y) = h(x,y) * I(x,y) = \sum_{s=-a}^{a} \sum_{t=-b}^{b} h(s,t) I(x-s, y-t) \qquad \text{식 (3.1.1)}$$

$I(x, y)$는 입력 영상이고 $h(x, y)$는 필터이다. 필터는 마스크(mask), 템플릿(template), 윈도우(window), 커널(kernel) 등의 다른 이름을 사용하기도 한다. 디지털 영상처리에서는 필터라는 이름보다는 마스크라는 이름을 더 선호한다. 마스크의 특성은 가중치(weight)에 의해 결정된다. 가중치는 마스크 내부에 저장하는 값이다. 식 (3.1.1)의 a와 b는 마스크의 크기에서 결정된다. $a=(m-1)\div 2$ 및 $b=(n-1)\div 2$와 같이 계산한다. 이때 m과 n은 각각 마스크의 가로 및 세로 길이이다. 일반적으로 마스크는 정방형 모양을 가지며 홀수의 길이를 사용한다.

[그림 3.1.2]를 통해 그레이 스케일 영상에 대한 컨볼루션 연산 과정을 살펴보자. 컨볼루션 연산의 대상 픽셀은 오른쪽에 짙은 밝기로 표시한 (x, y) 지점에 위치한다. 이 지점을 기준으로 마스크의 중심을 일치시켜 중첩시킨다. 그림의 마스크는 3×3 크기를 가지므로 마스크는 $h(-1, -1)$에서 $h(1, 1)$까지의 가중치를 갖고, 영상 블록은 $I(x-1, y-1)$에서 $I(x+1, y+1)$까지의 밝기 값을 갖는다. 영상 블록의 값들은 블록의 중심인 (x, y)를 기준으로 대칭 이동한 후 마스크의 각 가중치를 동일 위치의 밝기 값과 곱한다. 이 곱들을 모두 더하여 총 합을 계산하면 컨볼루션 연산의 결과 값을 구할 수 있다. 이 결과 값은 처리 대상 픽셀의 새로운 값으로 사용한다. 지금 소개한 연산은 한 개의 처리 대상 픽셀에 대한 연산 과정인데, 영상 필터링을 수행한다는 것은 영상의 모든 픽셀에 대해 이 컨볼루션 연산을 수행하는 것이다. 컨볼루션 연산의 결과 값은 반드시 새로운 영상을 만들어 저장한다. 즉, 새로운 결과 영상을 만들어 연산의 결과 값을 저장한다.

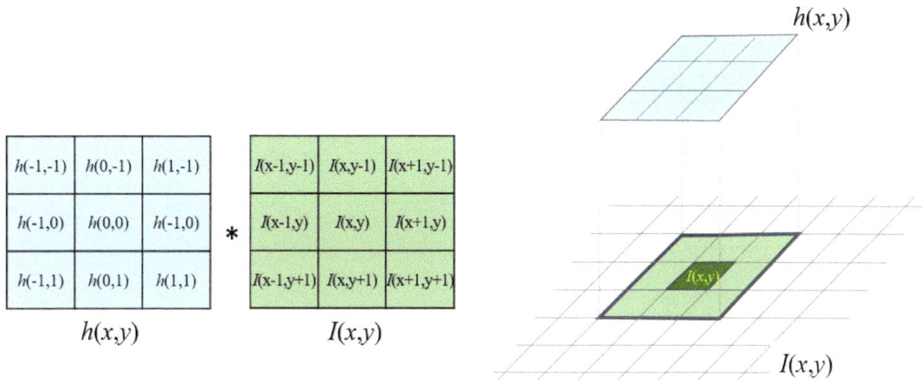

$$\begin{aligned}O(x,y) = {} & h(-1,-1)I(x+1,y+1) + h(0,-1)I(x,y+1) + h(1,-1)I(x-1,y+1) + \\ & h(-1,0)I(x+1,y) + h(0,0)I(x,y) + h(1,0)I(x-1,y) + \\ & h(-1,1)I(x+1,y-1) + h(0,1)I(x,y-1) + h(1,1)I(x-1,y-1)\end{aligned}$$

[그림 3.1.2] 컨볼루션 연산의 계산 과정

2) 영상 필터링 활용

영상 필터링은 앞에서 설명한 것과 같이 사용하는 필터(마스크)의 종류에 따라 다른 결과를 생성한다. 영상 필터링은 영상 평활화(image smoothing), 영상 선명화(image sharpening), 경계 강도 검출(image gradient) 등의 처리를 수행할 수 있다.

영상 평활화는 노이즈 제거의 목적으로 사용하는데, 처리 과정에서 영상이 흐릿하게 변하는 부수적인 효과가 발생한다. 원본 영상에 비해 결과 영상이 흐릿하게 나타나므로 영상 블러링(image blurring)이라고도 부른다. 영상 평활화는 평균값 필터링(mean filtering), 가우시안 필터링(Gaussian filtering), 중간값 필터링(median filtering) 등의 연산을 통해 수행 가능하다. 평균값 필터링과 가우시안 필터링은 컨볼루션 연산을 사용하는 선형 필터링 방법이지만 중간값 필터링은 비선형 연산을 사용하는 필터링 방법이다.

[그림 3.1.3]은 영상 평활화를 위해 사용할 수 있는 필터이다. [그림 3.1.3](a)는 평균값 필터링을 위한 5×5 크기의 마스크이다. 마스크 내부의 가중치가 모두 0.04로 모두 동일한데, 이 값은 1/25의 값에 해당한다. 이 마스크로 컨볼루션 연산을 수행하면 25개의 픽셀 값에 대한 평균값을 계산할 수 있다. 따라서 이 필터를 사용하는 필터링을 평균값 필터링이라고 한다.

0.04	0.04	0.04	0.04	0.04
0.04	0.04	0.04	0.04	0.04
0.04	0.04	0.04	0.04	0.04
0.04	0.04	0.04	0.04	0.04
0.04	0.04	0.04	0.04	0.04

(a) 평균값 필터

0.0029	0.0131	0.0215	0.0131	0.0029
0.0131	0.0585	0.0965	0.0585	0.0131
0.0215	0.0965	0.1592	0.0965	0.0215
0.0131	0.0585	0.0965	0.0585	0.0131
0.0029	0.0131	0.0215	0.0131	0.0029

(b) 가우시안 필터

[그림 3.1.3] 영상 평활화를 위한 마스크

[그림 3.1.3](b)는 가우시안 필터링을 위한 5×5 크기의 마스크이다. 가우시안 필터는 2차원 가우시안 함수를 사용하여 가중치를 계산한다. n차원 가우시안 함수는 식 (3.1.2)와 같다. 가우시안 함수는 평균 벡터(mean vector)와 공분산 행렬(variance matrix)에 의해 결정된다. 그런데 가우시안 필터에서는 평균 벡터(μ)는 영 벡터(zero vector)인 가우시안 함수를 사용한다. 공분산 행렬(Σ)은 중심 픽셀과 주변 픽셀의 기여 정도를 결정한다. 분산이 크면 주변 픽셀의 기여도가 커지고 분산이 작으면 중심 픽셀의 기여도가 높아진다. 가우시안 필터링에서는 2차원 가우시안 함수를 사용하기 때문에 공분산 행렬은 2×2 크기를 갖는다. 이때 2개의 축 방향으로 동일한 분산(σ^2)을 가지고 공분산은 0으로 설정한다. 따라서 가우시안 필터는 분산(σ^2)에 의해 가중치가 결정된다. [그림 3.1.4]는 분산에 따른 2차원 가우시안 함수의 그래프 차이를 나타낸다.

$$G(x,y) = \frac{1}{\sqrt{(2\pi)^2 |\Sigma|}} \exp\left(-\frac{1}{2}(x-\mu)^2 \Sigma^{-1}(x-\mu)\right) \qquad \text{식 (3.1.2)}$$

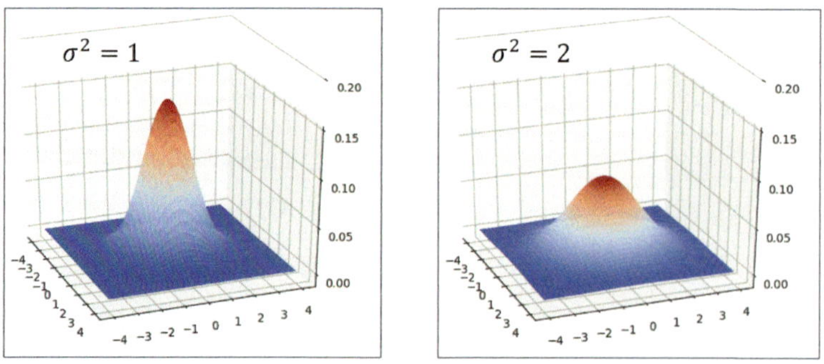

[그림 3.1.4] 분산에 따른 가우시안 함수의 분포 차이

[그림 3.1.3](b)는 분산(σ^2)이 1인 경우의 가우시안 필터링을 위한 5×5 크기의 마스크이다. 마스크의 크기는 표준편차와 연계하여 설정하는데, 일반적으로 6×σ 이상인 정수 중에서 가장 작은 홀수를 선택한다. 이때 최소 마스크 크기는 3×3으로 설정한다. 예를 들어, σ=1인 경우 마스크의 크기는 7×7로 설정하면 된다. [그림 3.1.3](b)에서는 마스크의 크기가 권장 크기보다 작게 설정된 경우이며 가중치의 총합을 계산하면 0.9816으로 1보다 작은 값인 것을 확인할 수 있다. 결과 영상의 밝기를 원본 영상과 동일하게 유지하게 위해서는 마스크 내부의 가중치 총합을 1로 설정하는 것이 필요하다. 따라서 [그림 3.1.3](b)에서는 각 가중치를 가중치 총합으로 나누어 정규화하는 과정이 추가로 필요하다.

[그림 3.1.5]는 마스크의 크기에 따른 평균값 필터링과 표준편차에 따른 가우시안 필터링의 결과 영상이다. 마스크의 크기가 커지거나 표준편차가 증가함에 따라 영상 평활화 효과가 증대하는 것을 확인할 수 있다.

(a) 3×3 평균값 필터링

(b) 5×5 평균값 필터링

(c) σ=1.0인 가우시안 필터링

(d) σ=1.5인 가우시안 필터링

[그림 3.1.5] 영상 평활화 수행 결과

중간값 필터링은 이전 두 가지 필터링과는 달리 비선형 필터링 방법을 사용한다. 중간값 필터링은 마스크 크기에 의해 결정되는 이웃 영역에서 중간값(media)을 계산하여 새로운 결과값을 사용한다. 최솟값(minmum) 필터, 최댓값(maximum) 필터와 더불어 순위 필터(order-statistic filter)라고 부른다. 중간값 필터링은 영상에 소금 및 후추 노이즈(salt and pepper noise)가 높은 비율로 포함된 경우 유용하다. [그림 3.1.6](a)는 원본 영상에서 3%의 노이즈가 포함된 영상이다. 기존의 두 가지 영상 평활화 방법을 사용할 경우 [그림 3.1.6](b)와 [그림 3.1.6](c)에서 확인할 수 있듯이 노이즈 제거가 제대로 이루어지지 않는다. 반면 중간값 필터링을 사용하는 경우 [그림 3.1.6](d)와 같이 노이즈를 효과적으로 제거할 수 있다.

(a) 노이즈 영상 (b) 평균값 필터링

(c) 가우시안 필터링 (d) 중간값 필터링

[그림 3.1.6] 영상 평활화 방법에 따른 결과 비교

영상 필터링은 영상 평활화뿐만 아니라 영상 선명화나 경계 강도 검출에도 사용된다. 영상 선명화는 영상의 상세 정보를 강화하여 입력 영상보다 더 선명하거나 뚜렷한 영상을 생성한다. 라플라시안 타입 필터링(Laplacian-type filtering)에서 사용하는 마스크는 [그림 3.1.7]과 같다. 이 중에서 유형 1의 마스크를 사용하여 영상 선명화를 수행한 결과가 [그림 3.1.8]과 같다.

$$
\begin{bmatrix} 1 & -1 & 0 \\ -1 & 5 & -1 \\ 0 & -1 & 0 \end{bmatrix}
$$

(a) 유형 1

$$
\begin{bmatrix} 1 & -2 & 1 \\ -2 & 5 & -2 \\ 1 & -2 & 1 \end{bmatrix}
$$

(b) 유형 2

[그림 3.1.7] 라플라시안 타입의 영상 선명화 마스크

(a) 원본 영상　　(b) 선명화 영상

[그림 3.1.8] 영상 선명화 결과

경계 강도 검출은 각 픽셀에서의 밝기 변화율을 계산하는 과정이다. 이 작업은 에지 검출을 위한 전 단계에 사용된다. 경계 강도 검출은 이산적으로 근사화된 미분 연산자(differential operator)를 사용하여 이루어진다. 그런데 이 과정도 역시 컨볼루션을 사용하는 영상 필터링을 통해 처리할 수 있다. 경계 강도 검출 방법에는 1차 미분을 근사화하는 프리위트(Prewitt), 소벨(Sobel), 로버츠(Roberts) 등의 방법과 2차 미분을 근사화하는 라플라시안(Laplacian) 방법으로 구분할 수 있다. 1차 미분을 근사화하는 방법의 경우 수평 방향으로의 변화율과 수직 방향으로의 변화율을 각각 계산한 후 이들을 합쳐 최종 변화율로 사용한다. 따라서 두 개의 마스크를 사용하여 총 두 번의 컨볼루션을 수행해야 한다. 식 (3.1.3)을 사용하여 각 방향으로의 변화율로부터 최종 변화율을 계산한다. 프리위트와 소벨 연산자의 경우 식 (3.2.4)와 같이 변화 방향도 계산할 수 있다.

$$
G = \sqrt{G_x^2 + G_y^2} \approx |G_x| + |G_y| \approx \max(|G_x|, |G_y|) \qquad \text{식 (3.1.3)}
$$

$$
\alpha = \tan^{-1}\left(\frac{G_y}{G_x}\right) \qquad \text{식 (3.1.4)}
$$

2차 미분을 근사화하는 라플라시안 방법의 경우에는 한 개의 마스크로 컨볼루션을 수행하면 바로 밝기 변화율을 계산할 수 있다. [그림 3.1.9]에서 프리위트, 소벨, 라플라시안을 위한 마스크를 확인할 수 있다.

$$\begin{bmatrix} -1 & 0 & 1 \\ -1 & 0 & 1 \\ -1 & 0 & 1 \end{bmatrix} \qquad \begin{bmatrix} -1 & -1 & -1 \\ 0 & 0 & 0 \\ 1 & 1 & 1 \end{bmatrix}$$

(a) 프리위트 연산자용 마스크

$$\begin{bmatrix} -1 & 0 & 1 \\ -2 & 0 & 2 \\ -1 & 0 & 1 \end{bmatrix} \qquad \begin{bmatrix} -1 & -2 & -1 \\ 0 & 0 & 0 \\ 1 & 2 & 1 \end{bmatrix} \qquad \begin{bmatrix} 0 & -1 & 0 \\ -1 & 4 & -1 \\ 0 & -1 & 0 \end{bmatrix}$$

(b) 소벨 연산자용 마스크 (c) 라플라시안 연산자용 마스크

[그림 3.1.9] 경계 강도 검출용 마스크

(a) 수평 프리위트 연산 결과

(b) 수직 프리위트 연산 결과

(c) 최종 프리위트 연산 결과

(d) 수평 소벨 연산 결과

(e) 수직 소벨 연산 결과

(f) 최종 소벨 연산 결과

(g) 라플라시안 연산 결과

[그림 3.1.10] 경계 강도 검출 방법에 따른 결과 비교

[그림 3.1.10]은 여러 가지 경계 강도 연산자에 의한 경계 강도 검출 결과이다. 수직과 수평 방향으로의 밝기 변화율 검출 결과에서는 중간 밝기(0.5)는 변화율이 0인 지점이고 검정색(0.0)이나 흰색(1.0)에 가까운 밝기들은 변화율이 큰 지점에 해당한다. 이 두 가지 변화율을 합친 결과에서는 변화율이 0인 지점은 검정색이고 변화율이 클수록 밝은 밝기로 나타난다. 라플라시안 연산의 결과도 유사하게 중간 밝기(0.5)는 변화율이 0인 지점이고 검정색(0.0)이나 흰색(1.0)에 가까운 밝기들은 변화율이 큰 지점에 해당한다.

3) 에지 검출

앞에서 잠시 설명한 것과 같이 경계 강도 검출은 주로 에지 검출(edge detection)을 위한 전처리 단계에서 사용된다. 에지는 영상에 존재하는 물체의 경계나 윤곽선에 해당하는 지점으로 이해하면 된다. 에지 검출을 위한 방법에는 여러 가지가 있지만 대표적인 방법은 캐니(Canny) 에지 검출[6] 방법이다. 캐니 연산자는 거짓 에지 검출을 최소화하는 최적 검출, 실제 에지와 검출한 에지와의 위치 차이를 최소화하는 정확한 위치, 그리고 에지 두께를 단일 픽셀 두께로 검출하는 단일 두께 검출을 목표로 개발되었다.

캐니 에지 검출 알고리즘은 다음과 같다. 비최대 억제(non-maximum suppression)는 최대가 아닌 값은 억제(제거)하는 과정이고 이력 임계화(hysteresis thresholding)는 두 개의 임곗값(낮은 임곗값 T_L, 높은 임곗값 T_H)을 사용하여 거짓 에지의 검출을 최소화한다.

알고리즘

1. 가우시안 필터링을 수행하여 노이즈 완화
2. 소벨 연산자를 사용하여 경계 강도 계산
3. 비최대 억제 수행
4. 이력 임계화 수행

비최대 억제는 각 픽셀 위치에서 에지 방향으로 인접한 이웃 픽셀들과 경계 강도를 비교하여 해당 픽셀이 주변보다 큰 경계 강도를 가지면 에지 후보에 포함하고 그렇지 않으면 에지 후보에서 제외한다. 이력 임계화는 두 개의 임곗값(낮은 임곗값 T_L, 높은 임곗값 T_H)을 사용하여 다음과 같은 처리 과정을 수행한다.

- (조건 1) 한 지점에서의 경계 강도가 T_L보다 낮음
  : 에지 픽셀이 아닌 것으로 최종 결정
- (조건 2) 한 지점에서의 경계 강도가 T_H보다 높음
  : 에지 픽셀로 최종 결정
- (조건 3) 한 지점에서의 경계 강도가 T_L와 T_H의 사이에 존재
  ① 해당 픽셀이 (조건 2)를 만족하는 에지 픽셀에 직접적으로 연결
  ② 해당 픽셀이 (조건 3의 ①)을 만족하는 다른 에지 후보 픽셀을 통해 (조건 2)를 만족하는 에지 픽셀에 간접적으로 연결

[그림 3.1.11]은 파라미터에 따른 캐니 에지 검출의 결과를 비교하여 제시한다. 가우시안 필터링의 표준편차(σ)는 모두 1.0으로 설정하였는데, 이력 임계화를 위한 두 개의 임곗값(T_L, T_H)을 변경하여 검출 결과가 어떻게 차이 나는지를 구분할 수 있도록 하였다. 일반적으로 T_L:T_H = 1:2 또는 1:3의 비율을 사용한다.

(a) T_L:T_H = 0.5:1.0

(b) T_L:T_H = 0.5:1.5

(c) T_L:T_H = 1.0:2.0

(d) T_L:T_H = 1.0:3.0

[그림 3.1.11] 파라미터에 따른 캐니 에지 검출 결과 비교

3.2 따라하기 실습

실습 내용

- OpenCV를 사용하여 영상 불러오고 화면에 출력하기
- 영상 데이터 접근하기
- 영상의 채널 및 부분 영역 사용하기
- 영상 필터링 적용하기

1) OpenCV를 사용하여 영상 불러오고 화면에 출력하기

이번 예제는 1장에서 이미 실행한 예제이다. 1장에서는 소스 코드를 분석하지 않았으므로 이번에 자세하게 살펴본다. 이번 예제를 통해 OpenCV의 기초적인 사용법을 학습한다. 소스 코드는 3장 폴더에 위치하며 파일 명은 display_image.py이다. 소스 코드를 실행하는 방법은 다음과 같다.

```
python display_image.py --image ../images/nature.jpg
```

또는

```
python display_image.py -i ../images/nature.jpg
```

아나콘다 프롬프트에서 우선적으로 display_image.py 파일이 위치한 폴더로 이동한 후에 명령을 실행한다. 프로그램은 1개의 명령 행 인자를 사용하는데, 입력 영상의 경로를 지정한다. 입력 영상의 경로는 소스 파일이 위치하는 상위 폴더의 images 폴더에 위치하는 nature.jpg이다.

```
# 필요한 패키지를 import함
from __future__ import print_function
import argparse
import cv2

def display_image(img):
    # 영상 정보 출력
    print("(rows, cols, ch): {}".format(img.shape))
```

2~4번 줄까지는 필요한 패키지를 포함한다. 4번 줄의 cv2는 영상 분석 및 컴퓨터비전을 위한 OpenCV 라이브러리이다.

6번 줄은 파라미터를 통해 전달된 영상 데이터를 화면에 출력하는 display_image 프로시저를 정의한다. 8번 줄은 영상의 정보를 출력한다. 파라미터인 img는 영상 데이터를 저장하는 변수인데 자료형은 Numpy의 array이다. 이 array의 shape 속성을 통해 영상의 가로 길이(shape[1]), 세로 길이(shape[0]) 및 채널 수(shape[2])를 확인할 수 있다. Numpy.array는 배열을 처리하는 자료형이므로 행과 열의 순서로 배열의 길이를 저장한다. 따라서 행은 영상의 세로 길이, 열은 가로 길이에 해당한다.

```
10      # 영상 출력을 윈도우 생성
11      cv2.namedWindow('image', cv2.WINDOW_NORMAL)
12      # 윈도우에 영상 출력
13      cv2.imshow('image', img)
```

11번 줄은 영상을 출력할 윈도우를 생성한다. 출력 윈도우는 이름을 사용하여 구분하므로 첫 번째 파라미터에서 윈도우의 이름을 지정한다. 두 번째 파라미터는 윈도우의 크기 조절 가능 여부를 결정한다. 기본값은 cv2.WINDOW_AUTOSIZE이며 영상의 크기와 동일하게 윈도우 크기가 설정되는데, 윈도우 크기 변경은 불가능하다. cv2.WINDOW_NORMAL은 사용 과정에서 사용자가 윈도우 크기를 변경할 수 있다.

13번 줄은 11번 줄에서 생성한 윈도우에 영상 데이터를 표시한다. 11번 줄에서 생성한 윈도우의 이름과 13번 줄에서 사용하는 윈도우의 이름은 동일해야 한다.

```
15  # 사용자 입력 대기
16      cv2.waitKey(0)
17      # 윈도우 파괴
18      cv2.destroyAllWindows()
```

16번 줄에서는 사용자 입력을 기다린다. 사용자 입력을 기다리는 과정이 없다면 프로그램 실행과 동시에 프로그램이 종료하여 화면에 출력된 영상을 볼 수 없다. 프로그램 종료와 함께 윈도우도 사라지기 때문이다. 따라서 사용자 입력 단계를 포함하여 사용자가 문자를 입력할 때까지 윈도우를 출력하여 사용자가 영상을 확인할 수 있도록 한다. waitKey()의 인자는 문자 입력까지의 대기 시간이다. 이 시간까지 사용자 입력이 완료되지 않으면 자동으로 다음 문장으로 진행한다. 인자가 0인 경우는 사용자가 입력할 때까지 무한히 대기한다.

18번 줄에서는 생성한 윈도우를 파괴한다. 프로그램이 종료하면 자동으로 윈도우가 파괴되지만 명시적으로 윈도우를 파괴하는 명령어를 포함하였다.

```
20 if __name__ == '__main__':
21     # 명령 행 인자 처리
22     ap = argparse.ArgumentParser()
23     ap.add_argument("-i", "--image", required = True, ₩
24             help = "Path to the input image")
25     args = vars(ap.parse_args())
26 
27     filename = args["image"]
28 
29     # OpenCV를 사용하여 영상 데이터 로딩
30     image = cv2.imread(filename, cv2.IMREAD_COLOR)
31     if(image is None):
32         print('{}: reading error'.format(filename))
33     else:
34         # 윈도우에 영상 출력
35         display_image(image)
```

20번 줄은 이 소스 파일의 실행 상태를 구분하기 위해 사용한다. 소스 파일을 직접 실행할 수도 있고 다른 소스 파일에서 임포트해 사용할 수도 있다. 2장의 따라하기 실습에서 작성한 PPM_P6.py의 경우를 생각해보자. 이 소스 파일은 다른 소스 파일에서 임포트해 사용하고 있다. 파이썬에서는 어떤 모듈을 임포트하면 해당 소스 파일을 한 번 실행한다. 이때 __name__ 값은 해당 모듈에 해당하는 값을 갖는다. 반면 이 소스 파일을 직접 실행하면 __name__ 값은 "__main__"이라는 값을 갖는다. 20번 줄을 통해 이 소스 파일이 직접 실행되고 있는지, 아니면 다른 소스 파일에 임포트되어 실행되는지의 여부를 구분할 수 있다.

22~27번 줄은 명령 행 인자를 처리하는 과정이다. 30번 줄에서는 입력 파일로부터

영상 데이터를 불러오는 처리를 수행한다. 이때 cv2.imread() 함수를 사용한다. 이 함수의 첫 번째 인자는 입력 파일 명이며 두 번째 인자는 메모리에 저장되는 영상의 유형을 지정한다. 다음의 값을 갖는다.

- cv2.IMREAD_COLOR: 컬러 영상으로 읽으며 알파 값(투명 정도 설정)은 모두 무시된다. 기본 설정이다(정수값은 1).
- cv2.IMREAD_GRAYSCALE: 그레이 스케일 영상으로 읽는다(정수값은 0).
- cv2.IMREAD_UNCHANGED: 알파 값을 포함하여 원래의 영상 유형으로 읽는다(정수값은 -1).

31번 줄은 영상을 읽는 과정에서의 오류 발생 여부를 확인한다. 경로가 잘못되어 파일이 존재하지 않는 등의 오류가 발생하는 경우에는 image 변수에 None 값이 존재한다. None은 변수에 값이 없음을 나타내는 것으로 다른 프로그래밍 언어(C++, 자바, C# 등)에서의 null과 동일한 개념이다. 오류가 발생하면 32번 줄에서 오류 메시지를 콘솔 창에 출력한다. 오류가 없는 경우에는 35번 줄에서 앞에서 정의한 display_image() 함수를 호출하여 영상을 윈도우에 출력한다.

2) 영상 데이터 접근하기

이번 예제에서는 영상을 구성하는 픽셀에 접근하는 방법에 대해 살펴본다. 소스 코드는 3장 폴더에 위치하며 파일 명은 access_pixel.py이다. 소스 코드를 실행하는 방법은 다음과 같다.

```
python access_pixel.py --image ../images/nature_grayscale.jpg
```

또는

```
python access_pixel.py --i ../images/nature_grayscale.jpg
```

프로그램은 한 개의 명령 행 인자를 사용하는데, 입력 영상의 경로를 지정한다. 입력 영상의 경로는 소스 파일이 포함된 폴더의 상위 폴더에 존재하는 images 폴더에 있는 nature_grayscale.jpg이다.

```
1  # 필요한 패키지를 import함
2  from __future__ import print_function
3  import argparse
4  import cv2
5
6  def get_pixel(img, x, y):
7      # 좌표 유효성 확인
8      if(x >= img.shape[1] or
9          y >= img.shape[0]):
10         print(“Invalid coord. ({}, {})”.format(x, y))
11         return None
12
13     # 픽셀 값 반환
14     return img[y, x]
```

1~4번 줄은 필요한 패키지를 임포트한다. 6번 줄은 주어진 좌표의 픽셀 값을 읽어 반환하는 get_pixel() 함수를 정의한다. 세 개의 파라미터를 사용하는데, 첫 번째 파라미터는 영상, 두 번째와 세 번째 파라미터는 값을 읽어올 픽셀의 x 좌표와 y 좌표이다.

8번과 9번 줄은 좌표 유효성을 확인한다. 주어진 좌표가 영상 범위 내의 유효한 좌표인 것을 확인한다. img.shape[0]은 영상의 세로 길이, img.shape[1]은 영상의 가로 길이이다. 만약 영상 유효 범위 내의 좌표가 아닌 경우 10번 줄에서 에러 메시지를 출력한 후 11번 줄에서 None 값을 반환한다.

14번 줄에서는 주어진 좌표의 픽셀에서 값을 읽어온다. 코드에서 확인할 수 있듯이 img는 배열이므로 원소의 위치는 행과 열로 지정해야 한다. 행은 y 좌표, 열은 x 좌표에 대응하므로 (x, y) 좌표에 해당하는 픽셀의 값을 img[y, x]와 같이 접근한다.

```
16 def put_pixel(img, x, y, value):
17     # 좌표 유효성 확인
18     if (x >= img.shape[1] or
19         y >= img.shape[0]):
20         print(“Invalid coord. ({}, {})”.format(x, y))
21
22     img[y, x] = value
```

16번 줄에서는 주어진 좌표에 새로운 값을 저장하는 put_pixel() 함수를 정의한다. 네 개의 파라미터를 사용하는데, 첫 번째 파라미터는 영상, 두 번째와 세 번째 파라미터는 값을 저장할 픽셀의 x 좌표와 y 좌표, 그리고 마지막 파라미터는 저장할 값이다.

18~20번 줄은 좌표 유효성을 확인한다. 주어진 좌표가 영상 범위 내의 유효한 좌표인 것을 확인한다. 22번 줄에서는 새로운 값을 주어진 좌표의 픽셀에 저장한다.

```
24  if __name__ == '__main__' :
25      # 명령 행 인자 처리
26      ap = argparse.ArgumentParser()
27      ap.add_argument("-i", "--image", required = True, ₩
28              help = "Path to the input image")
29      args = vars(ap.parse_args())
30
31      filename = args["image"]
32
33      # OpenCV를 사용하여 영상 데이터 로딩
34      image = cv2.imread(filename, cv2.IMREAD_UNCHANGED)
35
36      # 픽셀 값 접근
37      value = get_pixel(image, 30, 20)
38      print("[Before]value: {}".format(value))
39
40      put_pixel(image, 30, 20, 0)
41      value = get_pixel(image, 30, 20)
42      print("[After]value: {}".format(value))
```

24번 줄은 이 소스 파일의 실행 상태를 구분하고 26~31번 줄은 명령 행 인자를 처리한다.

34번 줄에서는 입력 파일로부터 영상 데이터를 불러온다. 두 번째 인자는 파일에 저장된 영상의 유형과 동일하게 메모리에 불러온 영상의 유형을 지정하도록 설정한다. 이전 예제에서 살펴본 입력 파일의 유효성 여부를 판단하는 코드가 생략되어 있지만 이후 모든 코드에는 스스로 이 유효성 여부를 판단하는 코드를 사용하도록 하자. 37번 줄에서는 (30, 20) 좌표의 픽셀 값을 읽어온다. 그 결과는 38번 줄에서 출력한다.

만약 유효하지 않은 범위의 좌표를 지정한 경우에는 None 값이 반환되어 출력된다. 그레이 스케일 영상의 경우에는 픽셀 값이 단일 밝기 값으로 구성되므로 한 개의 정수(numpy.uint8 자료형)가 반환되어 출력된다. 컬러 영상의 경우에는 픽셀 값이 세 가지 기본색에 대한 밝기로 구성되므로 배열(numpy.ndarray 자료형)이 반환되어 출력된다. 출력의 차이는 직접 확인해보자.

40번 줄에서는 (30, 20) 좌표의 픽셀에 새로운 값인 0을 저장한다. 그레이 스케일 영상의 경우에는 검정색이 저장된다. 컬러 영상도 검정색이 저장되지만 픽셀의 값은 0이 아닌 [0, 0, 0]으로 처리된다. 컬러 영상의 경우 단일 정숫값을 지정하면 이 값을 반복하여 R, G, B 위치에 저장한다. 만약 컬러 영상에서 픽셀의 새로운 값으로 컬러를 지정하고 싶다면 [B, G, R]의 형태로 값을 지정한다. 예를 들어, 빨간색의 경우 [0, 0, 255]로 지정한다. OpenCV에서는 컬러 영상의 경우 픽셀에 저장된 기본 색의 순서가 R, G, B의 순서가 아닌 B, G, R의 순서로 되어 있다.

41번과 42번 줄에서는 저장한 값을 다시 읽어 값이 변경된 것을 확인한다. 40번 줄에서 설정한 값이 42번 줄에서도 출력될 것이다.

참고로 Numpy 배열의 원소(픽셀)에 접근할 때는 item() 함수 및 itemset() 함수를 사용할 수 있다. image 영상의 (30, 20) 좌표의 픽셀에 접근하여 값을 읽을 때는 image.item(20, 30)처럼 사용한다. 만약 image의 영상 유형이 컬러 영상이면 채널 번호를 함께 지정한다. (30, 20) 좌표 픽셀의 빨간색 성분 값을 읽을 경우에는 image.item(20, 30, 2)처럼 사용한다. 픽셀에 새로운 값을 저장할 때는 itemset() 함수를 사용한다. image 영상의 (30, 20) 좌표의 픽셀에 흰색(255)를 저장할 경우 image.itemset(20, 30, 255)처럼 사용한다. 역시 영상의 유형이 컬러 영상이면 채널 번호를 함께 지정한다. (30, 20) 좌표 픽셀의 빨간색 성분 값을 255로 설정하는 경우에는 image.itemset((20, 30, 2), 255)처럼 사용한다. 그런데 파이썬에서의 픽셀 단위 접근은 연산 시간이 많이 소요되는 작업이므로 가능하면 라이브러리에서 제공하는 함수(메소드) 기반으로 연산을 수행하는 것이 바람직하다. 처리 방법에 따른 속도의 차이는 스스로 하기 실습에서 확인해보자.

3) 영상의 채널 및 부분 영역 사용하기

이번 예제에서는 영상 데이터의 채널을 분리하고 병합하는 방법과 일부 영역을 분리하여 사용하는 방법에 대해 살펴본다. 소스 코드는 3장 폴더에 위치하며 파일 명은 handle_channel_roi.py이다. 소스 코드를 실행하는 방법은 다음과 같다.

```
python handle_channel_roi.py --image ../images/nature.jpg
```

또는

```
python handle_channel_roi.py -i ../images/nature.jpg
```

프로그램은 한 개의 명령 행 인자를 사용하는데, 입력 영상의 경로를 지정한다. 입력 영상의 경로는 소스 파일이 있는 폴더의 상위 폴더에 존재하는 images 폴더에 포함된 nature.jpg이다.

```
1  # 필요한 패키지를 import함
2  from __future__ import print_function
3  import argparse
4  import cv2
5  
6  def display_image(img, winname, flag=True):
7      # 영상 정보 출력
8      print("(rows, cols, ch): {}".format(img.shape))
9  
10     # 영상 출력을 윈도우 생성
11     cv2.namedWindow(winname, cv2.WINDOW_NORMAL)
12     # 윈도우에 영상 출력
13     cv2.imshow(winname, img)
14 
15     # 사용자 입력 대기
16     if flag:
17         cv2.waitKey(0)
```

1~4번 줄은 필요한 패키지를 임포트한다. 6번 줄은 전달된 영상을 윈도우에 출력하는 display_image() 함수를 정의한다. display_image.py에서 동일한 이름의 함수를 정의하였는데, 여기에서 정의하는 함수는 이전의 함수와 기능이 조금 다르다. 세 개의 파라미터를 사용하는데 첫 번째 파라미터는 영상, 두 번째 파라미터는 윈도우 이름, 세 번째 파라미터는 사용자 입력 대기 기능의 사용 여부를 설정하는 플래그이다. 이 값은 기본적으로 True로 설정된다.

11번 줄에서는 파라미터로 전달된 윈도우 이름을 사용하여 윈도우를 생성한다. 13

번 줄에서는 해당 윈도우에 영상을 출력한다.

16번 줄과 17번 줄에서는 플래그가 True인 경우에만 사용자 입력을 대기하고 False인 경우에는 사용자 입력 대기를 생략한다. 여러 개의 윈도우를 사용할 경우 마지막 한 개의 윈도우에 대해서만 사용자 입력 대기를 설정하여 여러 개의 윈도우를 동시에 화면 출력하고, 사용자가 키를 입력하면 프로그램이 종료하면서 동시에 모든 윈도우를 화면에서 사라지게 한다.

```
19 def handle_ROI(img, rect):
20     # 입력 범위의 유효성 확인
21     [sx, sy, ex, ey] = rect
22     if(sx < 0 or sy < 0 or
23         ex >= img.shape[1] or
24         ey >= img.shape[0]):
25         print("[에러]유효하지 않은 범위")
26         return None
27 
28     # 영상에서 부분 영상 추출
29     # Numpy의 슬라이싱 기법 사용
30     crop = img[sy:ey, sx:ex]
31 
32     return crop
```

19번 줄에서는 영상의 일부 영역만을 추출하는 handle_ROI() 함수를 정의한다. 두 개의 파라미터를 사용하는데, 첫 번째 파라미터는 영상이고 두 번째 파라미터는 추출할 영역에 대한 정보이다. [start_x, start_y, end_x, end_y]의 형식을 갖는 파이썬 리스트(list)를 제공한다.

21번 줄에서는 두 번째 파라미터에서 사각 영역의 좌표 정보를 가져온다. 이 정보를 사용하여 22~26번 줄에서는 입력 범위에 대한 유효성을 확인한다. start_x 또는 start_y가 0보다 작거나 end_x 또는 end_y가 영상의 가로 및 세로 길이보다 크다면 유효한 범위가 아니므로 에러 메시지를 출력하고 None을 반환한다.

30번 줄에서는 주어진 크기의 부분 영상을 추출한다. 이때 Numpy의 슬라이싱 기법을 사용하여 추출하며, 그 결과는 32번 줄에서 반환한다.

```
34 def split_channel(img):
35     b, g, r = cv2.split(img)
36 
37     # Numpy의 슬라이싱 기법 사용
38     # b = img[:, :, 0]
39     # g = img[:, :, 1]
40     # r = img[:, :, 2]
41 
42     return r, g, b
43 
44 def merge_channel(r, g, b):
45     img = cv2.merge((b, g, r))
46 
47     # Numpy의 슬라이싱 기법 사용
48     # img[:, :, 0] = b
49     # img[:, :, 1] = g
50     # img[:, :, 2] = r
51 
52     return img
```

34번 줄에서는 영상의 채널을 분리하는 함수인 split_channel() 함수를 정의한다. 35번 줄에서 확인할 수 있듯이 OpenCV의 split() 함수를 사용하여 채널을 분리한다. 일반적으로 사용하는 컬러 영상은 R, G, B를 기본색으로 사용하므로 분리된 채널은 R, G, B의 기본색에 해당한다. 분리된 각각의 채널 영상은 그레이 스케일 영상으로 간주할 수 있다. 앞에서도 설명한 것과 같이 OpenCV에서는 픽셀에 저장된 색의 순서가 B, G, R 순서이므로 분리된 채널의 경우에도 B, G, R의 순서로 나타난다. split() 함수 대신에 Numpy의 슬라이싱 기법을 사용하여 채널을 분리하는 것도 가능하다. 주석으로 표시된 38번 줄에서 40번 줄과 같이 처리할 수 있다. 42번 줄에서는 분리된 채널 영상을 반환하는데, 반환 순서는 R, G, B 순서로 지정하였다.

44번 줄에서는 영상의 채널을 결합하는 함수인 merge_channel() 함수를 정의한다. 45번 줄에서 확인할 수 있듯이 OpenCV의 merge() 함수를 사용하여 채널을 분리한다. merge() 함수 대신에 Numpy의 슬라이싱 기법을 사용하여 채널을 결합하는 것도 가능하다. 주석으로 표시된 48~50번 줄과 같이 처리할 수 있다. 52번 줄에서는 채널들을 병합한 결과 영상을 반환한다.

```
55 if __name__ == ‘__main__’ :
56     # 명령 행 인자 처리
57     ap = argparse.ArgumentParser()
58     ap.add_argument(“-i”, “--image”, required = True, ₩
59             help = “Path to the input image”)
60     args = vars(ap.parse_args())
61 
62     filename = args[“image”]
```

57~62번 줄에서는 명령 행 처리를 수행한다.

```
64     # OpenCV를 사용하여 영상 데이터 로딩
65     image = cv2.imread(filename, cv2.IMREAD_COLOR)
66 
67     # 부분 영상(ROI) 추출
68     subimage = handle_ROI(image, [50, 50, 200, 100])
69     if(subimage is None):
70         print(“[에러]프로그램을 종료합니다.”)
71         exit(1)
```

65번 줄에서는 입력 파일로부터 영상 데이터를 불러온다. 두 번째 인자는 불러온 영상의 유형을 강제로 컬러 영상으로 변환하도록 설정한다.

68번 줄에서는 (50, 50)에서 (200, 100) 사이 범위의 부분 영상을 추출한다. 부분 영상은 전체 영상 중에서 관심의 대상이 되는 영역이므로 관심 영역(Region of Interest, ROI)이라고 한다. 69번 줄에서는 부분 영상의 추출 여부를 확인한다. 유효하지 않은 범위를 지정한 경우 handle_ROI() 함수는 부분 영상을 추출하지 못하고 None을 반환한다. 따라서 반환 값을 확인하여 None이면 에러 메시지를 출력하고 프로그램을 종료한다. exit() 함수는 파이썬 프로그램을 종료하는 함수로서 정상 종료가 아닌 경우에는 0 이외의 인자를 전달한다. exit() 함수는 main 스레드에서만 사용 가능하며 프로그램이 다른 위치에서 강제로 프로그램을 종료하고자 할 때는 sys.exit() 함수를 사용한다.

```
73      # 채널 분리
74      r, g, b = split_channel(subimage)
75
76      # 채널별 영상을 윈도우에 출력
77      display_image(r, "R", False)
78      display_image(g, "G", False)
79      display_image(b, "B", False)
80
81      # 채널별 영상 병합
82      recon = merge_channel(r, g, b)
83
84      # 채널 병합한 영상을 윈도우에 출력
85      display_image(recon, "recon")
```

74번 줄에서는 추출한 부분 영상에 대한 채널을 분리한다. 77~79번 줄에서는 분리한 채널 영상을 각각 윈도우에 표시한다. 그리고 82번 줄에서는 분리한 채널 영상을 다시 병합하여 컬러 영상을 생성하며, 85번 줄에서 병합한 영상을 윈도우에 출력하여 병합 결과를 확인한다.

4) 영상 필터링 적용하기

이번에는 영상 필터링을 수행하기 위해 OpenCV에서 제공하는 함수들의 기능을 살펴본다. 우선 OpenCV에서 제공하는 영상 필터링 관련 함수들에 대해 살펴보자. 영상 평활화를 위해 OpenCV에서는 다음의 함수들을 제공한다. 대괄호([])에 포함된 파라미터는 생략 가능하다.

영상 평활화 관련 함수

- `cv2.blur(src, ksize[, dst[, anchor[, borderType]]]) → dst`
- `cv2.GaussianBlur(src, ksize, sigmaX[, dst[, sigmaY[, borderType]]]) → dst`
- `cv2.medianBlur(src, ksize[, dst]) → dst`

- src: 입력 영상 (CV_8U, CV_16U, CV_16S, CV_32F 또는 CV_64F 자료형을 갖는 그레이 스케일 또는 컬러 영상)

- ksize: 마스크의 크기 (가로 및 세로 길이를 튜플 형식으로 지정)
- anchor: 마스크의 기준 위치이며 기본 값은 마스크의 중심(-1, -1)
- sigmaX, sigmaY: 가우시안 마스크의 x축 및 y축 방향 표준 편차
- borderType: 경계 처리 방법

경계 강도 검출 관련 함수

- cv2.Sobel(src, ddepth, dx, dy[, dst[, ksize[, scale[, delta[, borderType]]]]]) → dst
- cv2.Laplacian(src, ddepth[, dst[, ksize[, scale[, delta[, borderType]]]]]) → dst

- src: 입력 영상 (CV_8U, CV_16U, CV_16S, CV_32F 또는 CV_64F 자료형을 갖는 그레이 스케일 또는 컬러 영상)
- ddepth: 결과 영상의 자료형 (-1로 설정하면 입력 영상과 동일한 자료형 가짐)
- dx, dy: 수평 및 수직 방향의 도함수 차수
- ksize: 마스크의 크기 (1, 3, 5, 7중의 한 가지 값 사용)
- scale: 계산된 도함수 값에 대한 스케일 값
- delta: 계산된 도함수 값에 더하는 값
- borderType: 경계 처리 방법

에지 검출 관련 함수

- cv2.Canny(image, threshold1, threshold2[, edges[, ksize[, L2gradient]]]) → edges

- src: 입력 영상 (그레이 스케일 영상)
- threshold1: 이력 임계화를 위한 첫 번째(낮은) 임계치
- threshold2: 이력 임계화를 위한 두 번째(높은) 임계치
- ksize: 소벨 연산자를 위한 마스크의 크기 (1, 3, 5, 7중의 한 가지 값 사용)
- L2gradient: 최종 그라디언트를 계산하기 위한 방법 (True: L2 norm, False: L1 norm 사용)

범용 영상 필터링 함수

- cv2.filter2D(src, ddepth, kernel[, dst[, anchor[, delta[, borderType]]]]) → dst

- src: 입력 영상 (CV_8U, CV_16U, CV_16S, CV_32F 또는 CV_64F 자료형을 갖는 그레이 스케일 또는 컬러 영상)
- ddepth: 결과 영상의 자료형 (-1로 설정하면 입력 영상과 동일한 자료형 가짐)
- kernel: 컨볼루션 커널(마스크)
- anchor: 마스크의 기준 위치이며 기본 값은 마스크의 중심(-1, -1)
- delta: 컨볼루션 결과 값에 더하는 값
- borderType: 경계 처리 방법

이번 예제에서는 영상 필터링을 적용하는 방법에 대해 살펴본다. 소스 코드는 3장 폴더에 위치하며 파일 명은 filtering_image.py이다. 소스 코드를 실행하는 방법은 다음과 같다.

```
python filtering_image.py --image ../images/nature_grayscale.jpg
```

프로그램은 한 개의 명령 행 인자를 사용하는데, 입력 영상의 경로를 지정한다. 입력 영상의 경로는 소스 파일이 있는 폴더의 상위 폴더에 위치한 images 폴더에 포함된 nature_grayscale.jpg이다. 우선 그레이 스케일 영상에 대한 적용 결과를 확인한 후 컬러 영상에 대한 결과를 확인해보자.

```
# 필요한 패키지를 import함
from __future__ import print_function
import argparse
import cv2
import numpy as np
from handle_channel_roi import display_image
def smoothing_image(img, type='mean', ksize=3):
    # type에 따라 평활화 방법 선택
    if(type == 'mean'):
        dst = cv2.blur(img, (ksize,ksize))

```

```
12      elif(type == 'Gaussian'):
13          dst = cv2.GaussianBlur(img, (ksize,ksize), 0)
14      elif(type == 'median'):
15          dst = cv2.medianBlur(img, ksize)
16      else:
17          print('[에러]잘못된 type 지정')
18          return None
19
20      return dst
```

1~6번 줄은 필요한 패키지를 임포트한다. 5번 줄에서는 Numpy 패키지를 불러온다. 6번 줄에서는 handle_channel_roi.py에서 정의한 display_imag() 함수를 불러온다.

8번 줄은 영상 평활화를 수행하는 smoothing_image() 함수를 정의한다. 두 번째 인자는 영상 평활화 방법을 구분하는데, 'mean', 'Gaussian', 'median' 중 한 가지 값을 가질 수 있다. 만약 허용되지 않은 값이 지정되면 16번 줄과 같이 에러 메시지를 출력하고 None을 반환한다. 세 번째 인자는 마스크 크기를 지정한다. cv2.blur() 함수와 cv2.GaussianBlur() 함수는 마스크 크기를 튜플 형식으로 지정해야 하지만, cv2.medianBlur() 함수는 정수 형식으로 지정해야 한다. 따라서 smoothing_image() 함수에서는 정수 형식으로 인자를 전달받아 cv2.blur()와 cv2.GaussianBlur() 함수를 호출할 때는 11번 줄과 13번 줄과 같이 이 값을 튜플 형식으로 변환하여 사용한다.

```
22  def gradient_image(img, type='Sobel', dir='all'):
23      # type에 따라 경계 강도 계산 방법 선택
24      if(type == 'Sobel'):
25          if(dir == 'x'):
26              dst = cv2.Sobel(image, cv2.CV_64F, 1, 0)
27              dst = np.uint8(np.absolute(dst))
28          elif(dir == 'y'):
29              dst = cv2.Sobel(image, cv2.CV_64F, 0, 1)
30              dst = np.uint8(np.absolute(dst))
31          elif(dir == 'all'):
32              dstx = cv2.Sobel(image, cv2.CV_64F, 1, 0)
33              dstx = cv2.convertScaleAbs(dstx)
```

```
34            dsty = cv2.Sobel(image, cv2.CV_64F, 0, 1)
35            dsty = cv2.convertScaleAbs(dsty)
36            dst = cv2.addWeighted(dstx, 1, dsty, 1, 0)
37    elif(type == ‘Laplacian’):
38        dst = cv2.Laplacian(img, cv2.CV_64F)
39        dst = np.uint8(np.absolute(dst))
40    else:
41        print(‘[에러]잘못된 type 지정’)
42        return None
43
44    return dst
```

22번 줄은 영상의 경계 강도를 계산하는 gradient_image() 함수를 정의한다. 두 번째 인자는 강도 계산 방법을 구분하는데, ‘Sobel’, ‘Laplacian’ 중에서 한 가지 값을 가질 수 있다. 만약 허용되지 않은 값이 지정되면 41번 줄과 같이 에러 메시지를 출력하고 None을 반환한다. 세 번째 인자는 경계 강도의 계산 방향을 지정한다. 라플라시안 연산자의 경우 계산 방향을 구분할 필요가 없지만 소벨 연산자의 경우 수평 방향과 수직 방향의 경계 강도를 계산한 후, 이 결과를 결합하여 최종 경계 강도를 계산한다. 세 번째 인자는 ‘x’, ‘y’, ‘all’ 중에서 한 가지 값을 가질 수 있는데 cv2.Laplacian() 함수에서는 이 값을 무시한다.

경계 강도는 밝기의 변화 방향에 따라 양수뿐 아니라 음수를 가질 수도 있다. 이 결과를 일반적인 픽셀의 값 범위인 [0, 255]로 변환하기 위해서는 절댓값을 계산하거나 값의 범위를 이동(shift)하는 과정이 필요하다. 이 예제에서는 27번 줄과 같이 절댓값을 사용한다.

소벨 연산자를 적용하여 계산한 수평 방향과 수직 방향의 경계 강도로부터 최종 경계 강도를 계산하기 위해서는 36번 줄과 같이 각 방향으로의 경계 강도에 대한 절댓값을 합친다. 각 방향으로의 경계 강도에 대한 절댓값은 np.absolute() 함수 대신에 33,35번 줄과 같이 cv2.convertScaleAbs() 함수를 사용할 수도 있다.

```
46 def edge_detection(img, lth=100, hth=300):
47     if len(img.shape) == 3:
48         img = cv2.cvtColor(img, cv2.COLOR_BGR2GRAY)
49     dst = cv2.Canny(img, lth, hth)
```

```
50
51       return dst
52
53   def filtering_image(img, kernel=None):
54       if(kernel is None):
55           kernel = np.array([[0, -1, 0], [-1, 5, -1], [0, -1, 0]])
56       dst = cv2.filter2D(img, -1, kernel)
57
58       return dst
```

46~51번 줄에서는 Canny 에지 검출자를 사용하여 에지 검출을 수행하는 edge_detection() 함수를 정의한다. Canny 에지 검출자를 위한 두 개의 임계값을 파라미터로 전달받는데 기본 값은 100과 300으로 지정한다. OpenCV의 Canny 에지 검출자는 그레이 스케일 영상에만 적용할 수 있으므로 입력 영상이 컬러 영상인 경우에는 47, 48번 줄에서와같이 컬러 영상을 그레이 스케일 영상으로 변환하여 사용한다.

53~58번 줄에서는 범용 영상 필터링 함수인 filtering_image() 함수를 정의한다. 이 함수는 영상 필터링에 필요한 마스크(커널)를 파라미터로 전달받는데 기본 값은 None이다. 마스크가 None인 경우 54, 55번 줄에서와 같이 Laplacian-Type의 선명화 필터링을 위한 마스크를 정의하여 사용한다.

```
if __name__ == '__main__':
    # 명령행 인자 처리
    ap = argparse.ArgumentParser()
    ap.add_argument('-i', '--image', required = True, ₩
            help = 'Path to the input image')
    args = vars(ap.parse_args())

    filename = args['image']

    # OpenCV를 사용하여 영상 데이터 로딩
    image = cv2.imread(filename, cv2.IMREAD_UNCHANGED)
    display_image(image, 'original', False)

    smoothing = smoothing_image(image, 'Gaussian', 5)
    if(smoothing is not None):
```

```
75          display_image(smoothing, ‘smoothing’, False)
76
77      gradient = gradient_image(image, ‘Laplacian’, ‘all’)
78      if(gradient is not None):
79          display_image(gradient, ‘gradient’, False)
80
81      edge = edge_detection(image)
82      if(edge is not None):
83          display_image(edge, ‘edge detection’, False)
84
85      filtering = filtering_image(image)
86      if(filtering is not None):
87          display_image(filtering, ‘filtering’)
```

61~67번 줄에서는 명령 행 처리를 수행한다. 70번 줄에서는 입력 파일로부터 영상 데이터를 불러온다. 두 번째 인자는 파일에 저장된 영상의 유형과 동일하게 메모리에 불러온 영상의 유형을 지정하도록 설정한다.

73번 줄에서는 입력 영상에 대해 5×5 크기의 마스크를 사용하여 가우시안 필터링을 수행하고 74, 75번 줄에서는 필터링 결과를 화면에 표시한다.

78번 줄에서는 입력 영상에 대해 라플라시안 필터를 사용하여 그라디언트 영상을 생성하고 78, 79번 줄에서는 필터링 결과를 화면에 표시한다.

81번 줄에서는 입력 영상에 대해 에지 검출을 수행하고 82, 83번 줄에서는 에지 검출 결과를 화면에 표시한다.

85번 줄에서는 범용적인 영상 필터링을 수행하는데 마스크를 지정하지 않았기 때문에 filtering_image() 함수 내부에서 마스크를 생성하여 처리한다. 86, 87번 줄에서는 영상 필터링 결과를 화면에 표시한다.

컬러 영상을 입력으로 사용하는 경우에 대한 결과는 여러분이 직접 확인해보자.

3.3 스스로 하기 실습

실습 내용

- 관심 영역의 밝기 반전된 영상 생성하기
- 언샤프 필터링(unsharp filtering) 수행하기

1) 관심 영역의 밝기 반전된 영상 생성하기

목표

입력 영상의 관심 영역에 대한 밝기를 반전한 후 결과를 확인한다.

절차

- 파일 명은 invert_ROI.py으로 지정한다(제시된 소스코드에서 개별 성의 영역을 작성).
- 명령 행 인자를 사용하여 입력 파일 명, 관심 영역의 시작 위치(왼쪽 위 좌표) 및 끝 위치(오른쪽 아래 좌표)를 전달한다.
- 지정한 관심 영역의 밝기를 반전한 결과 영상을 생성하여 화면에 출력한다.
- 밝기 반전을 수행하기 위해서는 255(흰색)에서 원래의 밝기 값을 뺀다.
- 그레이 스케일 영상과 컬러 영상에 대해 모두 처리 가능하다.
- 개별 픽셀에 대한 접근 방법(방법 1)과 Numpy의 브로드캐스팅 기법(방법 2)의 처리 속도를 각각 계산하여 비교한다.

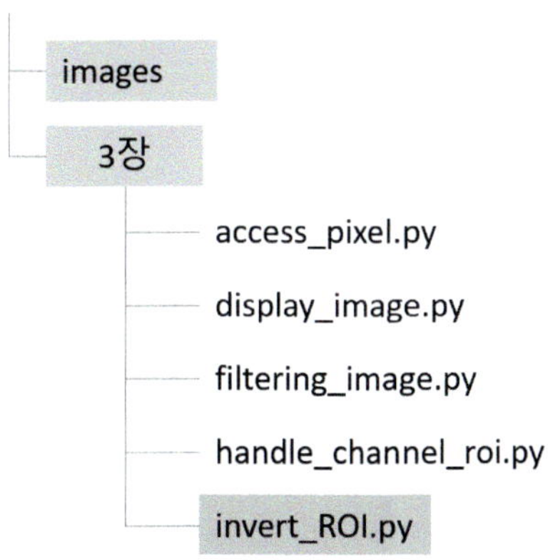

실행 방법

- 입력 파일 명은 ../images/nature_grayscale.jpg, 관심 영역의 시작 위치는 기본값인 (0, 0), 끝 위치는 기본값인 (150, 100)으로 지정

```
> python invert_ROI.py --image ../images/nature_grayscale.jpg
```

- 입력 파일 명은 ../images/nature.jpg, 관심 영역의 시작 위치는 (50, 10), 끝 위치는 (200, 150)으로 지정

```
> python invert_ROI.py --image ../images/nature.jpg
    --start_point 50 10 --end_point 200 150
```

실행 결과 확인

```
> python invert_ROI.py --image ../images/nature_grayscale.jpg
```

콘솔 출력 화면

```
[정보]방법 1 소요시간: 0.05191451728231603
[정보]방법 2 소요시간: 0.001170629014949611
(rows, cols, ch): (480, 720)
```

[그림 3.3.1] 실습 예제 결과 화면

```
> python invert_ROI.py --image ../images/nature.jpg
    --start_point 50 10 --end_point 300 200
```

콘솔 출력 화면

```
[정보]방법 1 소요시간: 0.31003764487460644
[정보]방법 2 소요시간: 0.0010143930918633016
(rows, cols, ch): (480, 720, 3)
```

[그림 3.3.2] 실습 예제 3.4 결과 화면

invert_ROI.py

```
# 필요한 패키지를 import함
from __future__ import print_function
import argparse
import cv2
import numpy as np
from handle_channel_roi import display_image

def invert_image_m1(img, rect):
    # 개별 정의
```

```
def invert_image_m2(img, rect):
    # 개별 정의

if __name__ == '__main__':
    # 명령 행 인자 처리
    ap = argparse.ArgumentParser()
    ap.add_argument("-i", "--image", required = True, \
            help = "Path to the input image")
    ap.add_argument("-s", "--start_point", type = int, \
            nargs='+', default=[0, 0], \
            help = "Start point of the rectangle")
    ap.add_argument("-e", "--end_point", type = int, \
            nargs='+', default=[150, 100], \
            help = "End point of the rectangle")
    args = vars(ap.parse_args())

    filename = args["image"]
    sp = args["start_point"]
    ep = args["end_point"]

    # OpenCV를 사용하여 영상 데이터 로딩
    image = cv2.imread(filename)
            (rows, cols, _) = image.shape
            if(sp[0] < 0 or sp[1] < 0 or ep[0] > rows or ep[1] > cols):
                    raise ValueError('Invalid Size')

    e1 = cv2.getTickCount()
    inverted = invert_image_m1(image, rect)
    e2 = cv2.getTickCount()
    time = (e2 - e1)/ cv2.getTickFrequency()
    print('[정보]방법 1 소요시간: {}'.format(time))

    e1 = cv2.getTickCount()
    inverted = invert_image_m2(image, rect)
    e2 = cv2.getTickCount()
```

```
time = (e2 - e1)/ cv2.getTickFrequency()
print('[정보]방법 2 소요시간: {}'.format(time))

display_image(inverted, 'inverted')
```

☞ 도움말: invert_image_m1()

1. 원본 영상의 복제본을 만들어 사용한다.

```
dst = image.copy()
```

2. 영상 유형의 구분은 영상 데이터의 shape 속성을 사용한다.

```
# shape 속성의 길이
# 그레이 스케일 영상은 길이가 2
# 컬러 영상은 길이가 3
len = len(image.shape)

# 컬러 영상인 경우 채널 수가 3인 것을 확인
if (len = len(image.shape) is 3) :
```

3. 배열 인덱스나 배열 접근 함수(item() 또는 itemset())를 사용하여 개별 픽셀에 접근하여 값을 읽고 저장한다.

```
그레이 스케일 영상
image[y, x] = 255 - image[y, x]
또는
image.itemset(y, x) = 255 – image.item(y, x)

컬러 영상
image[y, x, 2] = 255 – image[y, x, 2] # Red 채널
또는
image.itemset(y, x, 2) = 255 – image.item(y, x, 2)
```

☞ 도움말: invert_image_m2()

1. 원본 영상의 복제본을 만들어 사용한다.

   ```
   dst = image.copy()
   ```

2. 영상 유형에 대한 구분은 필요 없다.

3. Numpy의 슬라이싱 연산과 브로드캐스팅 기법을 사용하여 밝기 반전 연산을 수행한다.

   ```
   image[0:200, 50:100] = 255 - image[0:200, 50:100]
   ```

2) 언샤프 필터링(unsharp filtering) 수행하기

목표

언샤프 필터링을 사용하여 영상 선명화를 수행한 후 다른 이름으로 저장한다.

절차

- 파일 명은 unsharp_image.py으로 지정한다(주어진 소스코드에서 개별 정의 영역을 작성).
- 명령 행 인자를 사용하여 입력 파일 명과 출력 파일 명을 전달한다.
- 그레이 스케일 영상과 컬러 영상에 대해 모두 처리 가능하다.
- 결과 영상을 새로운 이름으로 저장한다.

```
├── images
└── 3장
    ├── access_pixel.py
    ├── display_image.py
    ├── filtering_image.py
    ├── handle_channel_roi.py
    ├── invert_ROI.py
    └── unsharp_image.py
```

실행 방법

- 입력 파일 명은 ../images/nature.jpg 그리고 결과 파일 명은 ../images/nature_unsharp.jpg로 지정

```
> python unsharp_image.py --input ../images/nature.jpg
   --output ../images/nature_unsharp.jpg
```

실행 결과 확인

```
> python unsharp_image.py --input ../images/nature.jpg
   --output ../images/nature_unsharp.jpg
```

[그림 3.3.3] 실습 결과 화면

unsharp_image.py

```
# 필요한 패키지를 import함
from __future__ import print_function
import argparse
import cv2
import numpy as np
from handle_channel_roi import display_image
```

```
def unsharp_image(img, alpha=1.5, beta=0.5) :
    # 개별 정의

if __name__ == '__main__' :
    # 명령 행 인자 처리
    ap = argparse.ArgumentParser()
    ap.add_argument("-i", "--input", required = True, \
            help = "Path to the input image")
    ap.add_argument("-o", "--output", required = True, \
            help = "Path to the output image")
    args = vars(ap.parse_args())

    infile = args["input"]
    outfile = args["output"]

    # OpenCV를 사용하여 영상 데이터 로딩
    image = cv2.imread(infile, cv2.IMREAD_UNCHANGED)

    filtered = unsharp_image(image, 1.4, 0.5)
    display_image(filtered, 'filtering')

    print('Saved to {}'.format(outfile))
    cv2.imwrite(outfile, filtered)
```

☞ 도움말

1. 원본 영상의 복제본을 만들어 사용한다.

```
dst = image.copy()
```

2. 입력 영상에 대한 가우시안 필터링을 수행한다. 마스크 크기 또는 표준편차는 직접 설정한다.

3. 원본 영상과 가우시안 필터링 수행한 영상을 적절한 비율로 더한다. **image**는 원본 영상, **gaussian**은 가우시안 필터링된 영상이다.

```
dst = cv2.addWeighted(image, alpha, gaussian, -beta, 0)
```

4. 결과 영상을 반환한다.

실습 보고서 (실습 주제별로 작성)

<table>
<tr><td>학번</td><td></td><td>이름</td><td></td></tr>
<tr><td>제출일</td><td></td><td>전자 메일</td><td></td></tr>
<tr><td>주제</td><td colspan="3"></td></tr>
<tr><td>실습 목표</td><td colspan="3">이번 실습을 통해 달성하고자 하는 목표를 2가지 이상 개별 제시
• 목표 1
• 목표 2</td></tr>
<tr><td>해결 과정 및 주요 코드에 대한 설명</td><td colspan="3">• 문제 해결 절차 및 방법
• 소스 코드에서의 핵심 코드를 제시하고 설명</td></tr>
<tr><td>실행 결과</td><td colspan="3">• 세 가지 이상의 서로 다른 실행 결과 제시
• 명령 행 인자나 호출 함수 인자의 변경을 통해 실행 결과 생성</td></tr>
<tr><td>느낀 점</td><td colspan="3">• 문제 해결 과정이나 실습 과정에서 느낀 점</td></tr>
<tr><td colspan="4">첨부: 소스 파일(별도 파일)</td></tr>
</table>

제 4 장

영상 분할

학습 목표

1) 영상 분할의 기본 개념을 살펴본다.
2) 그레이 레벨 히스토그램의 개념에 대해 살펴본다.
3) 그레이 레벨 임계화 방법에 대해 살펴본다.
4) 히스토그램을 계산하고 화면에 출력하는 과정을 실습한다.
5) 임계화를 통해 영상 분할 과정을 실습한다.
6) 범위 연산을 사용한 영상 분할 과정을 실습한다.

4.1 기본 이론

1) 영상 분할

영상 분할(image segmentation)은 객체(object)나 객체를 구성하는 의미 있는 영역을 분리하여 구분하는 과정이다. 영상은 픽셀로 구성되는데, 픽셀 단위의 표현에서는 인간이 인식하는 고수준의 정보를 표현하는 일이 쉽지 않다. [그림 4.1.1](a)에 포함된 객체를 인식하는 과정을 생각해보자.

우리는 이 영상을 보면서 대부분 영상에 포함된 새의 종류에 관심을 가질 것이다. 새의 뒤쪽에 바위가 있고 새가 앉아 있는 흙바닥도 있지만 이런 영역은 우리의 관심을 끌기에는 부족하다. 따라서 객체 인식의 대상은 이 새가 될 것이다. 이 새는 화식조(cassowary)인데 주로 남반구에 서식하며 날지 못하고 덩치가 매우 크다.

인식을 위해서는 가장 먼저 화식조에 해당하는 영역을 주변의 다른 영역으로부터 분리하는 과정이 필요하다. 화식조는 다른 영역에 비해 우리의 관심 대상이 되는 영역으로 객체(object) 또는 전경(foreground)이라고 부른다. 반면 바위를 포함한 나머지 영역은 배경(background)이라고 부른다.

영상 분할이란 유사하거나 균일한 특징을 가지며 위치적으로 인접한 픽셀들을 병합하여 영역으로 구분하여 표현하는 과정이다. 각 영역은 서로 겹치지 않으며 모두 합치면 다시 전체 영상을 구성한다. 다음은 영상 분할의 기본 원칙이며 입력 영상을 다음의 조건을 만족하는 부분 영역 R_k으로 분리한다[6].

① $\cup R_k = R, k = 1, 2, \cdots, n$($R$은 입력 영상)
② $R_k(k = 1, 2, \cdots, n)$는 연결된 영역
③ 모든 $i, j(i \neq j)$에 대해 $R_i \cap R_j = \emptyset$
④ $P(R_k)$ = 참(TRUE), $k = 1, 2, \cdots, n$(P는 영상 분할을 위해 사전에 정한 기준)
⑤ $i \neq j$에 대해 $P(R_i \cup R_j)$ = 거짓(FALSE)

일반적인 영상 분할은 입력 영상을 서로 구분되는 특징을 갖는 다수의 영역으로 분리하는 과정이다. 따라서 [그림 4.1.1](b)에서 볼 수 있듯이 영상 분할 과정은 단일

(a) 원본 영상

(b) 영상 분할

(c) 객체 추출

[그림 4.1.1] 영상 분할과 객체추출 결과

객체를 여러 개의 서로 다른 영역으로 분할하는 경우가 자주 발생한다. 이것은 객체가 균일하지 않은 특징을 가진 이유도 있지만 사람과 컴퓨터가 색을 인지하는 차이에서도 기인한다. 사람이 두 지점의 색을 동일하게 인지하더라도 컴퓨터에 저장된 색의 물리적인 값은 큰 차이를 나타내는 경우가 있다. 따라서 [그림 4.1.1](c)와 같이 객체 단위로 영상을 표현하는 일은 상당히 도전적인 과제라고 할 수 있다. 이 과정을 객체 추출(object extraction)이라고 부른다.

전통적인 영상 분할 방법은 크게 영역 기반 방법(region-based segmentation), 경계 검출 기반 방법(boundary detection based segmentation), 그리고 군집화 기반 방법(clustering-based segmentation)으로 구분할 수 있다[7]. 영역 기반 방법은 영역 확장(region growing) 방법, 분할 및 합병(split and merge) 방법, 워터세드 변환(watershed transformation) 등으로 구분할 수 있다. 영역 확장 방법은 사전에 정해진 유사도 측정 방법을 기반으로 주변 픽셀이나 부분 영역을 병합하여 조금 더 큰 영역을 형성하는 방법이다. 분할 및 합병 방법은 입력 영상을 겹치지 않는 일정 크기의 부분 영역으로 구분한 후 영상 분할의 기본 원칙을 만족하도록 각 부분 영역을 반복적으로 분할하거나 합병을 수행하는 방법이다.

워터세드 변환은 픽셀 값(밝기)을 지표면의 높이로 간주한다. 큰 비가 지속적으로 내리면 지표면의 저지대부터 빗물이 고여 물이 차오르게 된다. 만약 차오르던 물이 다른 지역으로 범람하게 되면 아주 높은 댐을 쌓아 더 이상 물이 범람하지 못하게 방지한다. 이 댐이 두 영역을 구분하는 경계에 해당한다. 이 과정을 영상의 모든 영역이 물에 잠길 때까지 반복하며 댐을 쌓으면 영상 분할 결과를 구할 수 있다.

경계 검출 기반 방법은 에지 검출을 통해 구한 에지 정보를 사용하여 영상 분할을 수행하는 방법이다. 일반적으로는 에지 검출을 수행한 결과에 대해 에지 연결(edge following), 영역 채우기(region filling) 및 후처리 단계를 거쳐 최종적인 영상 분할 결과를 구할 수 있다. 군집화 기반 방법은 특징 공간에서 군집화 과정을 통해 영상 분할을 수행한다. 이 방법은 다음과 같은 절차를 사용한다.

1. 입력 영상의 각 픽셀을 특징 공간(feature space)으로 변환(mapping)
2. 동질성을 이용해 각 점들을 해당 군집(cluster)으로 구분
3. 군집 정보를 사용하여 입력 영상으로 역변환(inverse mapping)

군집화 기반 방법의 대표적인 종류는 그레이 레벨 임계화(gray-level threholding)

방법이다. 다음 절에서 우선 그레이 레벨 히스토그램을 살펴본 후, 이어서 그레이 레벨 임계화에 대해 살펴본다.

2) 그레이 레벨 히스토그램

그레이 레벨 히스토그램(gray-level histogram)은 입력 영상의 각 밝기 단계에 해당하는 픽셀의 수를 집계하여 표현한 데이터이다. 경우에 따라서는 각 밝기 단계의 픽셀 수를 전체 픽셀 수로 나눈 상대 비율을 사용하기도 한다. 이런 히스토그램을 정규화된 히스토그램이라고 한다. 그레이 레벨 히스토그램은 1차원 배열을 사용하여 저장할 수 있다. 그런데 일반적으로는 시각화를 위해 막대 그래프나 직선 그래프를 사용한다.

[그림 4.1.2]는 8비트 그레이 스케일 영상과 그레이 레벨 히스토그램을 나타낸다. 막대 그래프에서 수평 축은 픽셀의 밝기 단계(그레이 레벨)이고 수직 축은 일반 히스토그램에서는 픽셀의 수이고 정규화된 히스토그램에서는 상대 비율(확률)이다. 이때 수평 축의 값을 빈(bin)이라고 부른다.

히스토그램을 사용하면 영상의 명암 대비나 밝기 분포를 쉽게 확인할 수 있다. 히스토그램에서 빈들이 넓은 범위에 분포하면 높은 명암 대비를 갖는 영상이지만 일부 빈에만 값이 분포한다면 낮은 명암 대비 영상이다. 동일한 명암 대비를 갖는 영상이라도 빈들이 주로 히스토그램의 왼쪽에 분포(밝기의 평균이 왼쪽에 위치)하면 이 영상은 어둡게 보이고 반면에 오른쪽에 주로 분포하면 밝게 나타난다.

Bin	Counts	Prob.
0	163	0.005
1	77	0.003
...		
255	1561	0.051

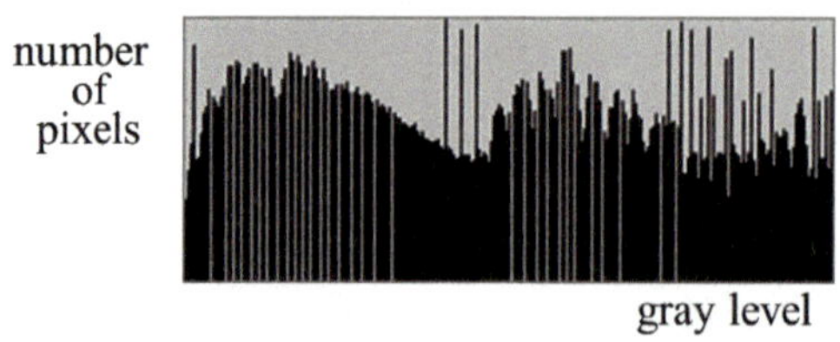

[그림 4.1.2] 그레이 레벨 히스토그램

3) 그레이 레벨 임계화

그레이 레벨 임계화(gray-level threholding)는 영상의 밝기 분포에 해당하는 그레이 레벨 히스토그램을 특징 공간으로 사용한다. 그레이 레벨 임계화는 매우 간단한 그레이 레벨 변환(gray-level transformation) 과정이다. 기준 밝기를 선택한 후 입력 영상에서 기준 밝기보다 낮은 밝기를 갖는 픽셀들은 결과 영상에서 검정색(0), 기준 밝기보다 높거나 같은 밝기를 갖는 픽셀들은 흰색(255)으로 변환한다. 이 기준 밝기를 임계치(threshold)라고 부른다. 임계화 과정은 임계치에 매우 의존적이다. [그림 4.1.3]은 임계치에 따른 임계화 수행 결과 영상의 차이를 보여준다. 하단의 왼쪽 영상은 임계치를 110, 가운데 영상은 160, 그리고 오른쪽 영상은 175로 선정한 결과이다. 그림의 아래쪽에는 영상의 히스토그램을 표시하였다.

[그림 4.1.3]에서 확인할 수 있듯이 가운데 결과 영상이 가장 적절하게 사과 영역을 배경으로부터 분리하였다. 히스토그램을 통해 영상의 밝기 분포를 확인할 수 있는데, 사과 영역이 히스토그램의 왼쪽 영역에서 군집을 이루고 있고, 사과 주변의 배경 영역은 히스토그램의 오른쪽 영역에서 군집을 나타내고 있다. 따라서 이 영상에서 사과 영역을 배경으로부터 가장 잘 분리해내기 위해서는 사과 영역의 군집과 배경 영역의 군집 사이에 임계치를 설정하는 것이다.

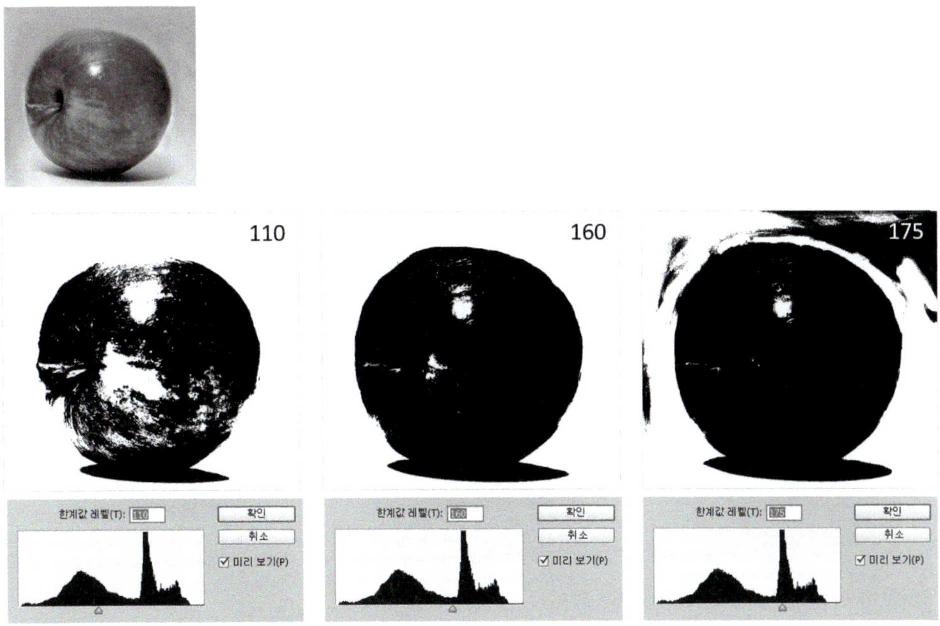

[그림 4.1.3] 임계치에 따른 임계화 결과 영상

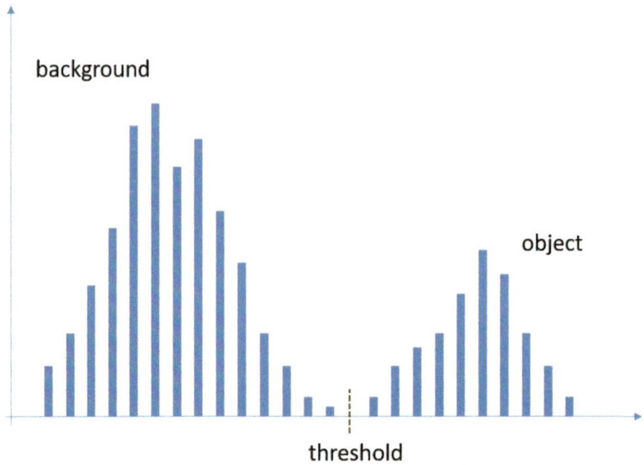

[그림 4.1.4] 임계치에 따른 임계화 결과 영상

그레이 레벨 임계화는 영상에 단일 객체가 포함되어 있는 경우에 배경으로부터 객체를 추출하는 방법으로 적절하다. 이런 경우 [그림 4.1.4]와 같이 히스토그램은 두 개의 봉우리(bi-mode)가 있는 형태로 나타난다. 두 개 봉우리 중에서 하나는 객체에 해당하고 나머지 하나는 배경에 해당한다. 배경과 객체의 밝기 분포에 따라 봉우리의 상대 위치는 달라진다. [그림 4.1.3]의 경우, 배경에 비해 사과는 낮은 밝기를 갖고 있으므로 왼쪽 봉우리가 객체에 해당한다. 그런데 배경은 검정색, 객체는 흰색으로 표현하는 것이 일반적이므로로 [그림 4.1.4]와 같이 왼쪽 봉우리를 배경, 그리고 오른쪽 봉우리를 객체로 간주한다. 만약 입력 영상이 반대의 경우를 갖는 경우라면 밝기 반전 연산을 통해 변경할 수 있다.

임계화를 통해 배경으로부터 객체를 분리하기 위해서는 임계치에 대한 적절한 설정이 필요하다는 사실은 앞에서 살펴봤다. [그림 4.1.4]의 경우 배경 봉우리와 객체 봉우리 사이의 골짜기 지점을 임계치로 선택하면 두 봉우리를 정확하게 분리할 수 있다. 사람이 직접 임계치를 결정하는 일은 별로 어렵지 않다. 임계치에 따른 결과 영상을 확인하면서 가장 만족스러운 결과를 생성할 때까지 반복하면 될 것이다. 그런데 자동화된 방법으로 최적의 임계치를 얻을 수는 없을까? 다양한 방법이 존재하지만 가장 빈번하게 사용하는 방법은 오츠(Otsu)가 제안한 방법[8]이다. 오츠는 모든 가능한 임계치 T에 대해 점수를 계산하여 가장 좋은 T를 최종 임계치로 선택하는 방법을 사용하였다. 임계치 T를 기준으로 영역을 두 개 그룹으로 나누었을 때, 각 그룹 내의 명암 분포는 균일하고 그룹 사이의 명암 차이는 최대화될 수 있도록 한다. 이 방법은 최적화 알고리즘의 일종으로, 이를 위해 목적 함수를 정의하여 임계화에 따른 점수를 계산한다. 목적 함수는 식 (4.1.1)과 같다.

$$T_{opt} = \arg\min_{1 \leq k \leq L-1}(\sigma_W^2(k))$$
$$\sigma_W^2(k) = \omega_1(k)\sigma_1^2(k) + \omega_2(k)\sigma_2^2(k) \qquad \text{식 (4.1.1)}$$

목적 함수는 $\sigma_W^2(k)$를 최소화하는 파라미터 k를 구하는 것으로 정의된다. $\sigma_W^2(k)$는 주어진 히스토그램을 두 개의 그룹으로 분리했을 때, 각 그룹의 분산($\sigma_1^2(k)$, $\sigma_2^2(k)$)에 대한 가중치($\omega_1(k)$, $\omega_2(k)$)의 합으로 정의된다.

4.2 따라하기 실습

실습 내용

- 히스토그램을 계산하고 화면에 출력하기
- 그레이 레벨 임계화 수행하기
- 범위 연산을 사용하여 영상 분할 수행하기

1) 히스토그램을 계산하고 화면에 출력하기

이번 예제에서는 OpenCV에서 제공하는 히스토그램 계산 함수를 사용하여 히스토그램을 생성한 후, 그 결과를 선 그래프를 사용하여 화면에 출력하는 방법을 실습한다. OpenCV에서 제공하는 히스토그램 계산 함수에 대해 살펴보자. 대괄호([])에 포함된 파라미터는 생략할 수 있다.

히스토그램 계산 함수

```
cv2.calcHist(images, channels, mask, histSize, ranges[,
hist[, accumulate]]) → hist
```

- `images`: 히스토그램 계산을 위한 입력 영상(한 개 이상 지정 가능)
- `channels`: 히스토그램 계산의 대상이 되는 채널 번호
- `mask`: 히스토그램 계산의 대상이 되는 위치 지정(None으로 지정하면 전체 영역을 대상으로 계산)
- `histSize`: 채널별 빈의 개수
- `ranges`: 채널별 값의 범위 지정([최솟값, 최댓값+1]의 형식으로 지정하며 최솟값 ≤ r ≤ 최댓값의 범위를 가짐)
- `hist`: 결과 히스토그램(numpy.ndarray 자료형을 가짐)
- `accumulate`: True로 설정하면 여러 영상의 히스토그램을 누적하여 계산

소스 코드는 4장 폴더에 위치하며 파일 명은 graylevel_histogram.py이다. 소스 코드를 실행하는 방법은 다음과 같다.

```
python graylevel_histogram.py --image ../images/nature.jpg
```

아나콘다 프롬프트에서 우선적으로 graylevel_histogram.py 파일이 위치한 폴더로 이동한 후 명령을 실행한다. 프로그램은 한 개의 명령 행 인자를 사용하는데, 입력 영상의 경로를 지정한다. 입력 영상의 경로는 소스 파일이 위치하는 폴더의 상위 폴더에 존재하는 images 폴더에 위치한 nature.jpg이다.

```
1  # 필요한 패키지를 import함
2  from __future__ import print_function
3  import argparse
4  import cv2
5  from matplotlib import pyplot as plt
```

2~5번 줄까지는 필요한 패키지를 포함한다. 5번 줄의 matplotlib은 2차원 그래프를 그리기 위한 파이썬 라이브러리이다. 이 라이브러리를 사용하여 출판 품질 수준의 상호 작용적인 그래프를 생성할 수 있다.

```
7  def histogram(img):
8      # 히스토그램 계산
9      histg = cv2.calcHist([img], [0], None, [256], [0, 256])
10
11     # 결과 히스토그램 반환
12     return histg
```

7번 줄은 파라미터를 통해 전달된 영상 데이터의 히스토그램을 계산하는 histogram 함수를 정의한다. 첫 번째 인자는 입력 영상이며 그레이 스케일 영상만 가능하다.

9번 줄에서는 OpenCV의 calcHist() 함수를 사용하여 히스토그램을 계산한다. 그레이 스케일 영상은 채널이 한 개만 존재하므로 두 번째 인자는 [0]으로 지정하였다. 또한 빈의 개수의 256개이므로 네 번째는 인자는 [256]이고 그레이 스케일 영상의 일반적인 값의 범위는 [0, 255]이므로 마지막 인자는 [0, 256]으로 지정하였다.

```
14  if __name__ == '__main__':
15      # 명령 행 인자 처리
16      ap = argparse.ArgumentParser()
17      ap.add_argument('-i', '--image', required = True, ₩
18              help = 'Path to the input image')
19      args = vars(ap.parse_args())
20  
21      filename = args['image']
```

15~19번 줄에서는 명령 행 처리를 수행한다.

```
22      # OpenCV를 사용하여 영상 데이터 로딩
23      image = cv2.imread(filename)
24  
25      # Grayscale 영상으로 변환
26      gray = cv2.cvtColor(image, cv2.COLOR_BGR2GRAY)
27  
28      # 히스토그램 계산
29      hist = histogram(gray)
```

23번 줄은 명령 행 인자에 주어진 파일 명에 해당하는 영상 파일을 읽는다. 영상 파일을 읽는 과정에서는 원래 영상의 유형에 관계없이 트루컬러 유형으로 읽는다. 26번 줄에서는 영상 유형을 그레이 스케일 영상으로 변환한다. 이번 예제에서는 입력 영상에 대한 그레이 레벨 히스토그램을 계산하는 것이 목적이므로 영상 유형을 변경하였다. 29번 줄에서는 위에서 정의한 histogram() 함수를 호출하여 히스토그램을 계산하고 결과를 hist 변수에 저장한다. hist 변수는 앞에서 설명한 것과 같이 numpy.ndarray 자료형을 갖는다. 다음은 계산된 그레이 레벨 히스토그램의 일부이다. 256개의 빈으로 구성된다.

```
[[0.000e+00]
 [0.000e+00]
 [0.000e+00]
```

```
 [1.000e+00]
 [2.000e+00]
 [1.500e+01]
 [5.300e+01]
 [1.000e+02]
 . . .
]
```

```
31    # 히스토그램 출력
32    plt.subplot(1, 2, 1), plt.imshow(gray, 'gray')
33    plt.title('image')
34
35    plt.subplot(1, 2, 2)
36    plt.plot(hist, color='k', marker='.', linestyle='solid')
37    plt.title('histogram'), plt.xlim([0,256])
38    plt.grid(True, color='0.5', linestyle='dotted', linewidth=0.5)
39
40    plt.show()
```

32~40번 줄은 그레이 스케일로 변환한 영상과 히스토그램을 화면에 출력한다. 32번 줄에서는 출력 창을 가로 방향으로 2등분하여 왼쪽에 영상을 출력한다. 33번 줄은 왼쪽 영역 상단에 제목을 표시한다. 35, 36번 줄은 출력 창의 오른쪽에 히스토그램을 출력한다. 이때 히스토그램은 선 그래프로 표시하는데, 선의 색을 검정색으로 지정하고 데이터 지점은 '.' 마커를 사용하여 표시한다. 선의 색은 미리 정해진 색을 사용하거나 R, G, B 값을 직접 지정할 수 있다. 미리 정해진 색은 'black', 'red', 'green', 'blue' 등을 사용하거나 축약어 'k', 'r', 'g', 'b' 등을 사용할 수 있다. 마커는 '.', 'o', '^', '+' 등을 사용할 수 있다. 선의 스타일은 '-', '--', '-.', ':' 등의 기호를 사용하거나 solid, dashed, dashdot, dotted 등의 명칭을 사용할 수 있다.

37번 줄은 제목을 출력하고 히스토그램 출력 영역의 x축 범위를 [0, 256]으로 지정한다. 40번 줄은 가로 및 세로 격자를 표시한다. 42번 줄은 출력 창이 화면에 표시되도록 한다. [그림 4.2.1]은 실행 화면이다.

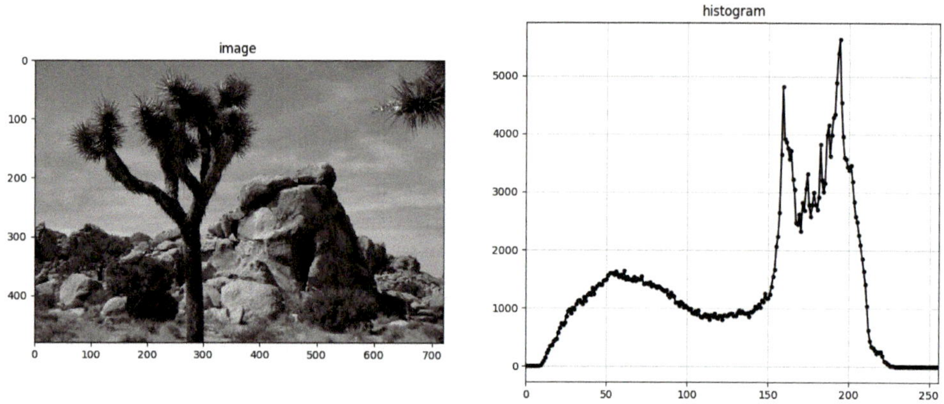

[그림 4.2.1] 히스토그램 출력

2) 그레이 레벨 임계화 수행하기

이번 예제에서는 임계화를 수행하여 영상 분할을 수행하는 방법을 실습한다. OpenCV에서 제공하는 그레이 레벨 임계화 함수에 대해 살펴보자. 대괄호([])에 포함된 파라미터는 생략 가능하다.

그레이 레벨 임계화 함수

```
cv2.threshold(image, thresh, maxval, type[, dst]) → thresh, dst
```

- `image`: 그레이 레벨 임계화 수행을 위한 입력 영상
- `thresh`: 임계치(`Otsu` 방법을 지정한 경우에는 자동 계산)
- `maxval`: 그레이 레벨 임계화를 수행한 결과 영상에서의 최댓값
- `type`: 임계화 유형(`cv.THRESH_BINARY`, `cv.THRESH_BINARY_INV` 등의 값을 사용할 수 있으며 `cv.THRESH_OTSU`를 추가하여 사용 가능
- `dst`: 결과 영상

소스 코드는 4장 폴더에 위치하며 파일 명은 thresholding.py이다. 소스 코드를 실행하는 방법은 다음과 같다.

```
python thresholding.py --image ../images/circle.jpg
```

아나콘다 프롬프트에서 우선적으로 thresholdingpy 파일이 위치한 폴더로 이동한

후 명령을 실행한다. 프로그램은 한 개의 명령 행 인자를 사용하는데, 입력 영상의 경로를 지정한다. 입력 영상의 경로는 소스 파일이 위치하는 폴더의 상위 폴더에 존재하는 images 폴더에 위치하는 circle.jpg이다.

```
1  # 필요한 패키지를 import함
2  from __future__ import print_function
3  import argparse
4  import cv2
5  from matplotlib import pyplot as plt
```

2번 줄에서 5번 줄까지는 필요한 패키지를 포함한다.

```
7  def thresholding_image(img, thresh=-1):
8      if thresh < 0:
9          option = cv2.THRESH_BINARY + cv2.THRESH_OTSU
10     else:
11         option = cv2.THRESH_BINARY
12
13     th, dst = cv2.threshold(img, thresh, 255, option)
14
15     return th, dst
```

7~14번 줄까지는 thresholding_image() 함수를 정의한다. 이 함수는 두 개의 파라미터를 사용하는데, 첫 번째 파라미터는 입력 영상이며 그레이 스케일 영상 유형을 사용한다. 두 번째 파라미터는 임계치이다. 이 값이 음수이면 Otsu 방법을 사용하여 임계치를 자동 계산한 후 임계화를 수행한다. 8~11번 줄에서 thresh의 값에 따라 임계화 유형을 지정한다. 9번 줄은 thresh의 값이 음수이면 Otsu 방법을 사용할 수 있도록 임계화 유형인 cv2.THRESH_BINARY에 cv2.THRESH_OTSU 유형을 추가한다.

13번 줄에서는 OpenCV의 threshold() 함수를 사용하여 임계화를 수행한다. 결과 영상의 최댓값은 255로 설정한다.

```
17 if __name__ == "__main__" :
18     # 명령 행 인자 처리
19     ap = argparse.ArgumentParser()
20     ap.add_argument('-i', '--image', required = True, ₩
21             help = 'Path to the input image')
22     args = vars(ap.parse_args())
23 
24     filename = args['image']
```

17~24번 줄에서는 명령 행 처리를 수행한다.

```
26     # OpenCV를 사용하여 영상 데이터 로딩
27     image = cv2.imread(filename)
28 
29     # Grayscale 영상으로 변환
30     gray = cv2.cvtColor(image, cv2.COLOR_BGR2GRAY)
31 
32     # thresholding 수행
33     th1, dst1 = thresholding_image(gray, 127)
34     print('global threshold (without blurring): ', th1)
35 
36     # blurring 적용후 Otsu thresholding 수행
37     blur = cv2.GaussianBlur(gray, (5,5), 0)
38     th2, dst2 = thresholding_image(blur)
39     print('optimal threshold (after blurring) with Otsu: ', th2)
```

27번 줄은 명령 행 인자에 주어진 파일 명에 해당하는 영상 파일을 읽는다. 영상 파일을 읽는 과정에서는 원래 영상의 유형에 관계없이 트루 컬러 유형으로 읽는다. 27번 줄에서는 영상 유형을 그레이 스케일 영상으로 변환한다. 이번 예제에서는 입력 영상에 대한 그레이 레벨 임계화를 수행하는 것이 목적이므로 영상 유형을 변경하였다. 33번 줄에서는 위에서 정의한 thresholding_image() 함수를 호출하여 그레이 레벨 임계화를 수행하고 임계치와 결과 영상을 각각 th1 변수와 dst1 변수에 저장한다. 임계치는 127로 설정하였는데, 반환되는 임계치도 이 값과 동일한 값이다.

37번 줄에서는 그레이 스케일 영상으로 변환된 입력 영상에 대해 가우시안 평활화

를 수행한다. 노이즈의 분포를 정규 분포를 가질 수 있도록 하여 전경과 배경에 해당하는 봉우리의 분리가 쉽도록 도와준다. 38번 줄에서는 Otsu 방법을 사용하여 임계치를 계산한 후 임계화를 수행한 결과를 생성한다. 계산된 임계치와 결과 영상을 각각 th2 변수와 dst2 변수에 반환한다.

```
41      # thresholding 결과 표시
42      plt.subplot(2, 3, 1), plt.imshow(gray, ‘gray’)
43      plt.title(‘original’), plt.xticks([]), plt.yticks([])
44      plt.subplot(2, 3, 2)
45      plt.hist(gray.ravel(), 256, density=True, color=’k’)
46      plt.title(‘histogram’), plt.axis([0, 255, 0, 0.02]), plt.yticks([])
47      plt.subplot(2, 3, 3), plt.imshow(dst1, ‘gray’)
48      plt.title(‘thresholding(127)’), plt.xticks([]), plt.yticks([])
49
50      plt.subplot(2, 3, 4), plt.imshow(blur, ‘gray’)
51      plt.title(‘blurring’), plt.xticks([]), plt.yticks([])
52      plt.subplot(2, 3, 5), plt.hist(blur.ravel(), 256)
53      plt.title(‘histogram’), plt.xlim([0, 256]), plt.yticks([])
54      plt.subplot(2, 3, 6), plt.imshow(dst2, ‘gray’)
55      plt.title(‘Otsu’), plt.xticks([]), plt.yticks([])
56
57      plt.show()
```

42~48번 줄은 첫 번째 임계화에 대한 결과를 화면에 표시한다. 출력 창을 2행 3열로 구분하여 42번 줄은 1행 1열 위치에 그레이 스케일 영상으로 변환된 입력 영상을 표시한다. 43번 행은 입력 영상이 표시되는 창의 상단에 제목을 표시하고 x축과 y축의 눈금을 표시하지 않도록 설정한다. 44, 45번 줄에서는 1행 2열 위치에 히스토그램을 출력한다. 이전 예제와는 다른 방법으로 히스토그램을 계산한다. 45번 줄과 같이 matplotlib에서 제공하는 hist() 함수를 사용하여 히스토그램을 계산한 후 화면에서 표시한다. 이 함수의 사용법은 다음과 같다. 이 함수는 히스토그램의 계산과 출력을 동시에 수행할 수 있기 때문에 함수의 파라미터가 상당히 많다. 따라서 중요한 몇 가지만을 살펴본다.

히스토그램 계산 및 출력 함수

```
matplotlib.pyplot.hist(images, [bins=None, range=None, density=None, weights=None, cumulative=False, bottom=None, histtype='bar', align='mid', orientation='vertical', rwidth=None, log=False, color=None, label=None, stacked=False, normed=None, *, data=None, **kwargs]) → hist, bins, patch
```

- images: 히스토그램 계산을 위한 입력 영상(1개 이상 지정 가능)
- bins: 빈의 개수
- density: True로 설정하여 정규화된 히스토그램(모든 값의 합이 1)을 계산

이번 예제에서는 45번 줄과 같이 빈의 개수가 256개인 정규화된 히스토그램을 계산하여 출력한다. 선의 색은 검정색이다. ravel() 함수는 numpy에서 제공하는 함수이며 다차원 배열을 1차원 배열로 변환한다. 영상은 2차원 배열(행렬)인데 이 함수를 사용하여 1차원 배열로 변환한다.

46번 줄에서는 제목을 출력하고 x축의 범위는 [0, 255], y축의 범위는 [0, 0.02]로 설정한다. 정규화된 히스토그램을 계산하기 때문에 y축의 범위는 [0, 1]이지만, 최댓값을 확인하여 범위를 줄였다. y축의 눈금은 표시하지 않도록 설정한다.

47번 줄에서는 1행 3열 위치에 결과 영상을 출력한다. 48번 줄은 제목을 표시하고 x축과 y축의 눈금을 표시하지 않도록 설정한다.

50번 줄은 2행 1열 위치에 가우시안 평활화된 영상을 출력하고 51번 줄에서는 제목을 표시하고 x축과 y축의 눈금을 표시하지 않도록 설정한다. 52번 줄은 2행 2열 위치에 가우시안 평활화된 영상에 대한 히스토그램을 출력한다. 54번 줄은 2행 3열 위치에 임계화된 결과 영상을 표시한다. 57번 줄은 출력 창이 화면에 표시되도록 한다. [그림 4.2.2]는 실행 화면이다.

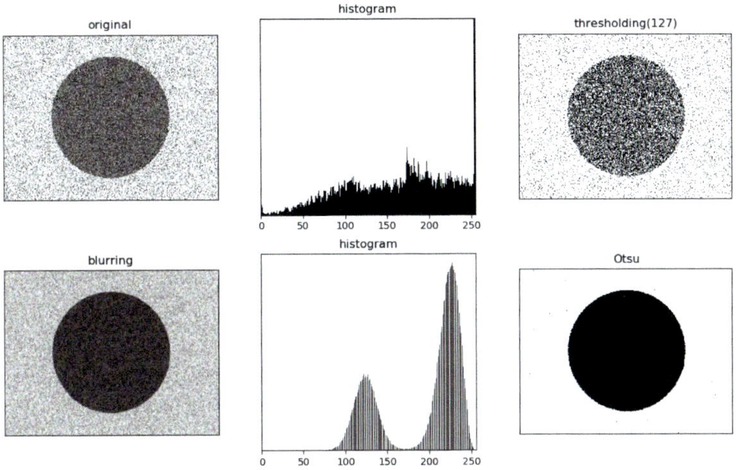

[그림 4.2.2] 그레이 레벨 임계화 결과 화면

3) 범위 연산을 사용하여 영상 분할 수행하기

이번 예제에서는 OpenCV에서 제공하는 범위 연산 함수를 사용하여 정해진 밝기 또는 색 범위에 해당하는 영역만을 분리하여 화면에 출력하는 방법을 실습한다. 이 처리 과정을 히스토그램 슬라이싱(histogram slicing)이라고 한다. 이 실습으로 일정한 밝기나 색으로 구성된 객체를 분할하는 방법을 살펴본다.

소스 코드는 4장 폴더에 위치하며 파일 명은 histogram_slicing.py이다. 소스 코드를 실행하는 방법은 다음과 같다.

```
python histogram_slicing.py --image ../images/circle.jpg
```

프로그램은 한 개의 명령 행 인자를 사용하는데, 입력 영상의 경로를 지정한다. 입력 영상의 경로는 소스 파일을 포함하는 폴더의 상위 폴더인 images 폴더에 있는 circle.jpg이다.

```
# 필요한 패키지를 import함
from __future__ import print_function
import argparse
import cv2
import numpy as np
from matplotlib import pyplot as plt
```

2~6번 줄까지는 필요한 패키지를 포함한다. 5번 줄에서는 numpy 패키지를 포함한다.

```
8   def histogram_slicing(img, lowerb, upperb):
9       # 주어진 범위 내부의 값으로만 구성되는 마스크 생성
10      # 픽셀값이 주어진 범위면 마스크는 True 아니면 False로 설정
11      mask = cv2.inRange(img, lowerb, upperb)
12
13      # Bitwise-AND mask and original image
14      dst = cv2.bitwise_and(img, img, mask = mask)
15
16      return dst
```

8번 줄은 histogram_slicing 함수를 정의한다. 첫 번째 파라미터는 입력 영상이고 두 번째와 세 번째 파라미터는 객체로 취급하여 분할할 영역의 낮은 경곗값과 높은 경곗값이다. 그레이 스케일 영상의 경우 각각의 경곗값은 단일 값(정수)으로 지정하고 컬러 영상의 경우에는 세 개의 원소로 구성되는 배열(numpy array)로 지정한다.

11번 줄은 입력 영상의 각 픽셀에 대해 정해진 범위 내부 여부를 판별하여 마스크를 생성하는 OpenCV의 inRange() 함수를 호출한다. 픽셀 값이 주어진 범위 내부인 경우 해당 지점의 마스크 값은 True 아니면 False로 설정된다. 결국 마스크 영상은 분할하고자 하는 객체에 해당하는 지점이 True 아니면 False로 구성된다.

14번 줄에서는 마스크 영상을 사용하여 원본 영상에서 추출된 영역만을 남기고 나머지 영역은 검정색으로 표시한다. 이때 비트 단위 and 연산을 사용한다. bitwise_and() 함수는 첫 번째 인자의 영상과 두 번째 인자의 영상에 대해 비트 단위 and 연산을 수행하는데, 이때 세 번째 인자에 지정된 마스크에 대해서만 연산을 수행한다. 즉, 마스크의 값이 True인 지점에 대해서는 and 연산을 수행하고 False인 지점에 대해서는 검정색으로 채운다. 코드에서 보는 것과 같이 첫 번째 인자와 두 번째 인자에 지정한 두 개의 영상이 동일하게 때문에 and 연산만으로는 원하는 결과를 생성할 수 없지만, 세 번째 인자에 지정된 마스크를 통해 마스크가 True로 설정된 영역만을 남기고 False인 지점에 대해서는 검정색으로 채우게 된다.

```
18 if __name__ == ‘__main__’:
19     # 명령 행 인자 처리
20     ap = argparse.ArgumentParser()
21     ap.add_argument(‘-i’, ‘--image’, required = True, ₩
22             help = ‘Path to the input image’)
23     args = vars(ap.parse_args())
24
25     filename = args[‘image’]
```

18~25번 줄에서는 명령 행 처리를 수행한다.

```
27     # OpenCV를 사용하여 영상 데이터 로딩
28     image = cv2.imread(filename)
29
30     # Grayscale 영상으로 변환
31     gray = cv2.cvtColor(image, cv2.COLOR_BGR2GRAY)
32
33     # Grayscale 영상에서 범위를 설정하여 객체 분할
34     lower = 80
35     upper = 170
36     blurg = cv2.GaussianBlur(gray, (5,5), 0)
37     dst1 = histogram_slicing(blurg, lower, upper)
```

24번 줄은 명령 행 인자에 주어진 파일 명에 해당하는 영상 파일을 읽는다. 영상 파일을 읽는 과정에서는 원래 영상의 유형에 관계없이 트루 컬러 유형으로 읽는다. 27번 줄에서는 영상 유형을 그레이 스케일 영상으로 변환한다.

34, 35번 줄은 분리할 밝기 범위의 최솟값과 최댓값을 설정한다. 36번 줄에서 가우시안 평활화를 수행하여 객체와 배경의 분리가 쉬워질 수 있도록 처리한 후, 37번 줄에서 histogram_slicing() 함수를 호출하여 설정한 범위에 해당하는 영역을 분할한다. 물론 이 예제에서는 분리하고자 하는 객체의 밝기 범위를 알고 있기 때문에 배경으로부터 객체를 쉽게 분리할 수 있다.

```
39    # HSV 색상 모델로 변환
40    hsv = cv2.cvtColor(image, cv2.COLOR_BGR2HSV)
41
42    # HSV 영상에서 녹색 범위를 설정하여 객체 분할
43    lowerb = np.array([50, 50, 50])
44    upperb = np.array([70, 255, 255])
45    blurhsv = cv2.GaussianBlur(hsv, (5,5), 0)
46    dst2 = histogram_slicing(blurhsv, lowerb, upperb)
47
48    # RGB 색상 모델로 변환
49    dst2 = cv2.cvtColor(dst2, cv2.COLOR_HSV2RGB)
```

이번에는 색상 정보를 사용하여 객체를 분할한다. 영상에 포함된 색상 중에서 녹색에 해당하는 객체를 분할한다. HSV 색상 모델을 사용하면 RGB 색상 모델보다 효과적으로 녹색을 표현할 수 있다. HSV는 Hue(색상), Saturation(채도), Value(명도)를 사용하여 색을 표현하는 방법이다. 40번 줄에서는 RGB 색상 모델로 표현된 컬러 영상을 HSV 색상 모델을 사용하는 방식으로 변환한다.

색상은 색의 주 파장을 구분하는 특징이고, 채도는 색의 순수성(purity)을 구분하는 특징이다. 채도는 색조에 백색광이 혼합된 정도를 나타낸다. 색상에 백색광이 혼합될수록 색의 순수성은 감소하여 채도는 낮아진다. 명도는 색의 밝고 어두운 정도를 구분하는 값이다. 색상은 각도를 사용하여 표시한다. 빨간색은 0°, 초록색은 120°, 파란색은 240°의 지점에 위치한다. 또한 청록색은 180°, 자홍색은 300°, 노란색은 60°에 위치한다. 보색은 180도 차이를 나타내고 RGB 모델과 CMY 모델의 각 기본 색은 상호 120도 만큼의 차이를 갖는다. 그런데 OpenCV에서는 1바이트 범위에서 색상을 표현하기 위해 원래 각도를 1/2만큼 줄여 사용한다. 따라서 색상은 [0, 179] 범위의 값으로 표현되며, 빨간색은 0°, 초록색은 60°, 파란색은 120°의 값을 갖는다. 채도는 [0, 255], 명도는 [0, 255]의 값을 갖는다.

43, 44번 줄은 녹색의 하한값과 상한값을 지정한다. 하한값은 [50, 50, 50]으로 설정하였는데, 색상 50, 채도 50, 명도 50이다. 상한값은 [70, 255, 255]이며 색상 70, 채도 255, 명도 255이다. 순수한 녹색은 60° 지점이 위치하는데, 약간의 변화를 수용할 수 있도록 추출 대상의 색상 범위를 [50, 70]으로 설정하였다. 채도와 명도의 경우 거의 모든 범위를 포함할 수 있도록 설정한다.

45번 줄에서는 가우시안 평활화를 수행하여 노이즈 분포가 정규 분포를 나타낼 수

있도록 한다. 46번 줄에서는 설정한 하한값과 상한값을 사용하여 원 영역을 추출한 후, 그 결과를 dst2 변수에 저장한다.

49번 줄에서는 추출 결과 영상의 색상 모델을 HSV에서 RGB로 변환한다. OpenCV에서는 일반적으로 RGB가 아닌 BGR 색상 모델을 사용하지만 matplotlib에서는 RGB 색상 모델을 사용하므로 BGR이 아닌 RGB 색상 모델로 변환한다. 정리하면 OpenCV의 imshow() 함수를 사용하여 영상을 화면에 표시할 때는 BGR 색상 모델, matplotlib의 imshow() 함수를 사용하여 영상을 표시할 때는 RGB 색상 모델을 사용한다.

```
51     # 객체 분할 결과 표시
52     plt.subplot(2, 3, 1), plt.imshow(gray, ‘gray’)
53     plt.title(‘original’), plt.xticks([]), plt.yticks([])
54     plt.subplot(2, 3, 2)
55     plt.hist(blurg.ravel(), 256, density=True, color=‘k’)
56     plt.plot([80, 80], [0, 0.02], [170, 170], [0, 0.02])
57     plt.title(‘histogram’), plt.axis([0, 255, 0, 0.02]), plt.yticks([])
58     plt.subplot(2, 3, 3), plt.imshow(dst1, ‘gray’)
59     plt.title(‘histogram_slicing’), plt.xticks([]), plt.yticks([])
60
61     plt.subplot(2, 3, 4), plt.imshow(image)
62     plt.title(‘original’), plt.xticks([]), plt.yticks([])
63     plt.subplot(2, 3, 5)
64     plt.hist(hsv[:,:,0].ravel(), 180, density=True, color=‘k’)
65     plt.plot([50, 50], [0, 0.02], [70, 70], [0, 0.02])
66     plt.title(‘histogram’), plt.axis([0, 180, 0, 0.02]), plt.yticks([])
67     plt.subplot(2, 3, 6), plt.imshow(dst2)
68     plt.title(‘histogram_slicing’), plt.xticks([]), plt.yticks([])
69
70     plt.show()
```

52~70번 줄에서는 객체 분할 결과를 화면에 표시한다. 52~59번 줄에서는 그레이스케일 영상에서 원에 해당하는 영역만을 분리하는 표시한다. 52번 줄에서는 그레이스케일 영상을 화면에 표시하고 55번 줄에서는 이 영상에 대한 히스토그램을 표시한다. 58번 줄에서는 원 영역을 추출한 결과를 표시한다. 61번 줄에서는 원본 컬러 영상

을 화면에 표시하고 64번 줄에서는 이 영상의 색상 성분에 대한 히스토그램을 표시한다. 68번 줄에서는 원 영역을 추출한 결과를 표시한다. 히스토그램을 표시한 화면에서는 56번과 65번 줄과 같이 추출할 범위의 하한선과 상한선을 함께 표시한다. 최종 실행 결과 화면은 [그림 4.2.3]과 같다.

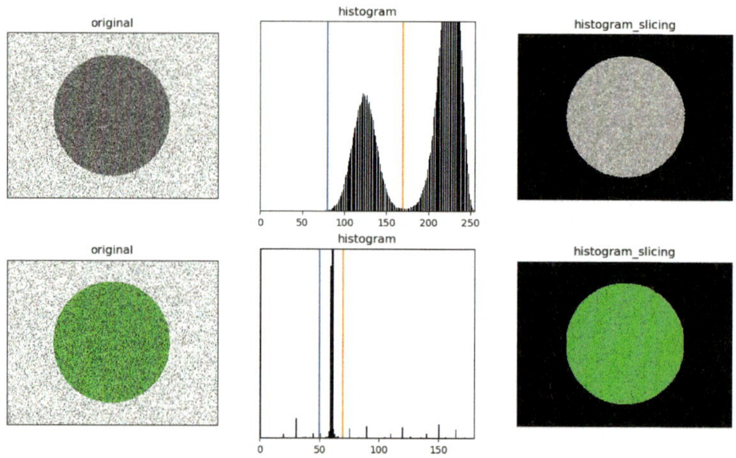

[그림 4.2.3] 히스토그램 슬라이싱 결과 화면

4.3 스스로 하기 실습

실습 내용

- 컬러 히스토그램을 화면에 출력하기
- 2차원 히스토그램을 화면에 출력하기
- 피부색 영역만을 추출하여 화면에 출력하기

1) 컬러 히스토그램을 화면에 출력하기

목표

그레이 스케일 영상뿐 아니라 컬러 영상에 대한 히스토그램을 계산하고 선 그래프를 사용하여 화면에 출력한다.

절차

- 파일 명은 histogram.py으로 지정한다.
- 명령 행 인자를 사용하여 입력 파일 명과 히스토그램의 종류(그레이 레벨 히스토그램: 1, 컬러 히스토그램: 3)를 전달한다.
- 히스토그램을 계산하여 화면에 출력한다.
- 그레이 스케일 영상과 컬러 영상에 대해 모두 처리 가능하다.

```
├── images
└── 4장
    ├── graylevel_histogram.py
    ├── histogram.py
    ├── histogram_slicing.py
    └── thresholding.py
```

실행 방법

- 입력 파일 명은 ../images/nature.jpg, 히스토그램의 종류는 그레이 스케일 히스토

그램으로 지정

```
> python histogram.py --image ../images/nature.jpg
    --histrogram_type 1
```

- 입력 파일 명은 ../images/nature.jpg, 히스토그램의 종류는 컬러 히스토그램으로 지정

```
> python histogram.py --image ../images/nature.jpg
    --histrogram_type 3
```

실행 결과 확인

```
> python histogram.py --image ../images/nature.jpg
    --histrogram_type 1
```

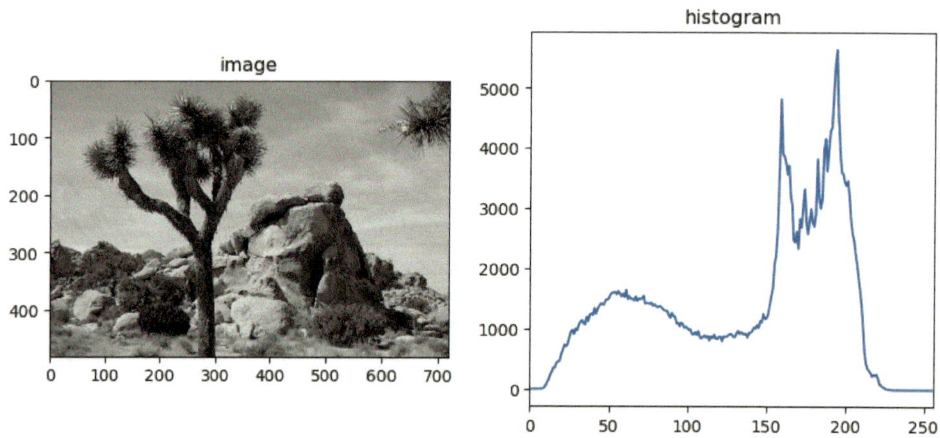

[그림 4.3.1] 실습 결과 화면

```
> python histogram.py --image ../images/nature.jpg
    --histrogram_type 3
```

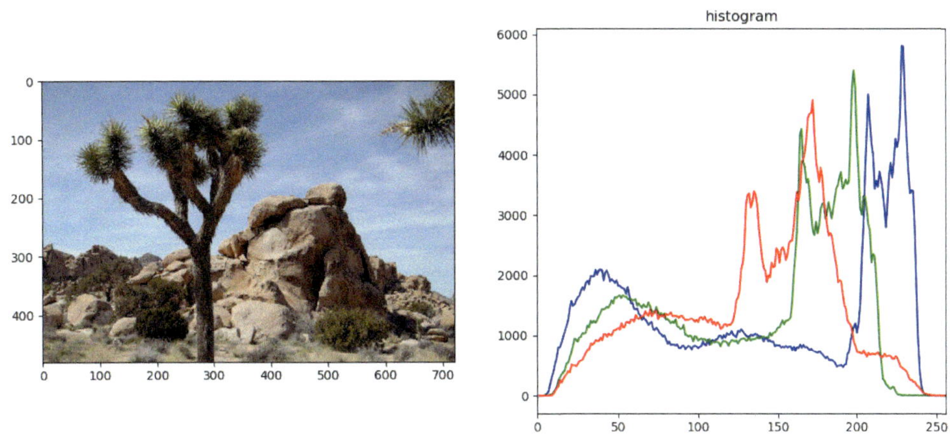

[그림 4.3.2] 실습 결과 화면

• histogram.py

```
# 필요한 패키지를 import함
from __future__ import print_function
import argparse
import cv2
from matplotlib import pyplot as plt

def histogram(img):

    # 결과 히스토그램을 저장할 리스트
    hist = []

    # 개별 코드 작성

    # 결과 히스토그램 반환
    return hist

if __name__ == ‘__main__’ :
    # 명령 행 인자 처리
    ap = argparse.ArgumentParser()
    ap.add_argument(‘-i’, ‘--image’, required = True, ₩
```

```
        help = 'Path to the input image')
ap.add_argument('-t', '--histogram_type', ₩
        type = int, required = True, ₩
        help = 'histogram type(1: grayscale, 3: color')
args = vars(ap.parse_args())

filename = args['image']
histogram_type = args['histogram_type']

# OpenCV를 사용하여 영상 데이터 로딩
image = cv2.imread(filename)

if histogram_type == 1:
    # Grayscale 영상으로 변환
    image = cv2.cvtColor(image, cv2.COLOR_BGR2GRAY)

# 히스토그램 계산
hist = histogram(image)

# 히스토그램 출력
if len(hist) == 1:
    plt.subplot(1, 2, 1), plt.imshow(image, 'gray')
    plt.title('image'), plt.xticks([]), plt.yticks([])
    plt.subplot(1, 2, 2), plt.plot(hist[0])
    plt.title('histogram'), plt.xlim([0,256])
else:
    color = ('b', 'g', 'r')
    image = cv2.cvtColor(image, cv2.COLOR_BGR2RGB)
    plt.subplot(1, 2, 1), plt.imshow(image)
    plt.title('image'), plt.xticks([]), plt.yticks([])
    for n, col in enumerate(color):
     plt.subplot(1, 2, 2)
     plt.plot(hist[n], color = col)
    plt.title('histogram'), plt.xlim([0,256])
plt.show()
```

☞ 도움말: histogram() 함수

1. 그레이 스케일 영상과 컬러 영상을 구분하여 처리한다.
2. 그레이 스케일 영상의 경우 따라하기 실습을 참고한다. 계산한 히스토그램은 hist 변수에 추가한다.

   hist.append(계산한 히스토그램)

3. 컬러 영상의 경우 채널별(R, G, B)로 히스토그램을 계산하여 hist 변수에 추가한다.
4. 결과 히스토그램을 반환한다.

2) 2차원 히스토그램을 화면에 출력하기

목표

컬러 영상에 대한 2차원 히스토그램(색상 및 채도)을 계산하고 화면에 출력한다.

절차

- 파일 명은 histogram_2D.py로 지정한다.
- 명령 행 인자를 사용하여 입력 파일 명을 전달한다.
- 히스토그램을 계산하여 화면에 출력한다.
- 컬러 영상에 대해 처리 가능하다.

```
├── images
└── 4장
    ├── graylevel_histogram.py
    ├── histogram.py
    ├── histogram_2D.py
    ├── histogram_slicing.py
    └── thresholding.py
```

실행 방법

- 입력 파일 명은 ../images/nature.jpg으로 지정

```
> python histogram_2D.py --image ../images/nature.jpg
```

실행 결과 확인

```
> python histogram_2D.py --image ../images/nature.jpg
```

[그림 4.3.3] 실습 결과 화면

- histogram_2D.py

```
# 필요한 패키지를 import함
from __future__ import print_function
import argparse
import cv2
from matplotlib import pyplot as plt

def histogram2D(img):

    # 개별 코드 작성

    # 결과 히스토그램 반환
    return hist
```

```
if __name__ == '__main__':
    # 명령 행 인자 처리
    ap = argparse.ArgumentParser()
    ap.add_argument('-i', '--image', required = True, \
            help = 'Path to the input image')
    args = vars(ap.parse_args())

    filename = args['image']

    # OpenCV를 사용하여 영상 데이터 로딩
    image = cv2.imread(filename)

    hsv = cv2.cvtColor(image, cv2.COLOR_BGR2HSV)
    # 히스토그램 계산
    hist = histogram2D(hsv)

    # 히스토그램 출력
    image = cv2.cvtColor(image, cv2.COLOR_BGR2RGB)
    plt.subplot(1, 2, 1), plt.imshow(image)
    plt.title('image'), plt.xticks([]), plt.yticks([])
    plt.subplot(1, 2, 2), plt.imshow(hist, cmap=plt.cm.hot)
    plt.title('histogram'), plt.axis([0, 256, 0, 180])
    plt.grid(True, color='0.5', linestyle='dashed', linewidth=0.5)
    plt.show()
```

☞ 도움말: histogram2D() 함수

1. OpenCV의 calcHist() 함수를 사용한다.
2. HSV 영상에서 색상과 채도는 각각 채널 0과 1번에 해당한다.
3. 빈의 개수는 색상은 180개, 채도는 256개로 설정한다. 두 개 이상의 채널에 대한 히스토그램을 계산할 때는 하나의 리스트에 채널별 빈의 개수를 모두 포함하여 제공한다.

> 4. 색상 범위는 [0, 180], 채도는 [0, 256]으로 설정한다. 두 개 이상의 채널에 대한 히스토그램을 계산할 때는 하나의 리스트에 채널별 값의 범위를 모두 포함하여 제공한다.

3) 피부색 영역만을 검출하여 화면에 출력하기

목표

비디오 또는 카메라 영상(컬러 영상)에서 피부색 영역을 검출하여 화면에 출력한다.

절차

- 파일 명은 skin_detector.py로 지정한다.
- 명령 행 인자를 사용하여 입력 비디오 파일 명을 전달한다. 비디오 파일은 옵션으로 생략 가능하며 생략한 경우 카메라를 입력으로 사용한다.
- 피부색 범위를 설정한 후 히스토그램 슬라이싱을 수행한다.
- 추출한 피부색 영역에 대한 마스크를 사용하여 원본 영상에서 피부색 영역만을 추출한다.
- 비디오 파일의 마지막 또는 카메라를 사용하는 경우 'q' 키를 누를 때까지 피부색 추출 과정을 반복한다.

```
├── videos
└── 4장
    ├── graylevel_histogram.py
    ├── histogram.py
    ├── histogram_2D.py
    ├── histogram_slicing.py
    ├── skin_detector.py
    └── thresholding.py
```

실행 방법

- 입력 비디오 파일을 사용하지 않는 경우(웹캠 사용)

```
> python skin_detector.py
```

- 입력 비디오 파일 명(../videos/hand.mp4)을 사용하는 경우

```
> python skin_detector.py --video ../videos/hand.avi
```

실행 결과 확인

```
> python skin_detector.py
```

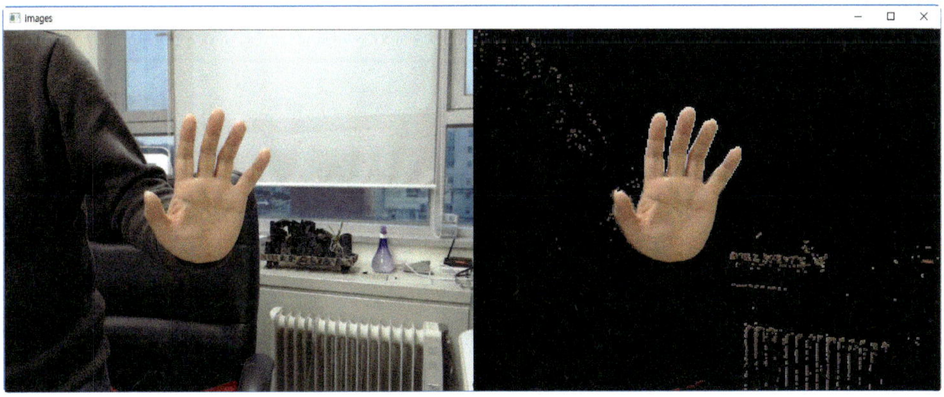

[그림 4.3.4] 실습 결과

- skin_detector.py

```
# 필요한 패키지를 import함
from __future__ import print_function
import argparse
import numpy as np
import cv2

def histogram_slicing(img, lowerb, upperb):
    # 개별 코드 작성
```

```
if __name__ == '__main__':
    # 명령 행 인자 처리
    ap = argparse.ArgumentParser()
    ap.add_argument("-v", "--video", required = False, \
        help = "path to the video file")
    args = vars(ap.parse_args())

    fvideo = args.get("video")

    # OpenCV를 사용하여 영상 데이터 로딩
    if fvideo is None:
        camera = cv2.VideoCapture(0)
    else:
        camera = cv2.VideoCapture(args["video"])

    lowerb = np.array([0, 48, 80])
    upperb = np.array([20, 255, 255])

    while True:
        # 현재 프레임 획득
        # frame: 획득한 비디오 프레임
        # retfal: 프레임 획득이 되지 못하면 False
        (retval, frame) = camera.read()

        # 비디오 파일의 마지막 위치 도착 확인
        if fvideo is not None and not retval:
            break

        # HSV 컬러 모델로 변환한 후에 피부 영역 검출
        # 개별 코드 작성

        # 결과 영상 출력
        cv2.imshow("images", np.hstack([frame, skin]))
```

```
        # 'q' 키를 누르면 종료
        if cv2.waitKey(1) & 0xFF == ord("q"):
            break

    # 비디오 카메라 정리
    camera.release()
```

☞ 도움말

histogram_slicing() 함수

1. OpenCV의 inRange() 함수를 사용하여 주어진 범위 내부의 값으로만 구성되는 마스크를 생성한다.
2. 생성한 마스크에 대해 가우시안 평활화를 사용하여 노이즈 제거 작업을 수행한다.
3. 비트 단위 and 연산을 수행하여 피부색 영역만을 검출한다.
4. 결과 영상을 반환한다.

__main__ 코드

1. BGR 컬러 공간을 HSV 컬러 공간으로 변환한다.
2. 히스토그램 슬라이싱을 수행한다.
3. 검출 결과에 대해 다시 BGR 컬러 공간으로 변환한다.

실습 보고서 (실습 주제별로 작성)

<table>
<tr><td>학번</td><td></td><td>이름</td><td></td></tr>
<tr><td>제출일</td><td></td><td>전자 메일</td><td></td></tr>
<tr><td>주제</td><td colspan="3"></td></tr>
<tr><td>실습 목표</td><td colspan="3">이번 실습을 통해 달성하고자 하는 목표를 2가지 이상 개별 제시
• 목표 1
• 목표 2</td></tr>
<tr><td>해결 과정 및 주요 코드에 대한 설명</td><td colspan="3">• 문제 해결 절차 및 방법
• 소스 코드에서의 핵심 코드를 제시하고 설명</td></tr>
<tr><td>실행 결과</td><td colspan="3">• 세 가지 이상의 서로 다른 실행 결과 제시
• 명령 행 인자나 호출 함수 인자의 변경을 통해 실행 결과 생성</td></tr>
<tr><td>느낀 점</td><td colspan="3">• 문제 해결 과정이나 실습 과정에서 느낀 점</td></tr>
<tr><td colspan="4">첨부: 소스 파일(별도 파일)</td></tr>
</table>

제 5 장

모폴로지 변환

학습 목표

1) 모폴로지 변환 방법에 대해 살펴본다.
2) 연결 요소를 생성하는 방법을 살펴본다.
3) 모폴로지 변환을 활용하는 방법을 실습한다.
4) 연결 요소를 생성하는 방법을 실습한다.

5.1 기본 이론

1) 모폴로지 변환 개요

모폴로지(morphology)는 생물학의 한 분야로 동물이나 식물의 모양이나 구조를 다루는 학문 분야이다. 영상처리에서의 모폴로지 변환은 수학적 모폴로지(mathematical morphology)를 의미하며 관심 객체의 검출을 쉽게 처리할 수 있도록 영상 분할된 결과를 단순화하는 방법으로 사용한다. 모폴로지 변환 연산을 통해 객체 경계에 존재하는 작은 돌기를 제거하는 것과 같은 작업을 통해 객체 경계를 단순화하거나 객체 내부에 존재하는 작은 구멍을 채울 수 있다. 이 변환은 이진 영상과 그레이 스케일 영상에 적용 가능하다. 모폴로지 변환은 구조적 요소(structuring element)를 사용하는 팽창(dilation) 연산과 침식(ersion) 연산을 기본 연산으로 사용한다.

2) 팽창 연산과 침식 연산

팽창 연산은 객체의 크기를 확장하는 연산으로, 이를 통해 객체 내부의 작은 구멍을 채우거나 근접한 위치의 두 객체를 서로 연결할 수 있다. 팽창 연산을 위한 알고리즘은 다음과 같다.

팽창 연산 알고리즘

1. 구조적 요소의 기준 지점이 영상의 배경('0')에 위치하면 다음 위치로 이동
2. 구조적 요소의 기준 지점이 영상의 객체('1')에 위치하면 구조적 요소와 영상을 논리합(logical OR) 연산 수행

[그림 5.1.1]은 이진 영상에 대한 팽창 연산의 처리 과정을 나타낸다. 객체는 짙은 회색, 배경은 흰색으로 표시하였다. 영상 분할 결과에서 일반적으로 객체는 1, 배경은 0으로 표시한다. [그림 5.1.1]의 경우 짙은 회색은 1, 흰색은 0으로 간주한다. 여기에서는 십자(cross) 모양의 구조적 요소를 사용하며 기준 위치는 십자 모양의 중심 지점으로 설정한다. [그림 5.1.1]의 왼쪽 그림과 같이 구조적 요소의 기준 위치가 객체가 아닌 배경에 위치하는 경우에는 다음 위치로 이동한다. 이동 순서는 일반적으로 스캔라인(위에서 아래, 그리고 왼쪽에서 오른쪽 방향)을 따른다. [그림 5.2.1]의 가운데 그림과 같이 구조적 요소의 기준 위치가 객체에 위치하는 경우에는 [그림 5.2.1]의 오른쪽 그림과 같이 입력 영상과 구조적 요소에 대해 논리합 연산을 수행하여 그 결과를 저장한다. 논리합의 결과는 원본 영상이 아닌 새로운 결과 영상에 저장한다.

[그림 5.1.1] 팽창 연산의 일부 처리 과정

[그림 5.1.2]는 사각형 모양의 구조적 요소를 사용한 경우 입력 영상에 대한 팽창 연산의 중간 결과와 최종 결과를 보여준다.

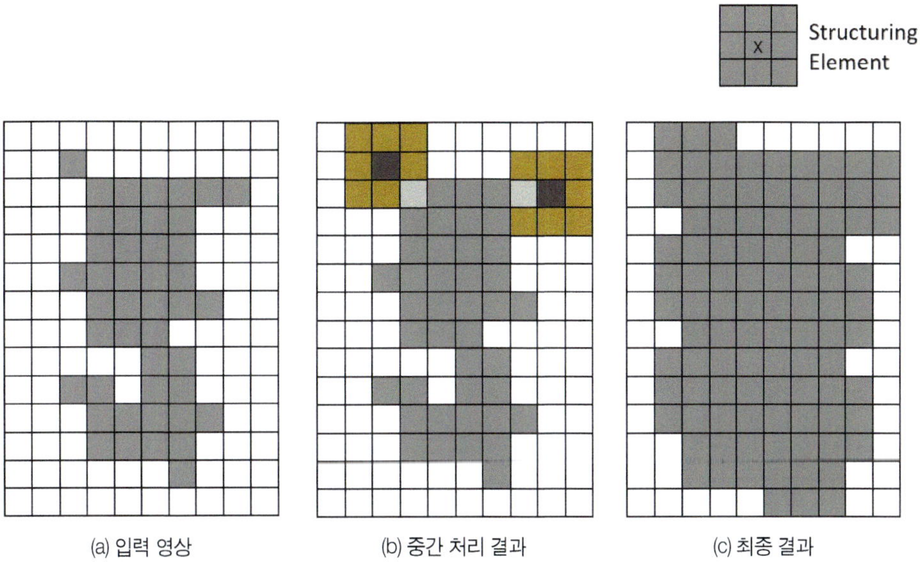

[그림 5.1.2] 팽창 연산의 처리 결과

침식 연산은 객체의 크기를 축소하는 연산으로, 이를 통해 객체 경계를 침식하거나 작은 돌기를 제거할 수 있다. 침식 연산을 위한 알고리즘은 다음과 같다.

침식 연산 알고리즘

1. 구조적 요소의 기준 지점이 영상의 배경('0')에 위치하면 다음 위치로 이동
2. 구조적 요소의 기준 지점이 영상의 객체('1')에 위치하면 구조적 요소의 '1' 위치 중에서 한 개라도 객체를 벗어나면 영상의 그 위치를 '0'으로 변경

[그림 5.1.3]의 경우 짙은 회색은 1, 흰색은 0으로 간주한다. 여기에서는 십자(cross) 모양의 구조적 요소를 사용하며 기준 위치는 십자 모양의 중심 지점으로 설정한다. [그림 5.1.3]의 왼쪽 그림과 같이 구조적 요소의 기준 위치가 객체에 위치하면서 구조적 요소의 일부가 객체를 벗어나서 위치하는 경우에는 [그림 5.1.3]의 가운데 그림과 같이 구조적 요소의 기준 위치에 대응하는 입력 영상의 픽셀의 값을 배경('0')으로 변경한다. [그림 5.1.3]의 오른쪽 그림과 같이 구조적 요소의 모든 영역이 객체에 완전히

포함되는 경우에는 구조적 요소의 기준 위치에 대응하는 입력 영상의 픽셀의 값을 그대로 유지한다.

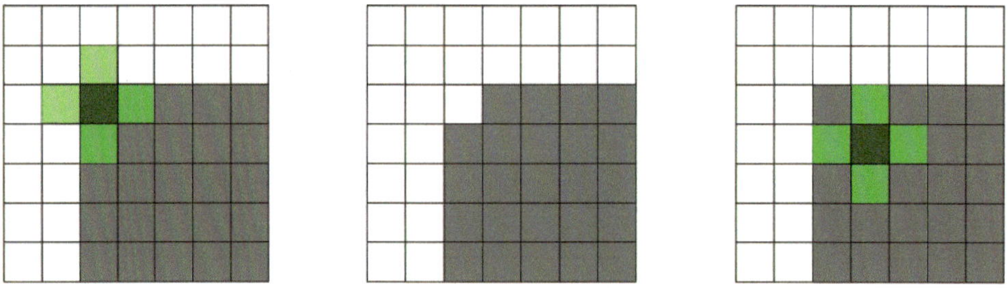

[그림 5.1.3] 침식 연산의 일부 처리 과정

[그림 5.1.4]는 사각형 모양의 구조적 요소를 사용한 경우 입력 영상에 대한 침식 연산의 중간 결과와 최종 결과를 보여준다.

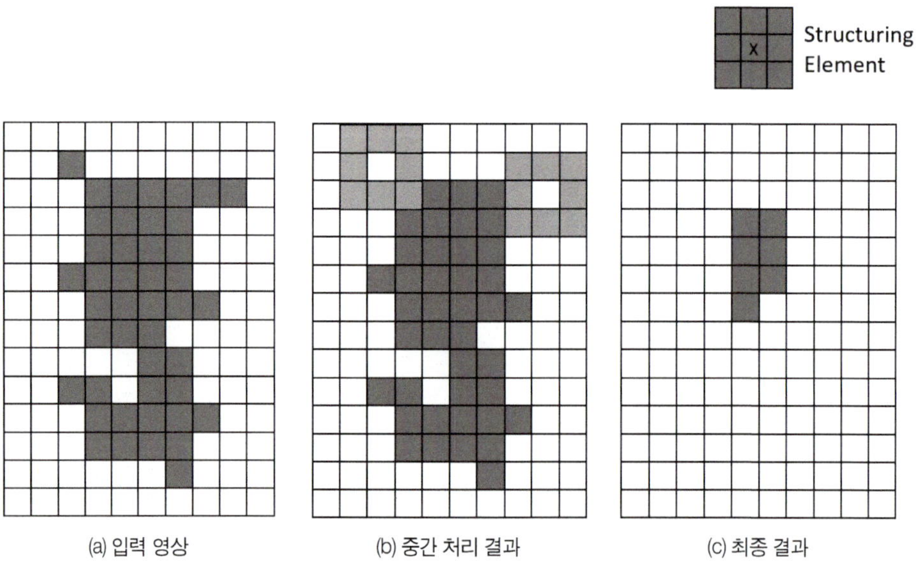

[그림 5.1.4] 침식 연산의 처리 결과

3) 열림 연산과 닫힘 연산

모폴로지 변환에서는 조금 전에 소개한 두 가지 기본 연산인 팽창 연산과 침식 연산의 조합으로 다양한 연산들을 정의하여 사용한다. 이렇게 새롭게 정의된 연산들중에서 자주 사용하는 연산에는 열림 연산(opening operation)과 닫힘 연산(closing opeation)이 있다.

열림 연산은 침식 연산을 수행한 후 다시 팽창 연산을 순차적으로 적용하는 연산으로 작은 크기의 불필요한 객체들을 제거하는 데 유용하다. 열림 연산은 일반적으로 객체의 크기가 줄어들면서 모양이 단순화된다. [그림 5.1.5]는 사각형 모양의 구조적 요소를 사용한 경우 열림 연산의 결과를 나타낸다. [그림 5.1.5](b)는 입력 영상에 대한 침식 연산의 결과이고, [그림 5.1.5](c)는 팽창 연산까지 수행한 열림 연산의 최종 결과이다.

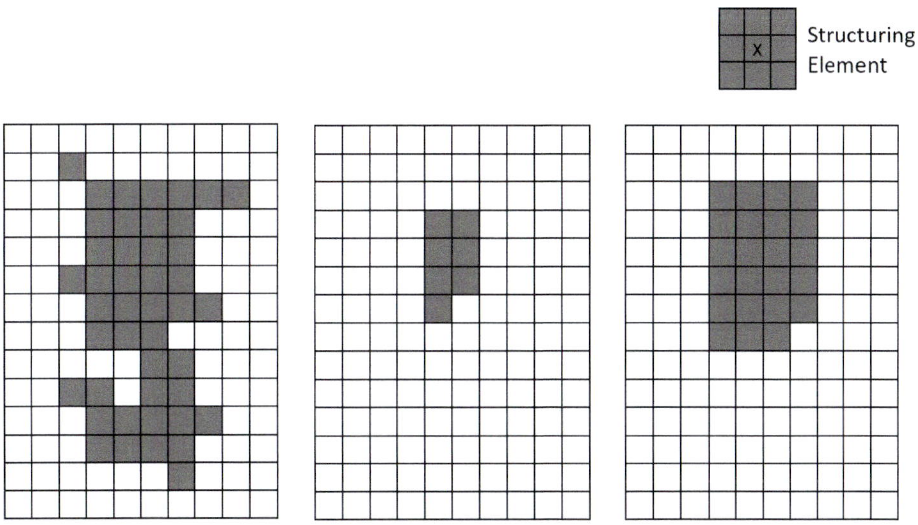

(a) 입력 영상 (b) 침식 연산 결과 (c) 최종 결과

[그림 5.1.5] 열림 연산의 처리 결과

닫힘 연산은 팽창 연산을 수행한 후 다시 침식 연산을 순차적으로 적용하는 연산이며 객체 내부의 작은 구멍이나 간격을 채우는 데 유용하다. 닫힘 연산은 일반적으로 객체의 크기가 커지면서 모양이 단순화된다. [그림 5.1.6]은 사각형 모양의 구조적 요소를 사용한 경우 닫힘 연산의 결과를 나타낸다. [그림 5.1.6](b)는 입력 영상에 대한 팽창 연산의 결과이고 [그림 5.1.6](c)는 침식 연산까지 수행한 닫힘 연산의 최종 결과이다.

(a) 입력 영상 (b) 팽창 연산 결과 (c) 최종 결과

[그림 5.1.6] 닫힘 연산의 처리 결과

4) 연결 요소

연결 요소(connected component)는 상호 연결되어 있는 픽셀들의 집합을 부르는 용어이다. 연결 요소를 정의하기 위해서는 인접한 픽셀 간의 연결 여부를 먼저 결정해야 한다. 인접한 픽셀의 연결 여부를 결정하는 방법은 크게 4-연결성(4-connectivity)과 8-연결성(8-connectivity)으로 구분한다. 4-연결성은 [그림 5.1.7](a)와 같이 기준 픽셀에서 상하좌우에 인접하며 위치하는 픽셀들을 연결된 것으로 간주하는 방법이다. 8-연결성은 [그림 5.1.7](b)와 같이 기준 픽셀에서 상하좌우뿐 아니라 4방향의 대각선에 인접하며 위치하는 픽셀들을 모두 연결된 것으로 간주한다.

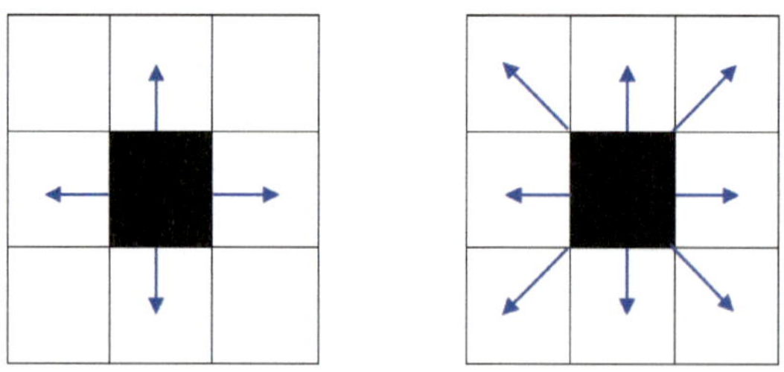

(a) 4-연결성 (b) 8-연결성

[그림 5.1.7] 연결성 확인 방법

연결 요소를 구하는 과정은 영상 분할된 이진 영상을 대상으로 수행하며 영상에 여러 개의 객체가 존재하는 경우 각 객체에 서로 다른 라벨을 할당하는 과정이다. 따

라서 이 과정을 객체에 대한 레이블링(labeling) 처리라고도 한다.

연결 요소를 구하는 방법은 크게 1-패스(1-pass) 방법과 2-패스(2-pass) 방법으로 구분할 수 있다. 1-패스 방법은 기준 위치에서 연결성을 고려하면서 영역을 확장하여 수행한다. 2-패스 방법은 스캔라인 방식으로 영상을 스캔하면서 각 연결 요소에 대해 라벨을 할당한다. 2-패스 방법이 1-패스 방법에 비해 처리 과정은 복잡하지만 처리 시간이 짧아 주로 많이 사용된다. 2-패스 방법에 대한 알고리듬은 다음과 같다. 이 알고리듬은 4-연결성을 사용한다. 2-패스 방법은 1~3단계까지의 레이블링 단계와 4단계의 동치 처리 단계로 구성된다.

2-패스 알고리듬

1. 영상을 좌에서 우, 그리고 위에서 아래쪽 방향으로 처리
2. 객체 위치('1')에 대해 위쪽과 왼쪽 확인
   - 모누 배경('0')이면 현재 픽셀에 새로운 라벨 할당
   - 두 개 중에서 1개만 객체('1')이면 해당 객체의 라벨을 할당
   - 모두 객체('1')이면 두 개 중 하나의 라벨을 할당하고 이 두 라벨은 동치(equivalence)로 설정
3. 모든 픽셀에 단계 2를 반복 수행
4. 동치 레이블에 대해 라벨 재설정

[그림 5.1.8]의 경우를 살펴보자. 앞의 알고리듬에서 3단계까지 수행한 결과는 [그림 5.1.8](b)와 같다. 이때 1번 라벨과 3번 라벨, 그리고 4번 라벨과 5번 라벨은 각각 동치이므로 4단계에서 3번 라벨을 1번 라벨, 그리고 5번 라벨을 4번 라벨로 변경하여 최종 결과를 생성한다. 총 세 개의 객체가 존재하는 것을 확인할 수 있다.

0	0	0	0	0	0	0	0
0	0	1	1	0	1	1	0
0	1	1	0	0	1	1	1
0	0	0	1	1	0	0	0
0	1	1	1	1	1	0	0
0	0	0	0	1	1	0	0

(a) 입력 영상

0	0	0	0	0	0	0	0
0	0	1	1	0	2	2	0
0	3	1	0	0	2	2	2
0	0	0	4	4	0	0	0
0	5	5	4	4	4	0	0
0	0	0	0	4	4	0	0

(b) 레이블링 단계 결과

0	0	0	0	0	0	0	0
0	0	1	1	0	2	2	0
0	1	1	0	0	2	2	2
0	0	0	4	4	0	0	0
0	4	4	4	4	4	0	0
0	0	0	0	4	4	0	0

(c) 동치 처리 결과

[그림 5.1.8] 2-패스 알고리듬을 사용한 연결 요소 생성

5.2 따라하기 실습

실습 내용

- 손 모양 단순화하기
- 외곽선을 사용하여 연결 요소 표현하기

1) 손 모양 단순화하기

우선 OpenCV에서 제공하는 모폴로지 변환과 연결 요소 생성과 관련된 함수를 살펴보자. 모폴로지 변환 관련 함수는 다음과 같다. 대괄호([])는 생략 가능한 파라미터이다.

모폴로지 변환 함수

- `cv2.getStructuringElement(shape, ksize[, anchor])` → `kernel`
- `cv2.dilate(src, kernel[, dst[, anchor[, iterations[, borderType[, borderValue]]]]])` → `dst`
- `cv2.erode(src, kernel[, dst[, anchor[, iterations[, borderType[, borderValue]]]]])` → `dst`
- `cv2.morphologyEx(src, op, kernel[, dst[, anchor[, iterations[, borderType[, borderValue]]]]])` → `dst`

- `shape`: 구조적 요소의 모양을 지정(MORPH_RECT, MORPH_ELLIPSE, MORPH_CROSS)
- `ksize`: 구조적 요소의 크기
- `anchor`: 구조적 요소의 기준 위치
- `interations`: 연산 반복 횟수
- `op`: morphologyEx() 함수는 팽창 연산과 침식 연산을 기반으로 여러 가지 종류의 모폴로지 변환을 수행할 수 있는데, 이 파라미터를 통해 다음과 같이 연산의 종류 구분
    - MORPH_OPEN: 열림 연산
    - MORPH_CLOSE: 닫힘 연산
    - MORPH_GRADIENT: 그라디언트 계산
    - MORPH_TOPHAT: "top hat" 연산

- ○ MORPH_BLACKHAT: "black hat" 연산
- ○ MORPH_HITMISS: "hit and miss" 연산

연결 요소 생성과 관련된 함수는 다음과 같다. 대괄호([])는 생략 가능한 파라미터이다.

연결 요소 생성 함수

```
nums, labels = cv.connectedComponents( image[, labels[,
connectivity[, ltype]]] )
```

- image: 8비트의 단일 채널을 갖는 입력 영상
- labels: 연결 요소에 대한 결과 라벨(배경은 라벨 0으로 할당되고 객체는 라벨 1부터 순차적으로 할당됨)
- connectivity: 연결성(4- 또는 8-연결성)
- nums: 라벨의 개수

4장 따라하기 실습에서 범위 연산을 사용하여 손 영역을 검출하였다. 그런데 검출한 결과 영상을 살펴보면 손뿐만 아니라 불필요한 작은 영역들도 함께 검출된 것을 확인할 수 있다. 이번 예제에서는 4장에서 검출한 손 검출 결과에서 불필요한 영역을 제거하고 손 모양도 단순화하여 표현하도록 한다. 또한 검출한 영역들에 대해 연결 요소를 생성하는 방법에 대해서도 살펴본다.

소스 코드는 5장 폴더에 위치하며 파일 명은 find_connected_components.py이다. 소스 코드를 실행하는 방법은 다음과 같다.

```
python find_connected_components.py --image ../images/hand.jpg
```

아나콘다 프롬프트에서 우선적으로 find_connected_components..py 파일이 위치한 폴더로 이동한 후에 명령을 실행한다. 프로그램은 한 개의 명령 행 인자를 사용하는데, 입력 영상의 경로를 지정한다. 입력 영상의 경로는 소스 파일이 위치하는 폴더의 상위 폴더에 존재하는 images 폴더에 위치하는 hand.jpg이다.

```
1   # 필요한 패키지를 import함
2   from __future__ import print_function
3   import argparse
4   import cv2
5   import numpy as np
6   from matplotlib import pyplot as plt
```

2~6번 줄은 필요한 패키지를 포함한다.

```
8   def findConnectedComponents(img, conn=8):
9       # 타원형의 구조적 요소 생성
10      kernel = cv2.getStructuringElement(cv2.MORPH_ELLIPSE, (11, 11))
11
12      # 2번 반복하여 침식 연산과 팽창 연산을 순차적으로 적용
13      img = cv2.erode(img, kernel, iterations = 2)
14      img = cv2.dilate(img, kernel, iterations = 2)
15
16      # 연결 요소 생성
17      # 0번 레이블은 배경에 해당하고 객체들은 1번 레이블부터 할당
18      num, labels = cv2.connectedComponents(img, connectivity = conn)
19      print("Total number of components: ", num-1)
```

8번 줄은 findConnectedComponents 함수를 정의한다. 첫 번째 파라미터는 입력 영상이고, 두 번째 파라미터는 인접한 픽셀들에 대한 연결성을 지정한다. 기본값은 8-연결성으로 설정한다.

10번 줄은 구조적 요소를 생성한다. 모양은 타원형, 크기는 11×11로 지정한다. 구조적 요소의 크기에 따라 생성되는 연결 요소의 개수가 달라질 수 있으므로 크기를 줄여 결과가 어떻게 달라지는지 확인해보자.

13, 14번 줄은 각각 침식 연산과 팽창 연산을 2회씩 수행한다. 팽창 연산보다 침식 연산을 먼저 수행하므로 작은 크기의 객체들은 제거될 수 있다. 침식 연산 이후에 다시 팽창 연산을 수행하므로 제거되지 않은 객체들은 원래의 크기로 복원된다.

18번 줄에서는 주어진 연결성을 사용하여 연결 요소를 생성한다. 첫 번째 반환 값은 라벨의 총 개수이고 두 번째 반환 값은 레이블링된 결과이며 객체마다 다른 레이

블이 할당된다. 연결 요소마다 서로 다른 라벨이 할당된 라벨 영상을 반환한다. 이때 배경은 0번 라벨로 할당되고 객체는 1번 라벨부터 순차적으로 할당된다. 19번 줄은 라벨의 총 개수를 출력한다. 이 값에는 배경에 해당하는 라벨로 포함되므로 실제 연결 요소의 개수보다 1만큼 크기. 따라서 연결 요소의 실제 개수를 표시하기 위해 num-1의 값을 출력한다.

```
21      # 연결 요소의 라벨을 HSV 컬러 공간의 색상(H)으로 변환
22      hue = np.uint8(179*labels/np.max(labels))
23
24      # hue 배열과 동일한 크기를 가지며 255로 채워진 배열 생성
25      new_ch = 255*np.ones_like(hue)
26
27      # HSV 컬러 영상 생성(채도와 명도는 최대값으로 설정)
28      labeled_img - cv2.merge([hue, new_ch, new_ch])
29
30      # 화면 표시를 위해 HSV 컬러 공간을 BGR 컬러 공간의 변환
31      labeled_img = cv2.cvtColor(labeled_img, cv2.COLOR_HSV2RGB)
32
33      # 배경 라벨(0)에 해당하는 픽셀은 검정색으로 설정
34      labeled_img[hue==0] = [0, 0, 0]
35
36      return labeled_img, labels
```

22~34번 줄은 서로 다른 색을 사용하며 연결 요소를 구분하여 표시하도록 처리한다. 22번 줄은 연결 요소마다 할당된 라벨을 사용하여 HSV 컬러 공간에서의 색상(H)을 계산한다. 예를 들어, 라벨의 최댓값이 2이고 현재 라벨이 1이면, 89(179×1/2)의 값을 가지며 이 색은 청록색에 해당한다.

25번 줄에서는 22번 줄에서 생성한 hue 영상과 동일한 크기를 가지며 255로 채워진 영상을 생성한다.

28번 줄은 HSV 컬러 영상을 생성한다. 색상(H)은 22번 줄에서 생성한 영상을 사용하고 채도(S)와 명도(V)는 25번 줄에서 생성한 255로 채워진 영상을 사용한다. 따라서 여기에서 만들어진 영상은 최대의 채도와 명도를 갖는 영상이다.

31번 줄에서는 28번 줄에서 생성한 HSV 컬러 영상을 RGB 컬러 영상으로 변환한다. 이 영상은 OpenCV가 아닌 matplotlib에서 출력의 목적으로 사용하기 위해 BGR

이 아닌 RGB 컬러 공간으로 변환한다.

34번 줄은 라벨이 0인 배경에 해당하는 픽셀들을 찾아 모두 검정색으로 설정하여 연결 요소들만 컬러로 구분할 수 있도록 한다.

36번 줄은 결과 영상과 라벨 영상을 반환한다.

```
38 if __name__ == '__main__' :
39     # 명령 행 인자 처리
40     ap = argparse.ArgumentParser()
41     ap.add_argument('-i', '--image', required = True, ₩
42             help = 'Path to the input image')
43     args = vars(ap.parse_args())
44
45     filename = args['image']
```

38~45번 줄에서는 명령 행 처리를 수행한다.

```
47     # OpenCV를 사용하여 영상 데이터 로딩
48     image = cv2.imread(filename)
49
50     # Grayscale 영상으로 변환한 후
51     # 가우시안 평활화 및 임계화 수행
52     gray = cv2.cvtColor(image, cv2.COLOR_BGR2GRAY)
53     gray = cv2.GaussianBlur(gray, (3, 3), 0)
54     th, binary = cv2.threshold(gray, 0, 255, ₩
55         cv2.THRESH_BINARY + cv2.THRESH_OTSU)
56
57     # 연결 요소 생성
58     labeled_img, labels = findConnectedComponents(binary)
59
60     # 1번 라벨의 연결 요소만을 포함하는 영상 생성
61     new_img = np.zeros_like(labels, dtype="uint8")
62     new_img[labels==1] = 255
```

47번 줄은 명령 행 인자에 주어진 파일 명에 해당하는 영상 파일을 읽는다. 영상 파

일을 읽는 과정에서는 원래 영상의 유형에 관계없이 트루컬러 유형으로 읽는다.

52번 줄에서는 영상 유형을 그레이 스케일 영상으로 변환하고 53번 줄은 가우시안 평활화를 수행한다. 54번 줄은 Otsu 방법을 사용하여 임계치를 자동으로 계산한 후에 임계화를 수행한다.

58번 줄은 앞에서 정의한 findConnectedComponents() 함수를 호출하여 임계화한 영상에 대해 연결 요소를 생성한다. 연결성을 생략하였으므로 8-연결성을 사용한다.

61번 줄은 라벨 영상과 동일한 크기와 채널 수를 갖는 새로운 영상을 생성한다. 이 영상은 0(검정색)으로 채워진다.

62번 줄에서는 라벨 번호가 1번인 연결 요소만을 찾아 새로운 영상에서 흰색으로 표시한다. 연결 요소가 여러 개가 존재하는 경우 첫 번째 연결 요소만을 찾아 표시하도록 한다.

```
64      # 결과 영상 출력
65      image = cv2.cvtColor(image, cv2.COLOR_BGR2RGB)
66      plt.subplot(1, 3, 1), plt.imshow(image)
67      plt.title(‘image’), plt.xticks([]), plt.yticks([])
68      plt.subplot(1, 3, 2), plt.imshow(labeled_img)
69      plt.title(‘labeled image’), plt.xticks([]), plt.yticks([])
70      plt.subplot(1, 3, 3), plt.imshow(new_img, ‘gray’)
71      plt.title(‘1st label image’), plt.xticks([]), plt.yticks([])
72      plt.show()
```

65~72번 줄은 결과 영상을 화면에 표시한다. 66번 줄은 원본 영상을 표시한다. 68번 줄은 연결 요소를 다른 색으로 표시한 라벨 영상을 출력한다. 70번 줄은 1번 라벨에 해당하는 연결 요소만을 표시한다. 이 프로그램의 실행 결과는 **[그림 5.2.1]**과 같다. 왼쪽 그림은 원본 영상, 가운데 그림은 연결 요소 생성 결과 그리고 오른쪽 그림은 1번 라벨에 해당하는 연결 요소만을 표시한 영상이다.

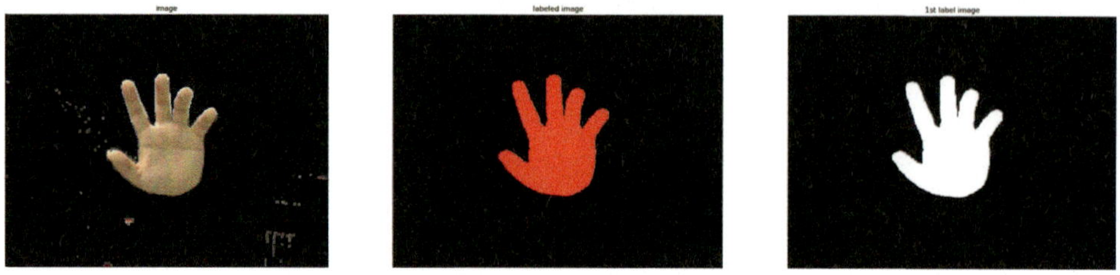

[그림 5.2.1] 연결 요소 생성 결과 1

[그림 5.2.1]의 왼쪽에 표시된 원본 영상에는 여러 개의 작은 객체들이 존재하지만, 가운데 그림과 같이 연결 요소 생성 결과에서는 작은 객체들이 모두 제거되고 손 영역만 존재하는 것을 확인할 수 있다. 이 결과는 모폴로지 변환을 통해 작은 객체들을 모두 제거했기 때문이다. 그런데 소스 코드의 10번 줄에서 구조적 요소의 크기를 (3, 3)으로 줄이면 연결 요소를 생성하는 대상 객체의 수가 늘어나 [그림 5.2.2]와 같은 결과를 생성한다.

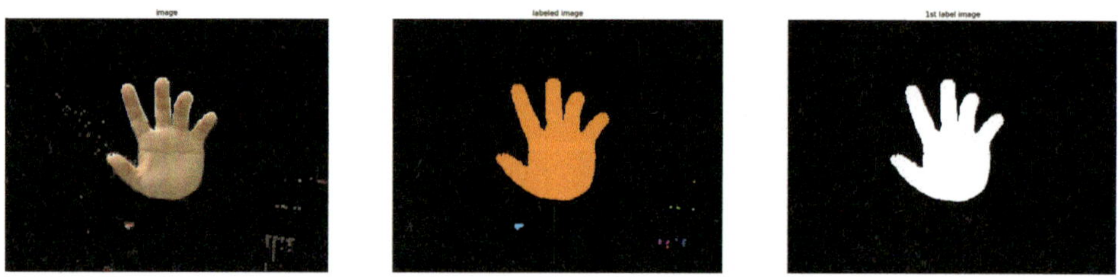

[그림 5.2.2] 연결 요소 생성 결과 2

2) 외곽선을 사용하여 연결 요소 표현하기

이번 예제에서는 객체의 외곽선(contour)을 사용하여 연결 요소를 표현하고 관련 정보를 생성하는 방법에 대해 살펴본다. 우선 OpenCV에서 제공하는 외곽선 검출 함수를 살펴보자. 대괄호([])는 생략 가능한 파라미터이다. OpenCV 3 버전의 경우 3가지 값을 반환하며 첫 번째 반환 값은 원본 영상이고 나머지 2가지 반환 값은 다음과 동일하다.

외곽선 검출 함수

```
cv2.findContours(image, mode, method[, contours[, hierarchy[,
      offset]]]) → contours, hierarchy
```

(1) image: 입력 영상

8bit 단일 채널 영상을 사용하여 0이 아닌 값을 모두 1로 취급

(2) mode: 외곽선 생성 방법

- `cv2.RETR_EXTERNAL`: 연결 요소의 가장 바깥쪽 외곽선(contour)만 추출
- `cv2.RETR_LIST`: 연결 요소 간의 계층 구조는 고려하지 않고 독립적으로 연결 요소의 외곽선을 추출(객체 내부의 구멍(hole)을 독립적인 외곽선으로 취급)
- `cv2.RETR_CCOMP`: 모든 연결 요소의 외곽선을 추출한 후 2레벨의 계층 구조를 구성하며 1레벨은 외부 외곽선, 2레벨 계층은 구멍의 외곽선을 포함
- `cv2.RETR_TREE`: 모든 연결 요소의 외곽선을 추출한 후 연결 요소 간의 상관관계를 고려하여 완전한 계층 구조를 생성

(3) method: 외곽선 근사화 방법

- `cv2.CHAIN_APPROX_NONE`: 외곽선을 구성하는 모든 점을 저장
- `cv2.CHAIN_APPROX_SIMPLE`: 외곽선을 구성하는 수평, 수직 및 대각선 방향의 점은 버리고 끝 점만 저장. 예를 들어 똑바로 세워진 직사각형의 경우 4개 모서리 점만 저장
- `cv2.CHAIN_APPROX_TC89_L1`: Teh-Chin 연결 근사 알고리즘(Teh-Chin chain approximation algorithm)[9]을 적용

(4) contours

연결 요소의 외곽선에 구성하는 점들에 대한 좌표 정보를 저장. 외곽선 정보를 np.array로 저장하고 이것을 파이썬 리스트로 관리. [np.array1, np.array2, …] 형식을 가지며 np.array1은 첫 번째 연결 요소의 외곽선 정보, np.array2는 두 번째 연결 요소의 외곽선 정보이다.

예시)

```
array([[[155, 131]],
       [[155, 291]],
       ...
       [[161, 131]]])
```

(5) hierarchy

연결 요소 간의 계층 정보 저장. [Next, Previous, First_Child, Parent] 형식을 가지며 Next는 동일 계층의 다음 연결 요소, Previous는 동일 계층의 이전 연결 요소, First_Child는 하위 계층의 첫 번째 자식 연결 요소, Parent는 상위 계층의 부모 연결 요소를 의미하며 해당 연결 요소가 없으면 -1로 저장

5장의 첫 번째 따라하기 실습에서 연결 요소를 생성하는 실습을 수행하였다. 그런데 이때 사용한 OpenCV의 connectedComponents() 함수는 연결 요소를 생성하기는 하지만 각 연결 요소에 대한 추가적인 정보(크기, 방향, 편평도 등)를 제공하지는 않는다. OpenCV의 findContour() 함수를 사용하면 연결 요소에 대한 정보뿐만 아니라 부가적인 정보도 생성할 수 있으므로 connectedComponents() 함수보다 활용도가 높다.

이번 예제에서는 손 검출 영상을 대상으로 연결 요소에 대한 정보뿐 아니라 몇 가지 부가적인 정보도 생성하는 방법에 대해서도 살펴본다. 소스 코드는 5장 폴더에 위치하며 파일 명은 find_contours.py이다. 소스 코드를 실행하는 방법은 다음과 같다.

```
python find_contours.py --image ../images/hand2.jpg
```

아나콘다 프롬프트에서 우선적으로 find_contours.py 파일이 위치한 폴더로 이동한 후에 명령을 실행한다. 프로그램은 1개의 명령 행 인자를 사용하는데, 입력 영상의 경로를 지정한다. 입력 영상의 경로는 소스 파일이 위치하는 폴더의 상위 폴더에 존재하는 images 폴더에 위치하는 hand2.jpg이다.

```
1  # 필요한 패키지를 import함
2  from __future__ import print_function
3  from random import seed, randint
4  import argparse
5  import cv2
6  import numpy as np
7  from copy import deepcopy
8  from matplotlib import pyplot as plt
```

2~8번 줄까지는 필요한 패키지를 포함한다. 3번 줄은 파이썬에서 제공하는 무작위 숫자의 생성과 관련 있는 seed 함수와 randint 함수를 포함한다. 7번 줄은 영상에 대한 깊은 복사를 수행하는 deepcopy 함수를 포함한다.

```
10 def findContours(img):
11     # 타원형의 구조적 요소 생성
12     kernel = cv2.getStructuringElement(cv2.MORPH_ELLIPSE, (11, 11))
13 
14     # 열림 연산과 닫힘 연산을 순차적으로 적용
15     img = cv2.morphologyEx(img, cv2.MORPH_OPEN, kernel)
16     img = cv2.morphologyEx(img, cv2.MORPH_CLOSE, kernel)
17 
18     # contour 생성
19     version = int(cv2.__version__.split(“.”)[0])
20     if version == 2 or version == 4:
21      (contours, hierarchy) = cv2.findContours(img, \
22         cv2.RETR_EXTERNAL, cv2.CHAIN_APPROX_SIMPLE)
23     elif version == 3:
24      (_, contours, hierarchy) = cv2.findContours(img, \
25         cv2.RETR_EXTERNAL, cv2.CHAIN_APPROX_SIMPLE)
26     print(“Total number of contours: “, len(contours))
```

10번 줄은 findContours 함수를 정의한다. 첫 번째 파라미터는 입력 영상이다. 11번 줄은 구조적 요소를 생성한다. 모양은 타원형, 크기는 3×3으로 지정한다. 이전 예제처럼 구조적 요소의 크기에 따라 연결 요소를 생성하기 위한 대상 객체의 수가 달

라지므로 구조적 요소의 크기에 따른 결과를 직접 확인해보자.

15, 16번 줄은 각각 열림 연산과 닫힘 연산을 수행한다. 팽창 연산 및 침식 연산처럼 이 연산들을 2회 이상 반복적으로 수행할 수 있지만, 여러 번 반복 수행하더라도 결과에는 차이가 없기 때문에 연산을 1회만 수행한다.

19번 줄에서 25번 줄까지는 연결 요소를 생성한다. OpenCV 버전에 따른 반환 값의 개수가 다르므로 이를 고려하여 처리한다. 연결 요소의 바깥쪽 외곽선을 추출하도록 mode는 cv2.RETR_EXTERNAL을 사용하고 외곽선 근사화 방법은 cv2.CHAIN_APPROX_SIMPLE을 사용한다. contours 변수에 각 연결 요소에 대한 외곽선 정보를 저장하고 hierarchy 변수에 연결 요소 간의 계층 정보를 저장한다. 여기에서는 cv2.RETR_EXTERNAL 모드를 사용하므로 계층 정보는 의미가 없다. 소스 파일에는 OpenCV 버전에 따라 findContours() 함수를 구분하여 처리하는 기능이 포함되어 있다.

26번 줄은 연결 요소의 총 개수를 출력한다.

```
28      # 무작위 색으로 모든 연결 요소의 외곽선 그림
29      seed(9001)
30      contour_img = cv2.cvtColor(img, cv2.COLOR_GRAY2BGR)
31      for c in contours:
32          r = randint(0, 256)
33          g = randint(0, 256)
34          b = randint(0, 256)
35          cv2.drawContours(contour_img, [c], 0, (b,g,r), 2)
36
37      return contour_img, contours
```

29번 줄에서 35번 줄은 서로 다른 색으로 연결 요소를 표시한다. 29번 줄은 무작위 숫자를 생성하기 위한 시드 값을 지정한다. 30번 줄은 색으로 구분한 연결 요소를 표시할 새로운 영상을 생성한다.

31번 줄은 모든 연결 요소에 대해 반복 처리를 수행한다. 변수 c에는 각 연결 요소의 외곽선 정보가 저장된다. 32~34번 줄은 R, G, B에 해당하는 무작위 색을 생성한다. 35번 줄은 해당 색을 사용하여 2픽셀 두께로 연결 요소의 외곽선을 표시한다. 37번 줄은 연결 요소별로 다른 색으로 표시한 결과 영상과 외곽선 정보를 반환한다.

```
39 if __name__ == '__main__':
40     # 명령 행 인자 처리
41     ap = argparse.ArgumentParser()
42     ap.add_argument('-i', '--image', required = True, ₩
43             help = 'Path to the input image')
44     args = vars(ap.parse_args())
45
46     filename = args['image']
```

39~46번 줄에서는 명령 행 처리를 수행한다.

```
48     # OpenCV를 사용하여 영상 데이터 로딩
49     image = cv2.imread(filename)
50
51     # Grayscale 영상으로 변환한 후
52     # 가우시안 평활화 및 임계화 수행
53     gray = cv2.cvtColor(image, cv2.COLOR_BGR2GRAY)
54     gray = cv2.GaussianBlur(gray, (3, 3), 0)
55     th, binary = cv2.threshold(gray, 0, 255, ₩
56         cv2.THRESH_BINARY + cv2.THRESH_OTSU)
57
58     # 연결 요소 생성
59     labeled_img, labels = findContours(binary)
60
61     # 0번(1st) 연결 요소의 외곽선만을 포함하는 영상 생성
62     new_img = np.zeros_like(image, dtype="uint8")
63     cntr = sorted(contours, key = cv2.contourArea, reverse = True)[0]
64     cv2.drawContours(new_img, [cntr], 0, (255,0,0), 3)
65     print("면적: ", cv2.contourArea(cntr))
```

49번 줄은 명령 행 인자에 주어진 파일 명에 해당하는 영상 파일을 읽는다. 영상 파일을 읽는 과정에서는 원래 영상의 유형에 관계없이 트루 컬러 유형으로 읽는다.

53번 줄에서는 영상 유형을 그레이 스케일 영상으로 변환하고, 54번 줄은 가우시안 평활화를 수행한다. 55번 줄은 Otsu 방법을 사용하여 임계치를 자동으로 계산한

후 임계화를 수행한다. 59번 줄은 앞에서 정의한 findContours() 함수를 호출하여 임계화한 영상에 대해 연결 요소를 생성한다. 62번 줄은 원본 영상과 동일한 크기와 채널 수를 갖는 새로운 영상을 생성한다. 이 영상은 0(검정색)으로 채워진다. 63번 줄은 연결 요소의 크기 정보를 사용하여 연결 요소를 내림차순으로 정렬한 후 인덱스가 0인 가장 큰 연결 요소만을 선택한다.

64번 줄에서는 가장 크기가 큰 연결 요소의 외곽선을 새로운 영상에서 빨간색으로 표시한다. matplotlib를 사용하여 영상을 표시할 것이므로 (255, 0, 0)은 빨간색에 해당한다. 65번 줄은 가장 크기가 큰 연결 요소의 면적을 계산하여 출력한다.

```
67    # 복제 영상 생성
68    box_img = deepcopy(new_img)
69
70    # Convex Hull 표시
71    hull = cv2.convexHull(cntr)
72    cv2.drawContours(new_img, [hull], 0, (0,255,0), 1)
73
74    # 최소 사각형(minimum bounding rectangle) 표시
75    # 1. minimum bounding rectangle
76    (x,y,w,h) = cv2.boundingRect(cntr)
77    cv2.rectangle(box_img, (x,y), (x+w,y+h), (255,255,0), 1)
78    # 2. minimum and rotated bounding rectangle
79    # (c_x, c_y), (width, height), angle
80    rect = cv2.minAreaRect(cntr)
81    box = np.int0(cv2.boxPoints(rect))
82    cv2.drawContours(box_img, [box], 0, (0,255,255), 1)
83    loc = tuple(box[3])
84    cv2.putText(box_img, “angle: {}”.format(np.int0(rect[2])), ₩
85        loc, cv2.FONT_HERSHEY_SIMPLEX, 0.7, (0, 255, 0), 2)
```

68번 줄은 new_img로부터 새로운 복제 영상을 생성한다. 깊은 복사를 통해 기존 영상과 동일한 내용을 갖지만 독립적인 영상을 생성한다. 71번 줄은 최대 크기의 연결 요소의 외곽선에 대한 볼록포(convex hull)를 생성하고, 72번 줄은 그 결과를 녹색으로 표시한다. 볼록포는 주어진 도형을 포함하면서 내부로 옴폭하게 들어간 곳이 없는 최소 크기의 도형을 의미한다.

76~82번 줄은 주어진 외곽선을 모두 포함하는 최소의 사각형을 계산한다. 76번 줄은 회전된 것을 고려하지 않고 최소의 사각형을 구한다. 그 결과는 사각형의 좌측 상단 좌표 (x, y)와 크기 (w, h)가 주어진다. 77번 줄에서는 구한 최소 사각형을 영상에 노란색으로 표시한다. 80번 줄은 회전된 것을 고려한 최소 사각형을 구한다. 그 결과는 최소 사각형의 중심 좌표 (cx, cy), 크기 (w, h) 및 회전 각도가 계산된다. 81번 줄은 회전된 최소 사각형의 네 꼭지점을 계산한 후 정수로 변환한다. int0() 함수는 numpy에서 제공하는 함수이며, int64() 함수와 동일하게 64비트로 표현된 정수를 반환한다. 82번 줄은 회전된 최소 사각형을 다홍색으로 표시한다.

83, 84번 줄은 회전된 최소 사각형 주변에 회전 각도를 출력한다. 83번 줄은 회전된 최소 사각형의 네 번째 꼭지점의 좌표를 튜플로 변환한다. 84번 줄은 83번 줄에서 선택한 좌표에 각도를 표시한다. 글꼴은 cv2.FONT_HERSHEY_SIMPLEX, 크기는 0.7, 색은 녹색 그리고 두께는 2로 지정한다.

```
87      # 결과 영상 출력
88      image = cv2.cvtColor(image, cv2.COLOR_BGR2RGB)
89      plt.subplot(2, 2, 1), plt.imshow(image)
90      plt.title(‘image’), plt.xticks([]), plt.yticks([])
91      plt.subplot(2, 2, 2), plt.imshow(contour_img)
92      plt.title(‘labeled image’), plt.xticks([]), plt.yticks([])
93      plt.subplot(2, 2, 3), plt.imshow(new_img)
94      plt.title(‘largest contour’), plt.xticks([]), plt.yticks([])
95      plt.subplot(2, 2, 4), plt.imshow(box_img)
96      plt.title(‘bounding shape’), plt.xticks([]), plt.yticks([])
97      plt.show()
```

88~97번 줄은 결과 영상을 화면에 표시한다. 89번 줄은 원본 영상을 표시한다. 91번 줄은 연결 요소를 다른 색으로 표시한 영상을 출력한다. 93번 줄은 가장 크기가 큰 연결 요소와 이것에 대한 볼록체를 표시한다. 95번 줄은 최소 사각형을 표시한다. 이 프로그램의 실행 결과는 [그림 5.2.3]과 같다. 왼쪽 그림은 원본 영상, 가운데 그림은 연결 요소 생성 결과 그리고 오른쪽 그림은 1번 라벨에 해당하는 연결 요소만을 표시한 영상이다.

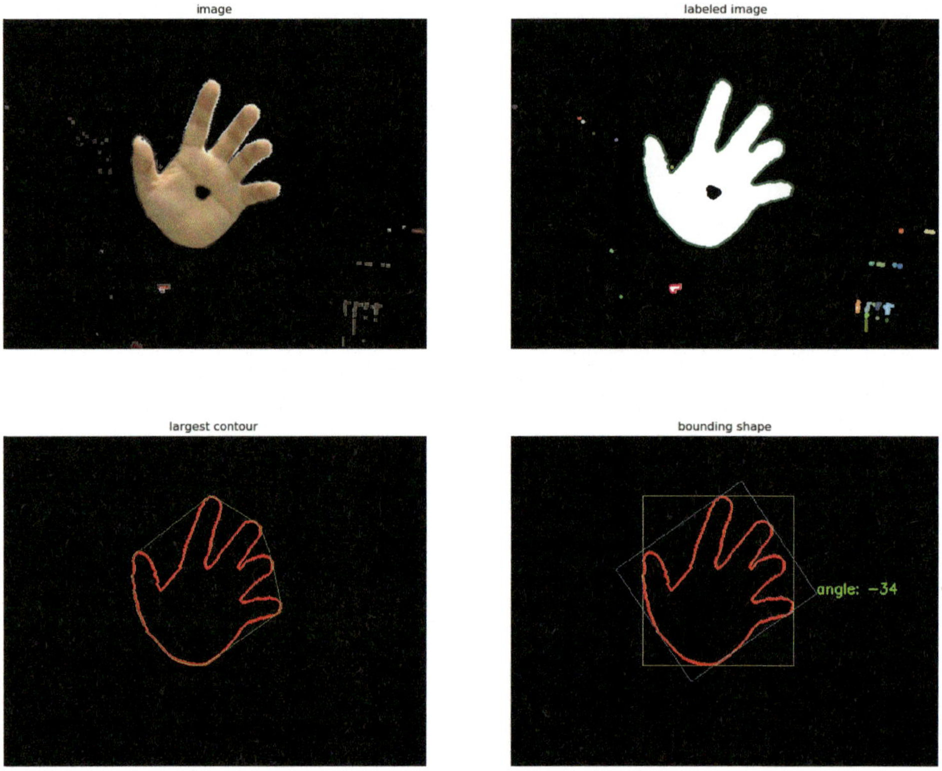

[그림 5.2.3] 연결 요소의 외곽선 및 부가 정보 생성 결과

5.3 스스로 하기 실습

실습 내용

- 동전 검출하기
- 움직이는 객체 검출하기

1) 동전 검출하기

목표

불균일한 조명에서 촬영한 영상에서 임계화 연산을 사용하여 동전 영역만을 분리하여 연결 요소를 생성한다.

절차

- 파일 명은 extract_coins.py으로 지정한다.
- 명령 행 인자를 사용하여 입력 파일 명을 전달한다.
- 적응적 임계화 연산을 수행한다.
- 모폴로지 변환을 수행하여 단순화된 도형을 생성한다.
- 연결 요소를 생성한다.
- 결과 영상을 화면에 표시한다.

```
├─ images
└─ 5장
    ├─ extract_coins.py
    ├─ find_connected_components.py
    └─ find_contours.py
```

실행 방법

- 입력 파일 명은 ../images/coins.jpg으로 지정

```
> python extract_coins.py --image ../images/coins.jpg
```

실행 결과 확인

```
> python extract_coins.py --image ../images/coins.jpg
```

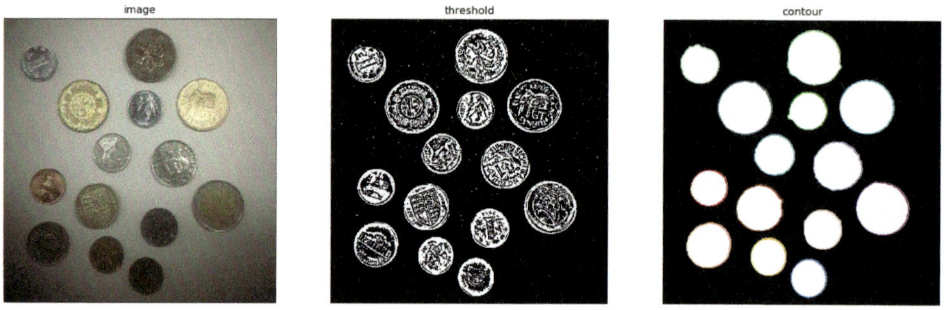

[그림 5.3.1] 실습 결과 화면

☞ 도움말

1. 따라하기 실습의 find_contours.py 파일을 참조한다.

2. 컬러 영상을 그레이 스케일 영상으로 변환하고 가우시안 평활화를 수행한다.

3. 적응적 임계화를 수행하기 위해서는 cv2.adaptiveThreshold() 함수를 사용한다. blocksize는 비교적 큰 값(20이상)을 사용하고 C는 1 또는 2를 사용한다. 주어진 영상은 객체가 배경에 비해 어두운 밝기로 나타나므로 thresholdType은 cv2.THRESH_BINARY_INV로 설정한다.

함수 원형

```
dst = cv.adaptiveThreshold(src, maxValue, adaptiveMethod,
thresholdType, blockSize, C[, dst])
```

- adaptiveMethod: 적응적 임계화 방법

  - cv2.ADAPTIVE_THRESH_MEAN_C: 중심 픽셀 (x, y)를 중심으로 blocksize x blocksize 안에 있는 픽셀 값의 평균에서 C를 뺀 값을 임곗값으로 사용

- cv2.ADAPTIVE_THRESH_GAUSSIAN_C: 중심 픽셀 (x, y)를 중심으로 blocksize × blocksize 안에 있는 Gaussian 윈도우 기반 가중치들의 합에서 C를 뺀 값을 임곗값으로 사용

- thresholdType: 임계화 유형

  cv.THRESH_BINARY, cv.THRESH_BINARY_INV 등의 값을 사용 가능

4. 기존의 findContours() 함수를 수정한다. 동전의 모양이 최대한 잘 표현되도록 모폴로지 변환을 수행한다.

5. 연결 요소를 생성한 후 결과 화면에 표시한다.

2) 움직이는 객체 검출하기

목표

객체의 색과는 무관하게 움직임을 판단하여 배경으로부터 움직이는 객체를 검출한 후 연결 요소를 생성한다.

절차

- 파일 명은 extract_moving_objects.py으로 지정한다.
- 명령 행 인자를 사용하여 입력 비디오 파일 명을 전달하거나 생략하여 컴퓨터에 연결된 비디오 카메라를 사용한다.
- 배경 모델을 생성한다.
- 생성한 배경 모델을 사용하여 움직이는 객체를 검출한다.
- 모폴로지 변환을 수행하여 모양이 단순화된 객체를 생성한다.
- 연결 요소를 생성한다.
- 결과 영상을 화면에 표시한다.

```
├── images
└── 5장
    ├── extract_coins.py
    ├── extract_moving_objects.py
    ├── find_connected_components.py
    └── find_contours.py
```

실행 방법

- 입력 파일 명을 ../videos/vtest.avi으로 지정(vtest.avi는 OpenCV에서 제공하는 예제에 포함된 파일임)

```
> python extract_moving_objects.py --video ../videos/vtest.avi
```

- 입력 파일 명을 생략(비디오 카메라를 통해 입력되는 프레임 사용)

```
> python extract_moving_objects.py
```

실행 결과 확인

```
> python extract_moving_objects.py --video ../videos/vtest.avi
```

[그림 5.3.2] 실습 결과 화면

☞ 도움말

1. 4장 따라하기 실습의 skin_detector.py 파일을 참조하여 비디오 처리 과정을 작성한다.

2. 배경 모델을 생성한다. OpenCV에서는 배경 모델을 생성하는 몇 가지 방법을 제공하는데, 이번 예제에서는 cv2.createBackgroundSubtractor-MOG2() 함수를 사용한다.

함수 원형

```
model = cv.createBackgroundSubtractorMOG2([, history[,
    varThreshold[, detectShadows]]] )
```

- history: 히스토그램 프레임 수
- varThreshold: 픽셀과 배경 모델 사이의 거리에 임곗값
- detectShadows: 그림자 검출 여부(True: 그림자 검출)

3. 따라하기 실습의 find_contours.py 파일을 참조하여 movingObjects-Detect() 함수를 작성한다. 검출한 객체의 모양이 잘 표현되도록 모폴로지 변환을 수행하고 연결 요소를 생성하여 결과 영상을 반환한다.

4. cv2.drawContours() 함수의 다섯 번째 파라미터는 외곽선의 두께를 나타내는데, −1을 지정하면 도형 내부를 채워서 그릴 수 있다.

실습 보고서 (실습 주제별로 작성)

<table>
<tr><td>학번</td><td></td><td>이름</td><td></td></tr>
<tr><td>제출일</td><td></td><td>전자 메일</td><td></td></tr>
<tr><td>주제</td><td colspan="3"></td></tr>
<tr><td>실습 목표</td><td colspan="3">이번 실습을 통해 달성하고자 하는 목표를 2가지 이상 개별 제시
• 목표 1
• 목표 2</td></tr>
<tr><td>해결 과정 및 주요 코드에 대한 설명</td><td colspan="3">• 문제 해결 절차 및 방법
• 소스 코드에서의 핵심 코드를 제시하고 설명</td></tr>
<tr><td>실행 결과</td><td colspan="3">• 세 가지 이상의 서로 다른 실행 결과 제시
• 명령 행 인자나 호출 함수 인자의 변경을 통해 실행 결과 생성</td></tr>
<tr><td>느낀 점</td><td colspan="3">• 문제 해결 과정이나 실습 과정에서 느낀 점</td></tr>
<tr><td colspan="4">첨부: 소스 파일(별도 파일)</td></tr>
</table>

제 6 장

활용 예제: 바코드 검출

학습 목표

1) 영상 필터링을 활용하는 방법을 실습한다.
2) 영상 분할을 수행하는 방법을 실습한다.
3) 모폴로지 변환을 활용하는 방법을 실습한다.
4) 연결 요소를 생성하는 방법을 실습한다.

6.1 처리 과정

1) 개요

바코드는 일상생활의 매우 다양한 장소에서 활용되고 있다. 우리가 구매하는 거의 모든 물품에는 바코드가 부착되어 있다. 특히 편의점이나 대형 마트에서의 활용도가 매우 높으며 우리 생활 깊숙이 들어와 있다.

대부분의 점포에는 바코드 인식기가 설치되어 바코드를 인식한다. 그런데 우리가 스마트폰으로 촬영한 바코드를 인식하려면 어떻게 해야 할까? 바코드를 인식하기 위해서는 먼저 바코드 영역을 검출해야 한다. 이번 활용 예제를 통해 바코드를 검출하는 방법을 실습한다.

2) 처리 방법

바코드 검출은 다음과 같은 과정으로 진행할 수 있다. 바코드는 수평 또는 수직선으로 구성되어 있으므로 경계 강도에 대한 정보를 사용하여 검출할 수 있도록 한다. 여기에 소개한 과정은 대략적인 스케치 과정이므로 세부적인 방법은 여러분들이 스스로 고민해야 한다.

바코드 검출 과정

1. 컬러 영상을 그레이 스케일 영상으로 변환한다.
2. 수평 및 수직 방향으로 경계 강도를 계산한다.
3. 수평 방향을 기준으로 바코드 후보 영역을 검출한다.
   1) 수평 방향의 경계 강도 영상에서 수직 방향의 경계 강도 영상을 뺀다.
   2) 뺄셈 결과에서 음수 값을 갖는 위치에서의 값을 모두 0.0으로 변경한다.
   3) 적절한 후처리 작업을 수행한다.
      ① 평활화를 수행한다.
      ② 임계화를 수행한다. 임곗값은 적절한 값을 직접 지정한다.
      ③ 모폴로지 변환을 수행한다. 수평 방향으로 긴 사각형 모양을 갖는 구조적 요소를 사용하여 닫힘 연산을 수행한 후, 다시 작은 사각형 모양을 갖는 구조적 요소를 사용하여 침식과 팽창 연산을 반복하여 적용한다.
   4) 연결 요소를 생성한 후 가장 크기가 큰 한 개의 연결 요소를 선택한다.
4. 수직 방향을 기준으로 바코드 후보 영역을 검출한다.
   1) 수직 방향의 경계 강도 영상에서 수평 방향의 경계 강도 영상을 뺀다.
   2) 뺄셈 결과에서 음수 값을 갖는 위치에서의 값을 모두 0.0으로 변경한다.
   3) 적절한 후처리 작업을 수행한다.
      ① 평활화를 수행한다.
      ② 임계화를 수행한다. 임곗값은 적절한 값을 직접 지정한다.
      ③ 모폴로지 변환을 수행한다. 수직 방향으로 긴 사각형 모양을 갖는 구조적 요소를 사용하여 닫힘 연산을 수행한 후 다시 작은 사각형 모양을 갖는 구조적 요소를 사용하여 침식과 팽창 연산을 반복하여 적용한다.
   4) 연결 요소를 생성한 후 가장 크기가 큰 한 개의 연결 요소를 선택한다.
   5) 수평 방향 및 수직 방향의 처리 과정에서 선택한 두 개의 연결 요소의 크기를 비교한다. 이 중에서 크기가 큰 연결 요소를 최종 바코드 영역으로 검출한다.
5. 원본 영상에 검출한 바코드 영역을 표시한 후 결과 영상을 저장한다.
6. 지정한 폴더에 포함된 모든 영상에 대해 1~5단계를 반복한다.

3) 실행 방법 및 결과

실행 방법

- 바코드 영상들이 포함된 폴더를 images로 지정(images 폴더는 소스 파일이 포함된 5장 폴더에 위치)

```
> python detect_barcode.py --dataset images
```

실행 결과

1. 중간 처리 결과 영상

입력 영상

수평 방향 경계 강도 영상

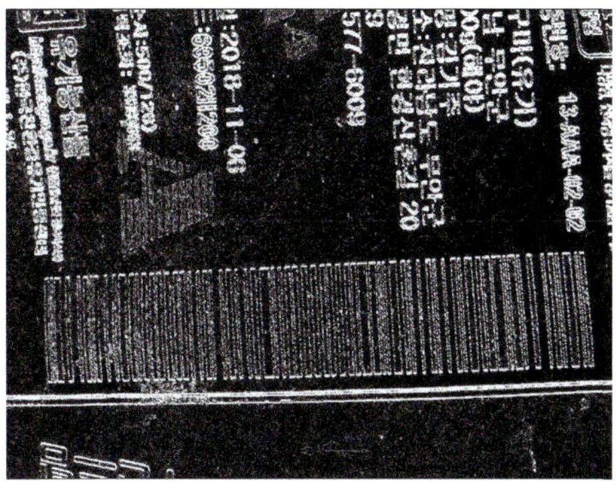

수직 방향 경계 강도 영상

수평 경계 강도 영상에서 수직 경계 강도 영상을 뺀 영상

이전 결과 영상에 대한 이진화 및 후처리 영상

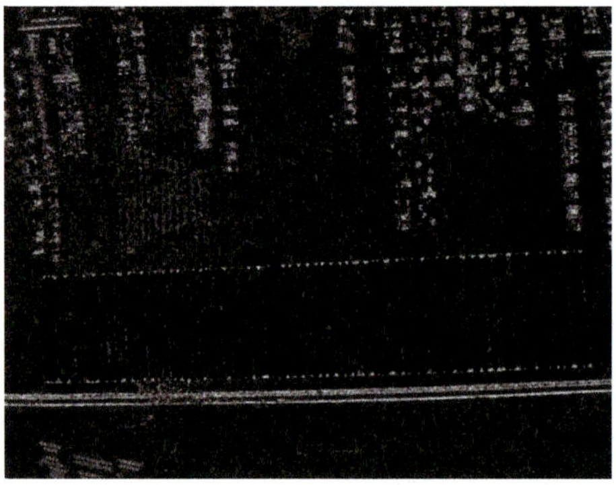

수직 경계 강도 영상에서 수평 경계 강도 영상을 뺀 결과 영상

이전 결과 영상에 대한 이진화 및 후처리 영상

2. 최종 바코드 검출 결과 영상

3. 일부 입력 영상들에 대한 바코드 검출 결과

6.2 소스 코드

다음은 바코드 검출을 위한 메인 모듈이다. 여러분들은 24번 줄에서 호출하는 detect-Barcode() 함수를 직접 작성한다. 이 함수에는 두 개의 인자를 전달하는데, 첫 번째 인자는 그레이 스케일 영상으로 변환된 입력 영상이고, 두 번째 인자는 중간 처리 결과 영상을 저장할 것인지의 여부를 지정한다. True로 지정한 경우 중간 처리 결과 영상을 생성하고 바코드 검출 결과 영상을 화면에 표시한다. 반환 값은 바코드에 해당하는 연결 요소이다. 자세한 설명은 다음 페이지를 참조한다.

```
1   if __name__ == "__main__" :
2       # 명령 행 인자 처리
3       ap = argparse.ArgumentParser()
4       ap.add_argument("-d", "--dataset", required = True, ₩
5           help = "Path to dataset folder")
6       args = vars(ap.parse_args())
7
8       dataset = args["dataset"]
9
10      if(not os.path.isdir("results")):
11          os.mkdir('results')
12
13      verbose = True
14
15      # dataset 폴더에서 jpg 파일만을 검출
16      for imagePath in glob.glob(dataset + "/*.jpg"):
17          print(imagePath, ' 처리중...')
18
19          # 영상을 불러오고 그레이 스케일 영상으로 변환
20          image = cv2.imread(imagePath)
21          gray = cv2.cvtColor(image, cv2.COLOR_BGR2GRAY)
22
23          # 바코드 검출
24          points = detectBarcode(gray, verbose)
25
26          # 바코드 영역 표시
27          cv2.drawContours(image, [points], -1, (0, 255, 0), 3)
```

```
28
29         # 결과 영상 저장
30         loc1 = imagePath.rfind(“₩₩”)
31         loc2 = imagePath.rfind(“.”)
32         fname = ‘results/’ + imagePath[loc1+1:loc2] + ‘_res.jpg’
33         cv2.imwrite(fname, image)
34
35         if verbose:
36             cv2.imshow(“Image”, image)
37             cv2.waitKey(0)
```

16번 줄은 dataset로 주어진 폴더에 포함된 모든 jpg 파일 명을 차례대로 가지고 와 imagePath 변수에 저장한다.

24번 줄은 바코드 검출을 위한 함수를 호출한다. 이 함수는 바코드 영역에 대한 네 개의 꼭짓점을 반환한다. 이 꼭짓점은 바코드가 회전된 것을 고려한 바코드의 최소 외곽선 사각형의 네 모서리에 해당하는 점이다.

33번 줄은 결과 영상을 저장한다. 파일 명은 32번 줄과 같이 입력 영상의 파일 명에 _res를 추가한 이름으로 설정된다.

실습 보고서 (실습 주제별로 작성)

학번		이름	
제출일		전자 메일	
주제			
실습 목표	이번 실습을 통해 달성하고자 하는 목표를 2가지 이상 개별 제시 • 목표 1 • 목표 2		
해결 과정 및 주요 코드에 대한 설명	• 문제 해결 절차 및 방법 • 소스 코드에서의 핵심 코드를 제시하고 설명		
실행 결과	• 세 가지 이상의 서로 다른 실행 결과 제시 • 명령 행 인자나 호출 함수 인자의 변경을 통해 실행 결과 생성		
느낀 점	• 문제 해결 과정이나 실습 과정에서 느낀 점		
첨부: 소스 파일(별도 파일)			

제 7 장

기하학적 변환

학습 목표

1) 영상 분할의 기본 개념을 살펴본다.
2) 그레이 레벨 히스토그램의 개념에 대해 살펴본다.
3) 그레이 레벨 임계화 방법에 대해 살펴본다.
4) 히스토그램을 계산하고 화면에 출력하는 과정을 실습한다.
5) 임계화를 통해 영상 분할하는 과정을 실습한다.
6) 범위 연산을 사용한 영상 분할 과정을 실습한다.

7.1 기본 이론

1) 개요

기하학적 변환(geometric transforms)은 수식이나 변환 관계에 의해 픽셀들의 위치를 변경하는 변환이다. 이 변환은 다음 두 단계의 처리 단계로 구성된다.

① 공간 변환(spatial transform)에 의한 위치 사상(mapping)
② 그레이 레벨 보간(interpolation)

기하학적 변환을 위한 관계식은 식 (7.1.1)과 같다. T_x와 T_y는 각각 x와 y 방향으로의 공간 변환 관계식이다. $I()$는 그레이 레벨 보간 함수이다.

$$D(x,y) = I(T_x(x,y),\ T_y(x,y)) \qquad \text{식 (7.1.1)}$$

2) 공간 변환

공간 변환은 입력 영상의 각 위치를 결과 영상의 대응 위치에 사상하는 과정이다. 공간 변환은 전방 사상(forward mapping) 방법이나 후방 사상(backward mapping) 방법을 사용할 수 있다.

전방 사상은 변환 수식에 의해 입력 영상의 좌표를 결과 영상의 좌표로 변환하는 과정이다. 그런데 이 방법을 사용할 경우 [그림 7.1.1]과 같이 결과 영상에서 값이 정의되지 않은 픽셀(hole)이 발생할 수 있다.

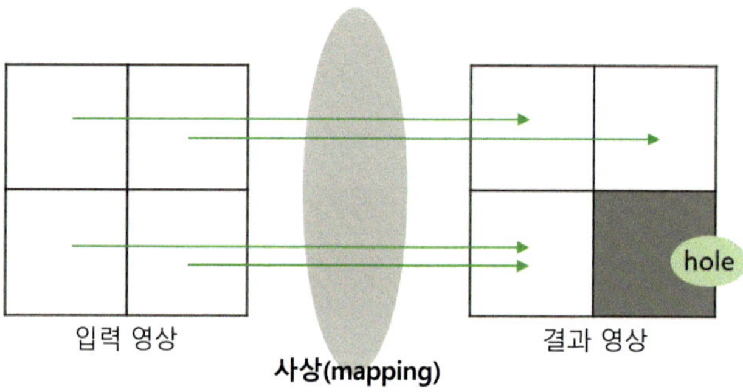

[그림 7.1.1] 전방 사상

후방 사상은 [그림 7.1.2]와 같이 출력 영상의 각 픽셀 좌표에 대응하는 입력 영상의 좌표를 계산하여 해당 픽셀의 밝기 값을 결정하는 방법이다. 따라서 출력 영상에서 정의되지 않은 픽셀이 발생하는 것을 방지할 수 있다.

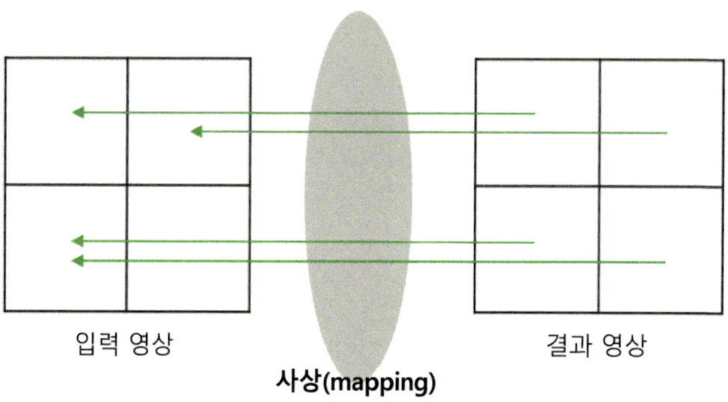

[그림 7.1.2] 후방 사상

[그림 7.1.3]은 전방 사상과 후방 사상을 비교하여 표시한 그림이다. 99×99의 크기를 갖는 입력 영상에 대해 중심을 기준으로 시계 방향으로 45도만큼 회전하는 경우, 전방 사상에서는 원점 (0, 0)이 결과 영상의 좌표 (49, -29.3)에 사상된다. 후방 사상을 사용하면 결과 영상에서 반시계 방향으로 45도만큼 회전하며, 결과 영상의 원점 (0, 0)은 입력 영상의 좌표 (-29.3, 49)에 사상된다. 전방 사상과 후방 사상은 모두 계산된 좌표가 정수가 아닌 경우가 발생할 수 있으므로 보간 처리를 통해 픽셀 값을 결정한다.

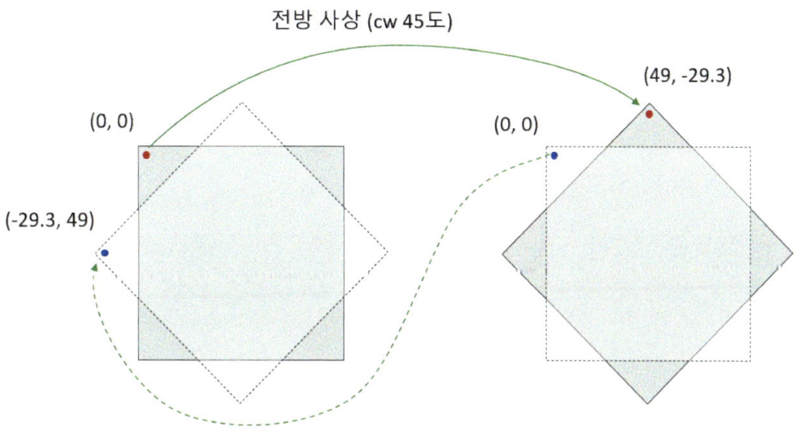

[그림 7.1.3] 전방 사상과 후방 사상의 비교

공간 변환은 강체 변환(rigid transformation), 닮은 변환(similarity transformation), 아핀 변환(Affine transformation) 및 투영 변환(perspective transformation)의 선형 변환(linear transformation)과 워핑(warping) 및 모핑(morphing)의 비선형 변형(nonlinear transformation)으로 구분할 수 있다.

강체 변환은 변환 후에 원래의 거리가 동일하게 유지되는 변환이다. 평행 이동 변환(translation)과 회전 변환(rotation)이 강체 변환에 해당한다. 닮은 변환은 변환 후에도 각도가 유지되는 변환이다. 이동과 회전뿐만 아니라 크기 변경 변환(scaling)이 여기에 해당한다.

아핀 변환은 평행이 유지되는 변환이다. 휘어짐이 없고 평행한 선들은 변환 후에도 평행하게 유지된다. 이 변환에는 닮은 변환에 포함된 세 가지 변환과 비틀기 변환(skew)이 추가적으로 포함된다. 아핀 변환은 선형 변환이며 식 (7.1.2)의 변환 식 또는 변환 행렬에 의해 처리된다. 변환 행렬은 동차 좌표계(homogeneous coordinate system)를 사용하여 변환 과정에서 필요한 행렬의 곱셈과 덧셈을 구분하지 않고 단일 행렬을 사용하여 처리 가능하다.

$$x' = a_0 x + a_1 y + a_2,\ y' = b_0 x + b_1 y + b_2$$

$$\begin{bmatrix} x' \\ y' \\ 1 \end{bmatrix} = \begin{bmatrix} a_0 & a_1 & a_2 \\ b_0 & b_1 & b_2 \\ 0 & 0 & 1 \end{bmatrix} \begin{bmatrix} x \\ y \\ 1 \end{bmatrix} \qquad \text{식 (7.1.2)}$$

투영 변환은 선형 변환 중에서는 가장 자유도가 높은 변환인데, 이 변환에서는 직선이 변환 후에도 직선으로 유지되는 특성을 갖는다. 투영 변환에 대해서는 따라하기 실습에서 예제를 통해 살펴본다.

평행 이동(translation)

[그림 7.1.4]와 같이 영상의 주어진 좌표를 다른 위치로 이동하는 변환이며 객체의 크기와 형태는 변환 후에도 동일하게 유지된다. 평행 이동을 위한 전방 사상과 후방 사상 변환 식은 각각 식 (7.1.3) 및 식 (7.1.4)와 같다.

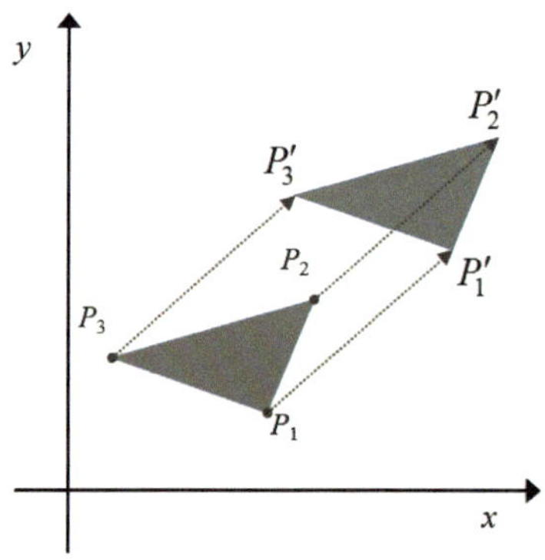

[그림 7.1.4] 평행 이동

$$\begin{cases} x' = x + T_x \\ y' = y + T_y \end{cases} \qquad \begin{bmatrix} x' \\ y' \\ 1 \end{bmatrix} = \begin{bmatrix} 1 & 0 & T_x \\ 0 & 1 & T_y \\ 0 & 0 & 1 \end{bmatrix} \begin{bmatrix} x \\ y \\ 1 \end{bmatrix} \qquad \text{식 (7.1.3)}$$

$$\begin{cases} x = x' - T_x \\ y = y' - T_y \end{cases} \qquad \begin{bmatrix} x \\ y \\ 1 \end{bmatrix} = \begin{bmatrix} 1 & 0 & -T_x \\ 0 & 1 & -T_y \\ 0 & 0 & 1 \end{bmatrix} \begin{bmatrix} x' \\ y' \\ 1 \end{bmatrix} \qquad \text{식 (7.1.4)}$$

회전(rotaion)

[그림 7.1.5]와 같이 기준점을 중심으로 영상의 주어진 좌표를 회전시켜 다른 위치로 이동하는 변환으로 객체의 크기와 형태는 변환 후에도 동일하게 유지된다. 회전 각도가 양수인 경우에는 반시계 방향으로 회전하며 음수인 경우에는 시계 방향으로 회전한다. 원점을 기준으로 회전하기 위한 전방 사상과 후방 사상 변환 식은 각각 식 (7.1.5) 및 식 (7.1.6)과 같다.

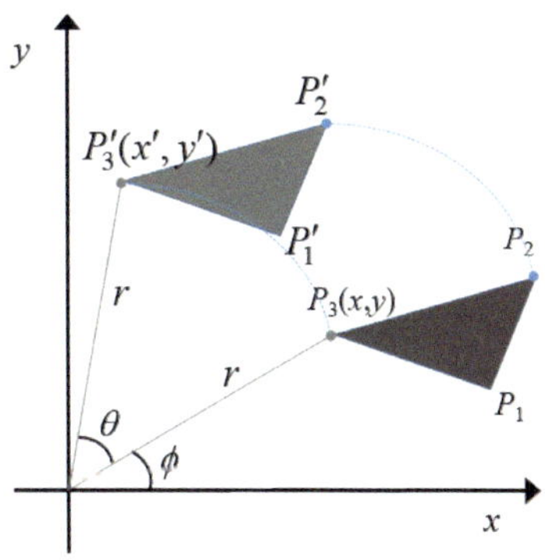

[그림 7.1.5] 회전

$$\begin{cases} x' = r \cdot \cos(\phi+\theta) = r \cdot \cos\phi\cos\theta - r \cdot \sin\phi\sin\theta = x\cos\theta - y\sin \\ y' = r \cdot \sin(\phi+\theta) = r \cdot \sin\phi\cos\theta = r \cdot \cos\phi\sin\theta = x\sin\theta - y\cos \end{cases}$$

$$x = r \cdot \cos\phi, \ y = r \cdot \sin\phi$$

$$\begin{bmatrix} x' \\ y' \\ 1 \end{bmatrix} = \begin{bmatrix} \cos\theta & -\sin\theta & 0 \\ \sin\theta & \cos\theta & 0 \\ 0 & 0 & 1 \end{bmatrix} \begin{bmatrix} x \\ y \\ 1 \end{bmatrix} \qquad \text{식 (7.1.5)}$$

$$\begin{bmatrix} x \\ y \\ 1 \end{bmatrix} = \begin{bmatrix} \cos\theta & \sin\theta & 0 \\ -\sin\theta & \cos\theta & 0 \\ 0 & 0 & 1 \end{bmatrix} \begin{bmatrix} x' \\ y' \\ 1 \end{bmatrix} \qquad \text{식 (7.1.6)}$$

원점이 아닌 영상을 중심으로 회전하기 위해서는 [그림 7.1.6]과 같이 회전을 수행하기 전에 영상의 중심을 원점으로 이동하는 평행 이동을 먼저 수행하고 회전이 끝난 후에는 다시 원래 위치로 이동하는 평행 이동을 다시 한 번 수행한다.

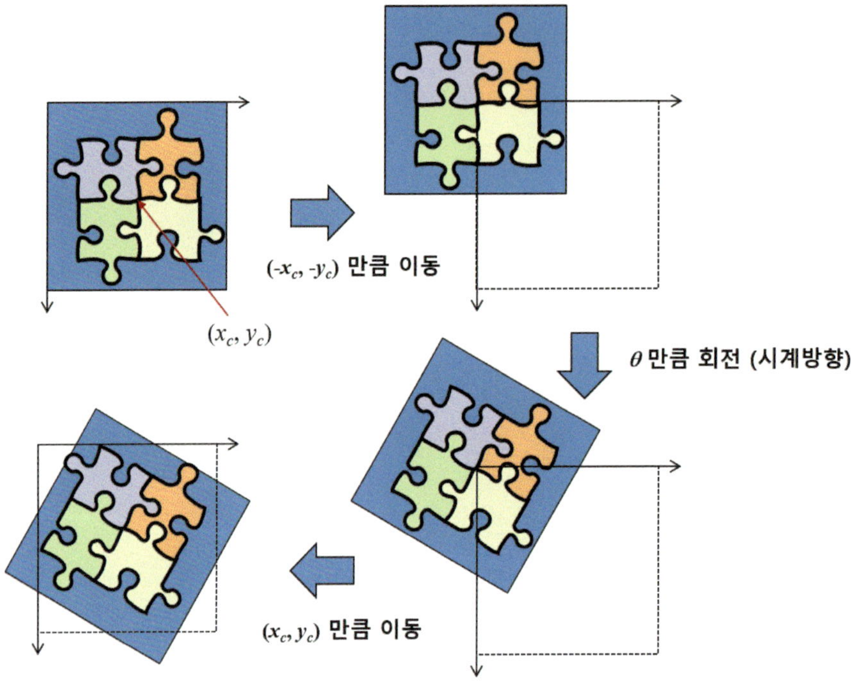

[그림 7.1.6] 영상 중심을 기준으로 회전

크기 변경(scaling)

[그림 7.1.7]과 같이 객체의 크기를 변경(확대 또는 축소)하는 변환이다. 크기 변경을 위한 전방 사상과 후방 사상 변환 식은 각각 식 (7.1.7) 및 식 (7.1.8)과 같다. S가 1보다 크면 확대, 1보다 작으면 축소가 이루어진다.

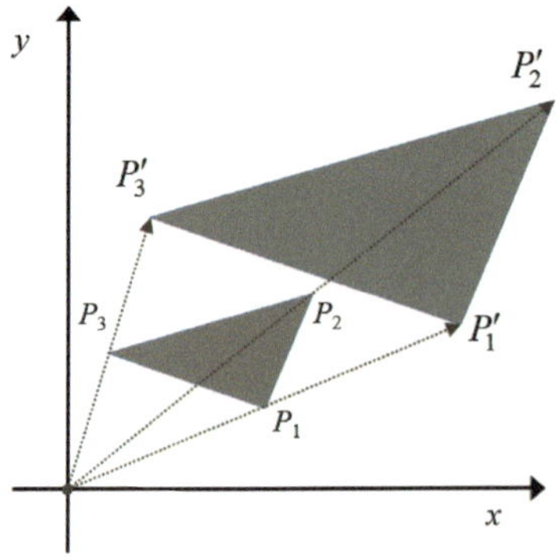

[그림 7.1.7] 크기 변경

$$\begin{cases} x' = s_x \cdot x \\ y' = s_y \cdot y \end{cases} \qquad \begin{bmatrix} x' \\ y' \\ 1 \end{bmatrix} = \begin{bmatrix} S_x & 0 & 0 \\ 0 & S_y & 0 \\ 0 & 0 & 1 \end{bmatrix} \begin{bmatrix} x \\ y \\ 1 \end{bmatrix} \qquad \text{식 (7.1.7)}$$

$$\begin{cases} x = s_x^{-1} \cdot x' \\ y = s_y^{-1} \cdot y' \end{cases} \qquad \begin{bmatrix} x \\ y \\ 1 \end{bmatrix} = \begin{bmatrix} S_x^{-1} & 0 & 0 \\ 0 & S_y^{-1} & 0 \\ 0 & 0 & 1 \end{bmatrix} \begin{bmatrix} x' \\ y' \\ 1 \end{bmatrix} \qquad \text{식 (7.1.8)}$$

비틀기(skew)

[그림 7.1.8]과 한쪽 방향으로 힘을 주어 도형의 모양을 비트는 변환이다. 수평 방향과 수직 방향으로 변환을 수행할 수 있다. [그림 7.1.7]의 왼쪽 그림은 수평 방향 비틀기이고, 오른쪽 그림은 수직 방향 비틀기이다. 비트는 정도는 각도를 사용하여 지정한다. 수평 방향의 비틀기를 위한 전방 사상과 후방 사상 변환 식은 각각 식 (7.1.9) 및 식 (7.1.10)과 같고 수직 방향의 비틀기를 위한 전방 사상과 후방 사상 변환 식은 각각 식 (7.1.11) 및 식 (7.1.12)와 같다. 여기서 $u=\tan(\Phi)$, $v=\tan(\Psi)$이다.

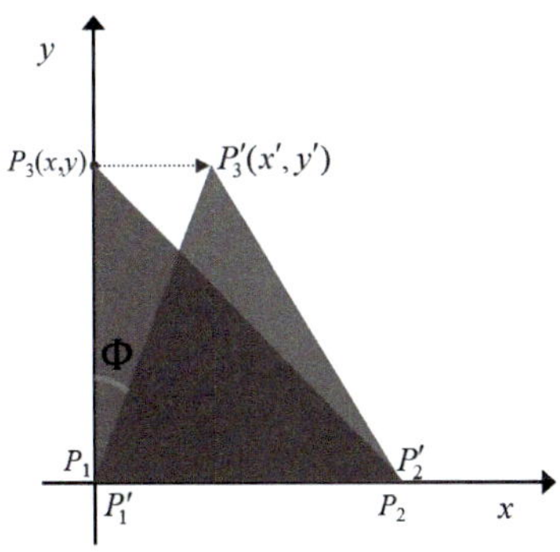

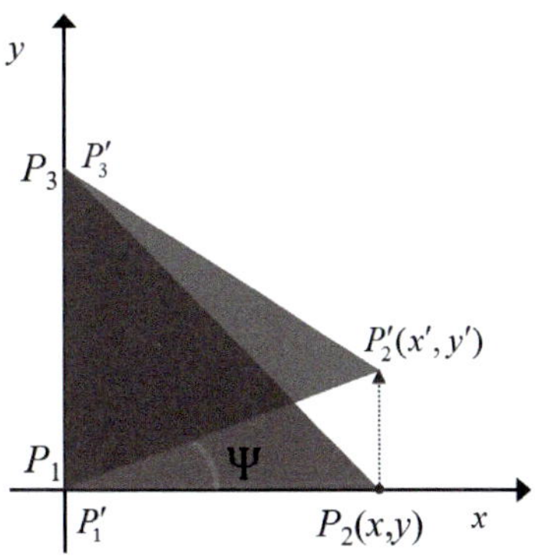

[그림 7.1.8] 비틀기

$$\begin{cases} x' = x + u \cdot y \\ y' = y \end{cases} \qquad \begin{bmatrix} x' \\ y' \\ 1 \end{bmatrix} = \begin{bmatrix} 1 & u & 0 \\ 0 & 1 & 0 \\ 0 & 0 & 1 \end{bmatrix} \begin{bmatrix} x \\ y \\ 1 \end{bmatrix} \qquad \text{식 (7.1.9)}$$

$$\begin{cases} x = x' - u \cdot y' \\ y = y' \end{cases} \qquad \begin{bmatrix} x \\ y \\ 1 \end{bmatrix} = \begin{bmatrix} 1 & -u & 0 \\ 0 & 1 & 0 \\ 0 & 0 & 1 \end{bmatrix} \begin{bmatrix} x' \\ y' \\ 1 \end{bmatrix} \qquad \text{식 (7.1.10)}$$

$$\begin{cases} x' = x \\ y' = v \cdot y \end{cases} \qquad \begin{bmatrix} x' \\ y' \\ 1 \end{bmatrix} = \begin{bmatrix} 1 & 0 & 0 \\ v & 1 & 0 \\ 0 & 0 & 1 \end{bmatrix} \begin{bmatrix} x \\ y \\ 1 \end{bmatrix} \qquad \text{식 (7.1.11)}$$

$$\begin{cases} x = x' \\ y = -v \cdot x' + y' \end{cases} \qquad \begin{bmatrix} x \\ y \\ 1 \end{bmatrix} = \begin{bmatrix} 1 & 0 & 0 \\ -v & 1 & 0 \\ 0 & 0 & 1 \end{bmatrix} \begin{bmatrix} x' \\ y' \\ 1 \end{bmatrix} \qquad \text{식 (7.1.12)}$$

아핀 변환 행렬 계산하기

앞에서는 변환 식이 주어진 경우에 변환 좌표를 계산하는 방법에 대해 살펴보았다. 이번에는 변환 좌표가 주어진 경우에 변환 식에 대응하는 변환 행렬을 찾는 방법에 대해 살펴본다. 변환의 유형은 아핀 변환으로 가정한다. 아핀 변환은 앞서 살펴본 바와 같이 식 (7.1.2)처럼 6개의 미지수에 의해 결정된다. 따라서 세 개의 서로 대응되는 좌표 점이 있으면 아핀 변환을 결정할 수 있다.

워핑

워핑은 앞에서 설명한 것과 같이 비선형 변환이며 좌표별로 이동 정도를 다르게 할 수 있어서 고무판 위에 그려진 영상을 임의대로 구부리는 것과 같은 효과를 낼 수 있다. 식 (7.1.13)과 같이 고차항을 포함하는 일반화된 다항식으로 변환 식을 사용한다.

$$x' = \sum_{i=0}^{N} \sum_{j=0}^{N-i} = a_{ij} x^i y^j$$
$$y' = \sum_{i=0}^{N} \sum_{j=0}^{N-i} = b_{ij} x^i y^j \qquad \text{식 (7.1.13)}$$

3) 보간

보간(interpolation)이란 공간 변환을 통해 새롭게 계산된 좌표에 정확하게 대응되는 입력 좌표가 없는 경우, 주변 좌표의 값들을 사용하여 새로운 값을 계산하는 방법이다. 보간 방법에는 최근접 이웃 보간법(nearest neighbor interpolation), 이웃 평균 보간법(neighbor averaging interpolationo), 양선형 보간법(bilinear interpolation), 그리고 여러 가지 고차 보간법 등이 존재한다.

최근접 이웃 보간법

새로 계산된 좌표에서 위치적으로 가장 가까운 좌표의 값을 사용하는 방법이다. 예를 들어 [그림 7.1.9]와 같이 계산된 좌표가 (9.8, 9.2)인 경우, 가장 가까운 좌표는 (10, 9)이고 새로운 좌표의 값은 좌표 (10, 9)의 값인 55를 저장한다. 4배만큼 확대하는 변환을 수행할 경우, 변환 결과는 [그림 7.1.9]의 오른쪽 그림과 같이 나타난다.

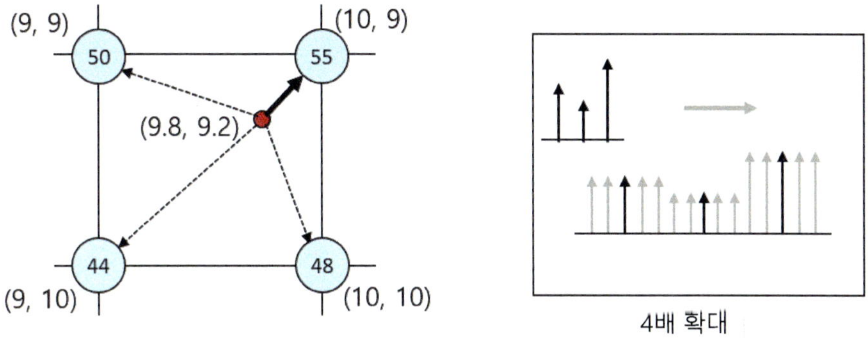

[그림 7.1.9] 최근접 이웃 보간법 처리 과정

이웃 평균 보간법

새로 계산된 좌표의 이웃에 위치하는 좌표들의 평균값을 사용하는 방법이다. 2차원 좌표 공간에서는 네 개의 이웃 좌표를 사용한다. 예를 들어 [그림 7.1.10]의 경우, 이웃 좌표들의 평균값은 49.25인데 픽셀의 값은 정수로 표현할 수 있으므로 49로 저장한다. 4배만큼 확대하는 변환을 수행할 경우, 변환 결과는 [그림 7.1.10]의 오른쪽 그림과 같이 나타난다.

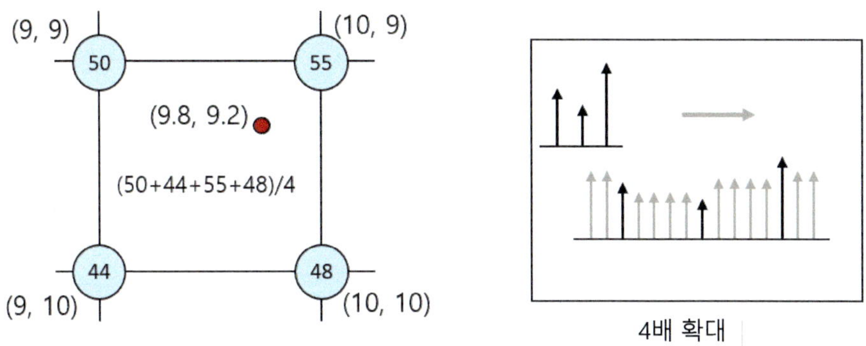

[그림 7.1.10] 이웃 평균 보간법 처리 과정

양선형 보간법

새로운 좌표의 값을 생성하기 위해 이웃에 위치하는 좌표들이 가지는 값에 가중치를 곱한 값들의 합을 사용하는 방식이다. 역시 2차원 좌표 공간에서는 네 개의 이웃 좌표를 사용한다. 앞에서 소개한 두 가지 보간법에 비해 조금 더 자연스러운 영상을 생성할 수 있다. 예를 들어 [그림 7.1.11]의 경우, 수직 방향으로 먼저 보간을 수행하면 왼쪽 지점은 48.8, 오른쪽 지점은 53.6으로 계산된다. 이 두 개의 값을 사용하여 다시 수평 방향으로 보간하면 최종적으로 52.64의 값을 계산할 수 있다. 따라서 새로운 좌표의 값은 최종적으로 53으로 저장한다. 4배만큼 확대하는 변환을 수행할 경우, 변환 결과는 [그림 7.1.11]의 오른쪽 그림과 같이 나타난다.

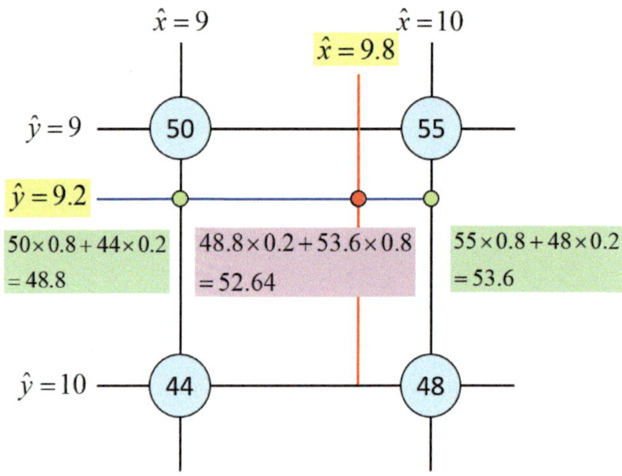

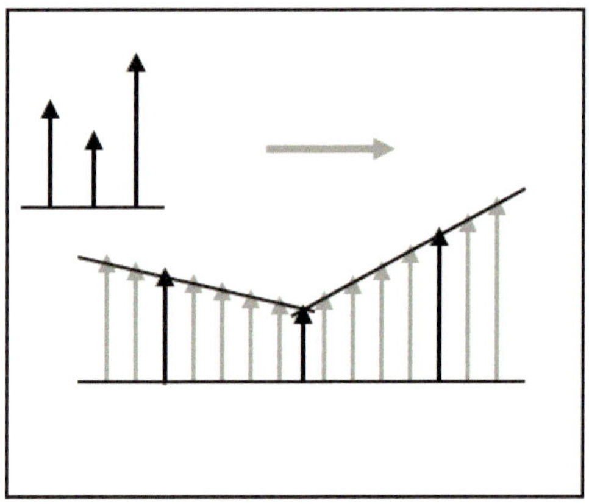

4배 확대

[그림 7.1.11] 양선형 보간법 처리 과정

7.2 따라하기 실습

실습 내용

- 다양한 기하학적 변환 사용하기

1) 다양한 기하학적 변환 사용하기

우선 OpenCV에서 제공하는 아핀 변환과 관련된 함수를 살펴보자. 여기서 소개하는 함수들은 공간 변환과 관련된 함수들로 보간 방식은 공간 변환 함수에서 파라미터를 사용하여 구분하여 제공한다. 대괄호([])는 생략 가능한 파라미터이다.

아핀 변환 관련 함수

- `cv2.warpAffine(src, matrix, dsize[, dst[, flags[, borderMode[, borderValue]]]])` → `dst`
- `cv2.getRotationMatrix2D(center, angle, scale)` → `retval`
- `cv2.getAffineTransform(src, dst)` → `retval`
- `cv2.resize(src, dsize[, dst[, fx[, fy[, interpolation]]]])` → `dst`

cv2.warpAffine() 함수는 주어진 변환 행렬을 사용하여 아핀 변환을 수행한다.

- `matrix`: 2 x 3 변환 행렬
- `dsize`: 결과 영상의 크기
- `flags`: 보간 방법과 후방 사상 여부를 지정. 다음은 가능한 보간 방법이고 `WARP_INVERSE_MAP`를 설정하면 후방 사상을 사용
    - `INTER_NEAREST`: 최근접 보간 방법
    - `INTER_LINEAR`: 양선형 보간 방법(기본 설정)
    - `INTER_AREA`: `INTER_NEAREST`와 유사하며 픽셀 면적 관계를 사용하여 보간 수행
    - `INTER_CUBIC`: 4x4 크기의 이웃 픽셀을 사용하여 보간 수행
    - `INTER_LANCZOS4`: 8x8 크기의 이웃 픽셀을 사용하여 보간 수행
- `borderMode`: 경계 처리 방법
- `borderValue`: 경계 처리 방법 중에서 상수 경계를 사용하는 경우의 상수값 지정(기본값은 0)

cv2.getRotationMatrix2D() 함수는 중심 위치, 회전 각, 스케일링 값을 지정하여 변환 행렬을 계산한다. cv2.getAffineTransform() 함수는 세 개의 대응점을 사용하여 변환 행렬을 계산한다.

resize() 함수는 스케일링을 수행하는 함수이다. 물론 스케일링을 위한 변환 행렬을 지정한 후 cv2.warpAffine() 함수를 사용하여 스케일링을 수행할 수도 있지만, 이 작업을 위해서는 전용 함수가 별도로 마련되어 있다.

- `dsize`: 결과 영상의 크기이며 `0`으로 설정하면 `dsize = Size(round(fx*src.cols), round(fy*src.rows))`와 같이 자동으로 계산함. `dsize`나 `fx` 및 `fy`는 동시에 `0`이 될 수 없음
- `fx`: 수평 방향으로의 스케일링 크기이며 `0`으로 설정하면 `(double)dsize.width/src.cols`와 같이 계산
- `fy`: 수직 방향으로의 스케일링 크기이며 `0`으로 설정하면 `(double)dsize.height/src.rows`와 같이 계산

투영 변환과 관련된 함수는 다음과 같다. 대괄호([])는 생략 가능한 파라미터이다.

투영 변환 관련 함수

- `cv2.warpPerspective(src, M, dsize[, dst[, flags[, borderMode[, borderValue]]]]) → dst`
- `cv2.getPerspectiveTransform(src, dst) → retval`

cv2.warpPerspective() 함수는 주어진 변환 행렬을 사용하여 투영 변환을 수행한다. 이 함수의 파라미터는 cv2.warpAffine() 함수와 동일하다. cv2.getPerspectiveTransform() 함수는 네 개의 대응점을 사용하여 변환 행렬을 계산한다.

이번 실습 예제에서는 앞에서 살펴본 다양한 공간 변환을 직접 실습하도록 한다. 소스 코드는 7장 폴더에 위치하며 파일 명은 geometric_transform.py이다. 소스 코드를 실행하는 방법은 다음과 같다.

```
python geometric_transform.py --image ../images/rectangle.jpg
```

아나콘다 프롬프트에서 우선적으로 geometric_tranform.py 파일이 위치한 폴더로 이동한 후 명령을 실행한다. 프로그램은 한 개의 명령 행 인자를 사용하는데, 입력 영

상의 경로를 지정한다. 입력 영상의 경로는 소스 파일이 위치하는 폴더의 상위 폴더에 존재하는 images 폴더에 위치한 rectangle.jpg이다.

```
1  # 필요한 패키지를 import함
2  from __future__ import print_function
3  import argparse
4  import cv2
5  import numpy as np
6  import math
```

2~6번 줄까지는 필요한 패키지를 포함한다. math 패키지는 수학 관련 함수를 포함한다.

```
def AffineTransform(img, type):
    # 입력 영상의 크기 저장
    rows, cols, _ = img.shape

    # 결과 영상 크기 설정을 위한 차분 값
    dx = dy = 0

    if type == 1:
        dx = 100
        dy = 50
        matrix = np.float32([[1, 0, dx], [0, 1, dy]])
    elif type == 2:
        matrix = cv2.getRotationMatrix2D((cols/2,rows/2), 45, 1)
    elif type == 3:
        matrix = np.float32([[1.5, 0, 0], [0, 1.5, 0]])
    elif type == 4:
        u = math.tan(30*math.pi/180)
        matrix = np.float32([[1, u, 0], [0, 1, 0]])

        # 변환 후의 영상 크기 변경 정도 계산
        newpt = np.atleast_2d([cols-1, rows-1, 0])
```

```
29          newpt = newpt.transpose()
30          newpt = matrix.dot(newpt)
31          dx = newpt[0] - cols
32      elif type == 5:
33          pts1 = np.float32([[50,50], [200,50], [50,200]])
34          pts2 = np.float32([[10,100], [200,50], [100,250]])
35          matrix = cv2.getAffineTransform(pts1, pts2)
36
37      dst = cv2.warpAffine(img, matrix, (cols+dx, rows+dy))
38
39      return dst
```

8번 줄은 AffineTranform() 함수를 정의한다. 첫 번째 파라미터는 입력 영상이고 두 번째 파라미터는 공간 변환의 유형을 지정한다.

10번 줄은 입력 영상의 크기(가로 길이 및 세로 길이)를 가져온다. 13번 줄은 결과 영상의 크기를 변경하기 위해 입력 영상의 크기에서 가로 방향 및 세로 방향으로 변경되어야 할 크기를 지정한다. 공간 변환을 수행하면 대부분의 경우에는 영상의 크기가 변경된다.

15~18번 줄은 평행 이동을 위한 변환 행렬을 계산한다. 결과 영상은 평행 이동하는 만큼 입력 영상에서 크기가 변경된다.

19, 20번 줄은 회전 변환을 위한 변환 행렬을 계산한다. 21, 22번 줄은 스케일링을 위한 변환 행렬을 계산한다. 앞에서 소개한 cv2.resize() 함수를 사용하여 변환하는 것도 가능하다.

23~31번 줄은 수평 방향의 비틀기 변환을 위한 변환 행렬을 계산한다. 비틀기 변환의 기준 위치는 원점 (0, 0)이다. 따라서 비틀기 변환을 수행하면 영상 상단부의 위치는 유지하면서 영상의 하단부가 30도만큼 오른쪽으로 이동한다. 이 처리를 위해 24번 줄은 30도에 해당하는 라디안 각도를 계산한다. 비틀기 변환을 수행하면 결과 영상의 크기는 입력 영상과는 달라지므로 28~31번 줄은 결과 영상의 크기 설정을 위한 차분 값을 계산한다. 이 값은 입력 영상의 오른쪽 아래의 좌표가 변환 후 사상되는 좌표 계산을 통해 결과 영상의 가로 길이를 계산하여 원본 영상의 가로 길이와의 차이를 구하는 방식으로 작동한다.

32~35번 줄은 세 개의 대응되는 좌표를 사용하여 변환 행렬을 계산한다. 여기에서 사용하는 세 개의 좌표는 [그림 7.2.1]과 같다.

[그림 7.2.1] 아핀 변환 행렬 계산을 위한 3개의 대응 좌표

37번 줄에서는 앞에서 계산한 변환 행렬을 사용하여 아핀 변환을 수행한다. 보간 방법을 별도로 지정하지 않았으므로 기본 값인 INTER_LINEAR를 사용한다. 결과 영상의 크기는 입력 영상의 크기에 dx와 dy를 더한 값으로 설정한다. 39번 줄은 결과 영상을 반환한다.

```
41  def perspectiveTransform(img):
42      # 입력 영상의 크기 저장
43      rows, cols, _ = img.shape
44
45      pts1 = np.float32([[107, 107], [414, 68], [130, 386], [410, 406]])
46      pts2 = np.float32([[100, 100], [400, 100], [100, 400], [400, 400]])
47      matrix = cv2.getPerspectiveTransform(pts1, pts2)
48      dst = cv2.warpPerspective(img, matrix, img.size())
49
50      return dst
```

41번 줄은 perspectiveTransform() 함수를 정의한다. 이 함수는 입력 영상에 대한 파라미터만을 사용한다.

43번 줄은 영상의 가로 및 세로 길이를 가져온다.

45, 46번 줄은 네 개의 대응 좌표를 지정한다. 이 좌표들은 입력 영상에서의 임의 모양의 사각형을 결과 영상에 직사각형으로 변환되도록 한다. 47번 줄에서는 대응 좌표를 사용하여 투영 변환을 위한 변환 행렬을 계산한다. 48번 줄에서는 이 변환 행렬을 사용하여 투영 변환을 수행한다. 50번 줄은 결과 영상을 반환한다.

```
if __name__ == '__main__':
    # 명령 행 인자 처리
    ap = argparse.ArgumentParser()
```

```
55    ap.add_argument('-i', '--image', required = True, ₩
56            help = 'Path to the input image')
57    args = vars(ap.parse_args())
58
59    filename = args['image']
```

52~59번 줄에서는 명령 행 처리를 수행한다.

```
61    # OpenCV를 사용하여 영상 데이터 로딩
62    image = cv2.imread(filename)
63
64    # 변환 유형 입력 처리
65    print("공간변환 종류 선택")
66    print(" 1. 평행이동 (x: 100, y: 50)")
67    print(" 2. 회전 (반시계방향 45도)")
68    print(" 3. 스케일링 (1.5배 확대)")
69    print(" 4. 비틀기 (x축 30도)")
70    print(" 5. 대응점에 의한 변환")
71    print(" 6. 투영 변환")
72    type = eval(input("선택 >> "))
73
74    if type > 6:
75        print("Invalid input")
76        exit(1)
77    elif type == 6:
78        dst = perspective_transform(image)
79    elif (type >= 1 and type <= 5):
80        dst = Affine_transform(image, type)
81
82    # 결과 영상 출력
83    cv2.imshow("images", image)
84    cv2.imshow("transformed", dst)
85    cv2.waitKey(0)
```

62번 줄은 명령 행 인자에 주어진 파일 명에 해당하는 영상 파일을 읽는다. 영상 파일을 읽는 과정에서는 원래 영상의 유형에 관계없이 트루 컬러 유형으로 읽는다.

[그림 7.2.2] 공간 변환에 따른 결과 영상

65~72번 줄은 사용자로부터 수행한 공간 변환의 유형을 입력받는다. 1~6 사이의 정수를 사용하여 입력받는다. 74~76번 줄은 잘못된 숫자 입력에 대해 처리한다. 77,

78번 줄은 입력 값이 6인 경우 투영 변환을 수행한다. 79, 80번 줄은 입력 값이 1에서 5 사이인 경우 아핀 변환을 수행한다.

83~85번 줄은 원본 영상과 결과 영상을 화면에 표시한 후 사용자가 키보드에서 문자를 입력하면 프로그램을 종료한다.

이 프로그램의 실행 결과는 [그림 7.2.2]와 같다. 순서대로 원본 영상, 평행 이동 결과 영상, 회전 결과 영상, 스케일링 결과 영상, 비틀기 결과 영상, 대응점 변환 결과 영상, 그리고 투영 변환 결과 영상이다. 평행 이동 변환과 비틀기 변환의 경우에는 결과 영상의 크기를 변경하여 영상이 잘리는 문제가 발생하지 않도록 하였다. 나머지 변환에 대해서는 스스로 하기 실습에서 직접 이 문제를 해결해보자.

[그림 7.2.3]은 일반 사각형의 꼭지점 좌표를 기준으로 투영 변환을 수행하여 직사각형으로 변환한 결과이다. 사진을 촬영하는 과정에서 원근 효과에 의해 원래는 직사각형 또는 정사각형 모양이었던 도형에 이런 유형의 왜곡이 자주 발생하는데, 투영 변환을 통해 원래의 모양으로 다시 복원할 수 있다.

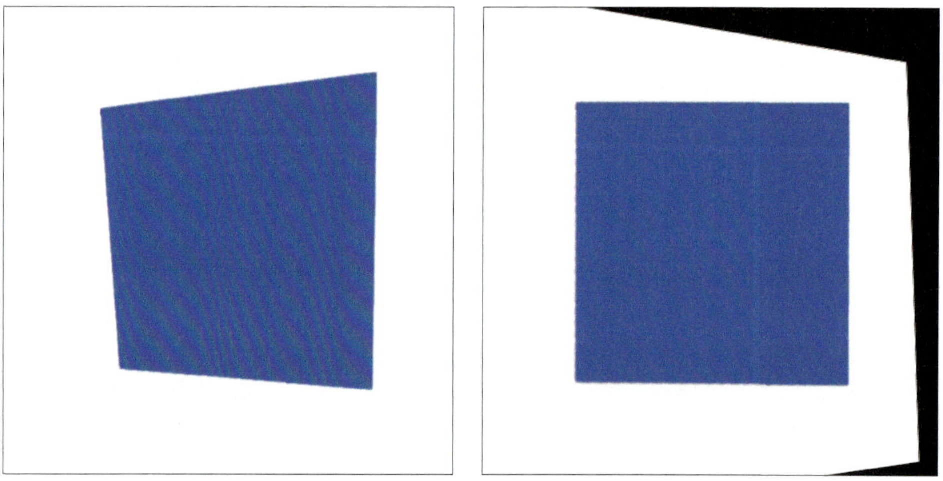

[그림 7.2.3] 투영 변환을 사용하여 왜곡 보정

7.3 스스로 하기 실습

실습 내용

- 공간 변환에 따른 결과 영상 크기 변경하기
- 문서 정렬하기

1) 공간 변환에 따른 영상 크기 변경

공간 변환을 수행하면 결과 영상의 크기는 원본 영상의 크기와는 달라질 수 있다. 예를 들어, 영상을 시계 방향으로 45도만큼 회전하면 결과 영상은 원본 영상의 가로 및 세로 길이에 비해 $\sqrt{2}$(약 1.4)배 만큼 길어진다. 만약 결과 영상의 크기를 원본 영상의 크기와 동일하게 설정하면 회전 영상의 일부 내용은 삭제되어 표시되지 못한다. 이번 스스로 하기 실습에서는 공간 변환에 따른 결과 영상의 크기를 변경하여 화면에 표시하는 방법에 대해 실습한다.

목표

공간 변환을 수행하면 결과 영상의 크기가 원본 영상의 크기와는 달리지게 되므로 공간 변환 후의 영상 일부가 잘리지 않도록 결과 영상의 크기를 변경한다. 단, 아핀 변환에 대해서만 처리한다.

절차

- 파일 명은 geometric_transform2.py으로 지정한다.
- 명령 행 인자를 사용하여 입력 파일 명을 전달한다.
- 평행 이동은 이동 거리에 따라 결과 영상의 가로 및 세로 길이를 계산한다.
- 평행 이동을 제외한 나머지 공간 변환의 경우 공간 변환에 대한 변환 행렬을 계산한 후, 이 행렬과 원본 영상의 네 꼭지점 좌표를 사용하여 결과 영상의 가로 및 세로 길이를 계산한다.
- 공간 변환에 따른 결과 영상을 생성한다. 결과 영상은 원본 영상과는 다른 크기를 갖는다.
- 원본 영상과 결과 영상과 화면에 표시한다.

```
├─ images
└─ 7장
    ├─ geometric_transform.py
    └─ geometric_transform2.py
```

실행 방법

- 입력 파일 명은 ../images/nature.jpg으로 지정

```
> python geometric_transform2.py --image ../images/nature.jpg
```

실행 결과 확인

```
> python geometric_transform2.py --image ../images/nature.jpg
```

평행 이동

회전

확대

비틀기

대응점

☞ 도움말

1. 7장 따라하기 실습의 `geometric_transform.py` 파일을 활용한다.
2. 공간 변환 행렬과 원본 영상의 네 꼭지점을 사용하여 결과 영상의 크기를 계산하는 `getImageSize()` 함수를 작성한다. 이 함수는 결과 영상의 가로 및 세로 길이를 반환한다. 또한 대응점 변환에서 사용할 수 있도록 결과 영상의 가로 및 세로 길이와 공간 변환을 통해 구해진 최대 x 및 y 좌표와의 차이를 계산한다.
3. 평행 이동과 비틀기 변환의 경우 따라하기 실습에 결과 영상의 크기를 변경하는 코드가 포함되어 있으므로 참조한다.

4. 회전 변환의 경우 새로운 크기의 결과 영상을 생성한 후 결과 영상의 중심을 기준으로 회전할 수 있는 변환 행렬을 계산한다. 변환을 수행하기 전에 원본 영상을 결과 영상에 먼저 복사한 후 이 변환 행렬을 사용하여 원본 영상이 아닌 결과 영상을 대상으로 변환을 수행한다. 원본 영상은 결과 영상의 중심을 기준으로 복사하여 위치시킨다.

5. 대응점 변환의 경우 일부 영역이 잘리는 현상을 방지하기 위해 평행 이동을 수행해야 한다. 평행 이동 거리는 `getImageSize()` 함수에서 반환되는 값을 사용한다. 대응점 변환을 위한 변환 행렬과 평행 이동을 위한 변환 행렬을 곱한 합성 행렬을 계산하여 변환 행렬로 사용한다. 이 변환도 원본 영상이 아닌 결과 영상을 대상으로 수행한다. 미리 원본 영상을 결과 영상에 복사한다. 원본 영상은 원점을 기준으로 결과 영상에 복사한다.

2) 문서 정렬하기

7장 따라하기 실습에서 임의 모양 사각형을 직사각형으로 변환하는 과정에 대해 살펴보았다. 이번 스스로 하기 실습에서는 스마트폰의 카메라를 사용해 촬영한 문서의 모양을 직사각형으로 정렬하는 방법에 대해 실습한다.

스마트폰을 사용하여 문서를 촬영한 경우 투영 변환으로 인해 문서의 가까운 경계는 먼 쪽의 경계보다 길이가 길게 표시된다. 그러나 두 경계의 실제 길이는 동일하다. 그러면 임의 모양의 사각형을 갖는 문서를 직사각형 모양으로 변환해보자. 7장 따라하기 실습에서 살펴본 내용과 다른 점은 대응하는 좌표를 자동으로 찾아야 한다는 점이다.

목표

임의 모양 사각형 형태를 갖는 문서의 모양을 직사각형으로 변환한 후 이진화하여 표현한다.

절차

- 파일 명은 align_document.py으로 지정한다.
- 명령 행 인자를 사용하여 입력 파일 명을 전달한다.

- 컬러 영상을 그레이 스케일 영상으로 변환한 후 영상 평활화를 수행한다.
- 에지 검출을 수행한다.
- 크기가 큰 몇 개의 연결 요소를 선택한 후 모양을 근사화한다.
- 네 개의 꼭짓점을 갖는 크기가 큰 연결 요소를 선택한다.
- 앞에서 선택한 네 개의 꼭짓점과 결과 영상의 네 개 꼭짓점을 대응점으로 사용하여 투영 변환을 수행한다.
- 결과 영상에 대해 스케일링을 수행한다.
- 임계화를 수행하여 문서의 내용이 명확하게 표시되도록 처리한다.

```
├─ images
└─ 7장
   ├─ geometric_transform.py
   ├─ geometric_transform2.py
   └─ align_document.py
```

실행 방법

- 입력 파일 명은 ../images/receipt.jpg으로 지정

```
> python align_document.py --image ../images/receipt.jpg
```

- 입력 파일 명은 ../images/document.jpg으로 지정

```
> python align_document.py --image ../images/document.jpg
```

실행 결과 확인

```
> python align_document.py --image ../images/receipt.jpg
```

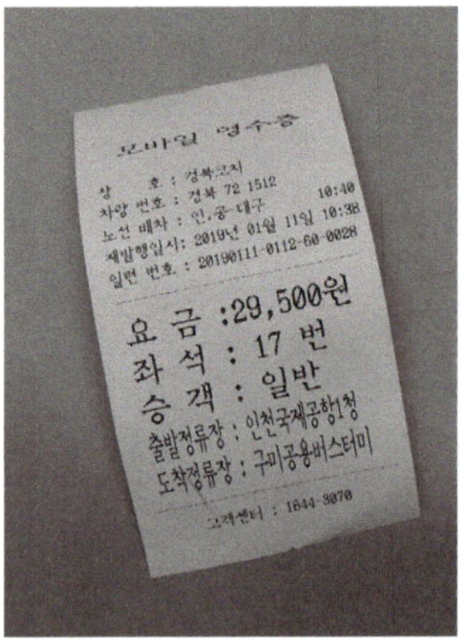

원본 영상

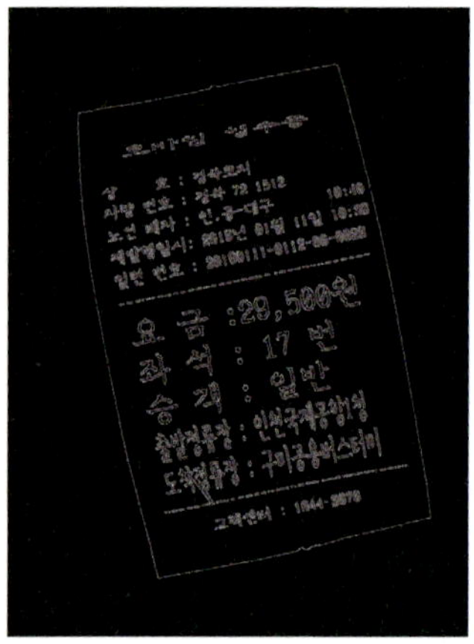

에지 검출

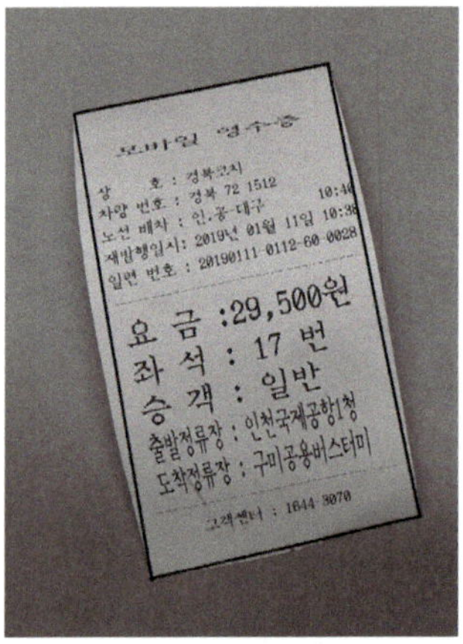

문서 검출

투영 변환 및 이진화

```
> python align_document.py --image ../images/document.jpg
```

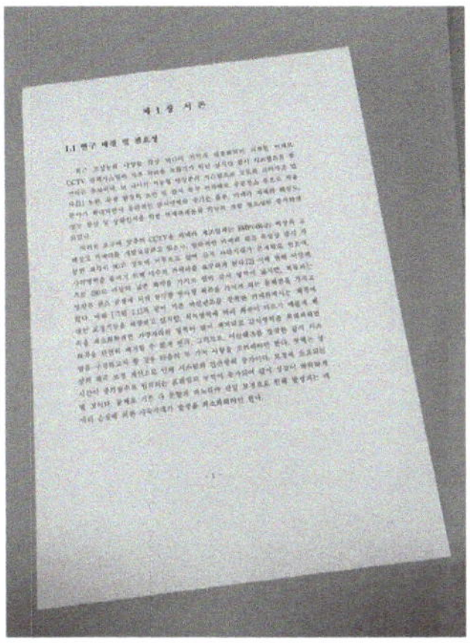

원본 영상

에지 검출

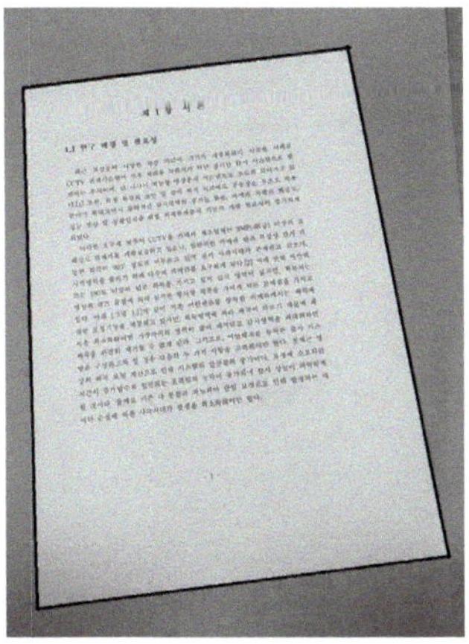

문서 검출

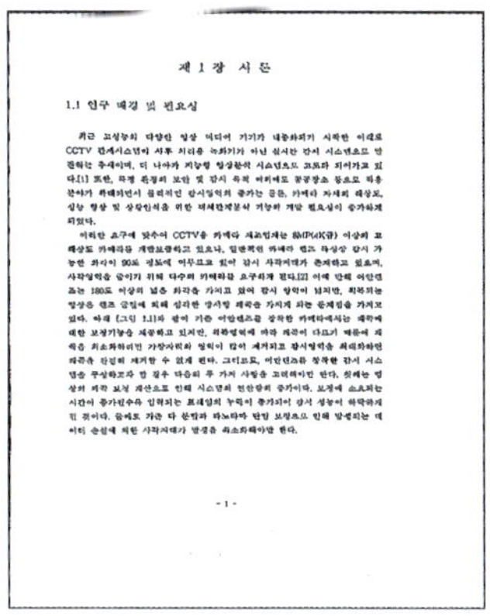

투영 변환 및 이진화

☞ 도움말

1. 그레이 스케일 영상으로 변환한 후 영상 평활화를 수행한다.
2. cv2.Canny() 함수를 사용하여 에지 검출을 수행한다.
3. cv2.findContours() 함수를 사용하여 에지 검출한 결과 영상에 대해 연결 요소를 검출한다. 이때 계층 구조는 고려하지 않고 모든 연결 요소를 검출할 수 있도록 한다.

4. 검출한 연결 요소들 중에서 크기가 가장 큰 5개 정도의 연결 요소를 선택한다.

5. 선택한 연결 요소의 모양을 근사화한다. 모양을 근사화하기 위해서는 cv2.approxPolyDP() 함수를 사용한다.

함수 원형

```
dst = cv2.approxPolyDP( curve, epsilon, closed[, dst] )
```

- curve: 연결 요소
- epsilon: 근사화 정확도를 나타내며 기존 경계와 근사화 경계간의 최대 거리로 지정. 값이 클수록 간략화가 이루어짐
- closed: True로 설정하면 닫힌 도형을 생성
- dst: 근사화 결과

만약 연결 요소의 10% 경계 길이를 근사화 정확도로 사용하고자 한다면 다음과 같이 코드를 작성한다.

```
epsilon = 0.1*cv.arcLength(cnt, True)
approx = cv.approxPolyDP(cnt, epsilon, True)
```

6. 근사화된 연결 요소가 사각형인지 확인한다. 사각형은 네 개의 점(좌표)으로 구성되므로 연결 요소에 포함된 점의 개수가 네 개인지 확인한다. 연결 요소를 구성하는 점의 개수는 다음과 같이 확인할 수 있다.

```
nums = len(approx)
```

7. 네 개의 좌표를 사용해서 투영 변환을 수행하여 직사각형으로 모양을 정렬한다.

8. 적응적 임계화를 수행하여 이진 영상을 생성한다.

실습 보고서 (실습 주제별로 작성)

<table>
<tr><td>학번</td><td></td><td>이름</td><td></td></tr>
<tr><td>제출일</td><td></td><td>전자 메일</td><td></td></tr>
<tr><td>주제</td><td colspan="3"></td></tr>
<tr><td>실습 목표</td><td colspan="3">이번 실습을 통해 달성하고자 하는 목표를 2가지 이상 개별 제시
• 목표 1
• 목표 2</td></tr>
<tr><td>해결 과정 및 주요 코드에 대한 설명</td><td colspan="3">• 문제 해결 절차 및 방법
• 소스 코드에서의 핵심 코드를 제시하고 설명</td></tr>
<tr><td>실행 결과</td><td colspan="3">• 세 가지 이상의 서로 다른 실행 결과 제시
• 명령 행 인자나 호출 함수 인자의 변경을 통해 실행 결과 생성</td></tr>
<tr><td>느낀 점</td><td colspan="3">• 문제 해결 과정이나 실습 과정에서 느낀 점</td></tr>
<tr><td colspan="4">첨부: 소스 파일(별도 파일)</td></tr>
</table>

제 8 장

히스토그램 활용 및 그레이 스케일 변환

학습 목표

1) 히스토그램 수정 방법을 살펴본다.
2) 히스토그램 비교 방법에 대해 살펴본다.
3) 히스토그램 역투영 방법에 대해 살펴본다.
4) 히스토그램 균일화 방법을 실습한다.
5) 히스토그램 비교를 사용하여 영상 간의 유사도를 계산하는 방법을 실습한다.
6) 히스토그램 역투영 방법을 실습한다.

8.1 기본 이론

4장에서 그레이 레벨 히스토그램의 개념을 학습하였고 관련 실습을 수행하였다. 이번에는 컬러 영상에 대한 히스토그램에 대해 살펴보고 히스토그램 기반의 영상처리 방법인 히스토그램 수정(histogram modification) 방법에 대해 학습한다. 마지막으로 영상 검색을 위해 히스토그램을 활용하는 방법에 대해 살펴본다.

1) 컬러 히스토그램

컬러 영상에서의 히스토그램은 그레이 레벨 히스토그램과는 차이가 있다. 앞에서 살펴본 것과 같이 컬러 영상에서는 R, G, B의 세 가지 기본 색을 조합하여 색을 표현하는데, 영상에 나타날 수 있는 색의 가지 수는 1,000만 개가 넘는다. 영상의 색을 빈으로 사용하여 히스토그램을 생성하면, 대부분의 빈들은 0 또는 1의 누적 값만을 가져 히스토그램으로서의 의미가 없다. 따라서 컬러 영상에서는 R, G, B 채널에 대해 각

[그림 8.1.1] 컬러 채널별 히스토그램 생성 결과

채널별로 히스토그램을 생성하는 방법을 사용할 수 있다. 각 채널별 히스토그램은 그레이 레벨 히스토그램과 동일한 방법으로 생성하고 사용할 수 있다. [그림 8.1.1]은 컬러 영상에 대한 채널별 히스토그램을 나타낸다.

패턴 인식이나 영상 검색 등의 분야에서 영상이나 영역(객체)에 대한 특징을 표현하는 주요 수단으로 히스토그램을 사용한다. 히스토그램 간의 유사도(similarity)를 계산하여 영상이나 객체 사이의 정합(matching) 정도를 구분할 수 있다. 그런데 [그림 8.1.1]과 같은 채널별 히스토그램을 사용하면 유사도 계산 성능이 저하된다. 컬러 영상에 대한 히스토그램을 생성하는 일반적인 방법은 트루 컬러 영상을 인덱스 컬러 영상으로 변환한 후, 이 인덱스 컬러 영상으로부터 히스토그램을 생성하는 것이다. 트루 컬러 영상을 인덱스 컬러 영상으로 변환하는 과정을 컬러 양자화(color quantization)라고 부른다. 유사한 여러 색들로부터 대표 색을 선택하는 과정이기 때문에 양자화라는 용어를 사용한다.

컬러 양자화는 트루 컬러 영상에서 일정한 대표 색들을 선택하는 과정이다. 결과 영상에서 픽셀당 8비트를 사용하면 최대 256개의 대표 색을 선택할 수 있다. 8비트 인덱스 컬러 영상이라도 256개의 색을 모두 사용하지 않고 이보다 적은 수의 색을 사용하는 것도 가능하다. 인덱스 컬러 영상을 사용하면 픽셀당 비트 수에 의해 히스토그램의 최대 빈의 개수를 결정할 수 있다. [그림 8.1.2]는 컬러 양자화에 의해 생성한 컬러 히스토그램을 나타낸다. 그런데 컬러 영상마다 포함된 색의 종류가 다르므로 컬러 양자화를 통해 선택한 대표 색들의 종류가 달라질 수 있다. 이렇게 만들어진 히스토그램 사이의 유사도를 비교하는 데 어려움이 발생한다. 이런 경우 Earth Mover's Distance(EMD)[9]와 같은 방법을 사용하여 유사도를 비교할 수 있다.

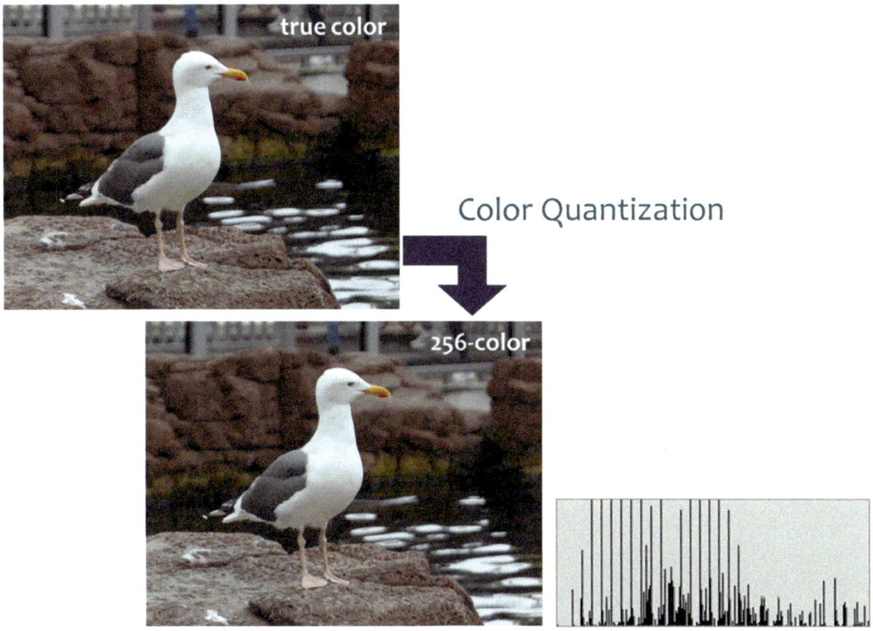

[그림 8.1.2] 컬러 양자화에 의한 컬러 히스토그램

2) 히스토그램 수정

히스토그램의 수정 연산은 영상의 밝기나 명암 대비(contrast)를 개선하는 영상 개선 방법으로 매핑 함수(mapping function)에 의해 수행된다. 사용하는 매핑 함수의 종류에 따라 히스토그램 스케일링, 히스토그램 이동 및 히스토그램 균일화 등의 연산이 가능하다. [그림 8.1.3]은 히스토그램 스케일링, 이동 및 균일화의 개념도를 나타낸다. 히스토그램 스케일링(histogram scaling)은 히스토그램 확장 및 축소 연산으로 구분할 수 있다. 히스토그램 확장(histogram stretching)은 히스토그램에서 값이 분포하는 범위를 확장하는 연산으로 명암 대비의 향상을 얻을 수 있다. 반면 히스토그램 축소(histogram shrinking)는 히스토그램의 값이 분포하는 범위를 축소하는 연산으로 명암 대비는 감소한다. 히스토그램 이동(histogram sliding)은 히스토그램의 값이 분포하는 범위는 변함없지만 분포 위치를 변경하는 연산이다. 값의 분포를 왼쪽(밝기가 낮은 위치)으로 이동하면 해당 영상은 어두워지고 오른쪽(밝기가 높은 위치)으로 이동하면 밝아진다. 히스토그램 균일화(histogram equalization)는 유효한 그레이 스케일 범위 내에서 히스토그램의 분포를 균일하게 만드는 연산이다. 이 연산을 통해 좋은 명암 대비를 갖는 영상을 생성할 수 있다. 좋은 명암 대비와 높은 명암 대비의 차

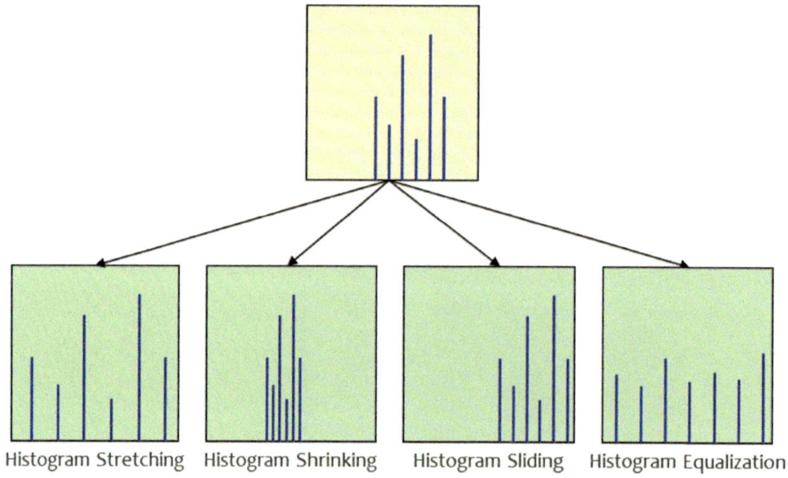

[그림 8.1.3] 히스토그램 확장, 축소 및 이동의 개념도

이는 조금 후에 살펴본다. 히스토그램 확장, 축소 및 이동 연산은 입력 히스토그램과 결과 히스토그램의 모양은 동일하게 유지하는 특성을 갖는다. 반면 히스토그램 균일화는 히스토그램의 범위와 모양을 모두 변경한다.

히스토그램 스케일링을 위한 매핑 함수는 식 (8.1.1)과 같다. I_{MAX} 및 I_{MIN}은 각각 입력 영상 $I(x, y)$의 최대 및 최소 밝기 값이며, S_{MAX} 및 S_{MIN}은 각각 결과 히스토그램에서의 최솟값과 최댓값을 의미한다. 이 함수는 입력 히스토그램의 분포 범위와 결과 히스토그램의 분포 범위 사이의 상관 비율 관계에서 간단하게 유도된다. S_{MAX}와 S_{MIN} 사이의 차이가 I_{MAX}와 I_{MIN}의 차이보다 크면 히스토그램 확장, 작으면 히스토그램 축소를 수행한다.

$$I'(x,y) = \left[\frac{S_{MAX} - S_{MIN}}{I_{MAX} - I_{MIN}}\right]\left[I(x,y) - I_{MIN}\right] + S_{MIN} \qquad \text{식 (8.1.1)}$$

[그림 8.1.4] 및 [그림 8.1.5]는 입력 영상에 대한 히스토그램 확장 및 축소의 결과이다. [그림 8.1.4]는 밝기 범위가 [50, 150]인 입력 영상에 대해 히스토그램 확장을 수행하여 결과 영상에서는 밝기 범위를 [0, 255]으로 확장한 결과이다. 그림에는 입력 영상과 결과 영상의 히스토그램을 함께 표시하였다. 히스토그램에서 확인할 수 있듯이 히스토그램의 범위는 변하였지만 모양은 동일하게 유지되고 있다. [그림 8.1.5]는 밝기 범위가 [0, 255]인 입력 영상의 밝기 범위를 축소하여 결과 영상에서는 밝기 범위를 [50, 100]으로 변경한 결과이다.

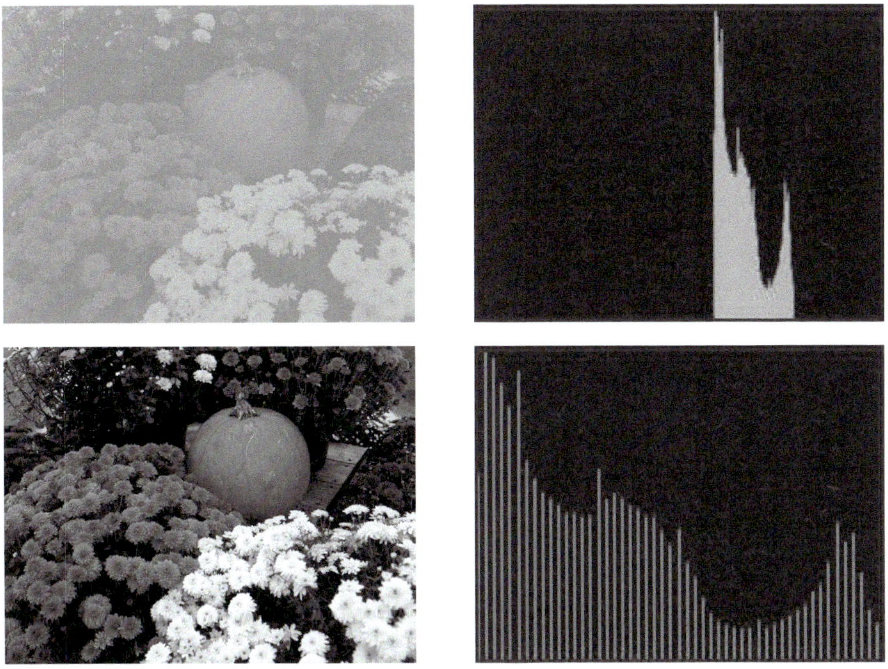

[그림 8.1.4] 히스토그램 확장 결과

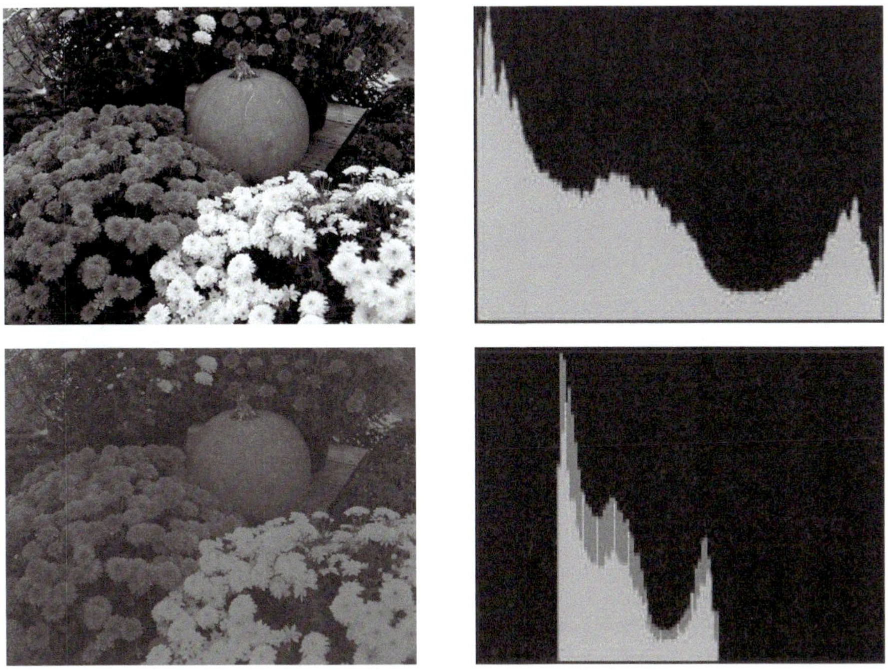

[그림 8.1.5] 히스토그램 축소 결과

히스토그램 이동을 위한 매핑 함수는 식 (8.1.2)와 같다. 식에서 쉽게 확인할 수 있듯이 입력 영상의 밝기 값에 상수 값을 더하는 방식으로 수행한다. offset은 히스토그램을 이동하기 위한 양(amount)을 나타낸다. offset이 양수이면 히스토그램의 분포는 오른쪽으로 이동하여 영상의 밝기는 밝아진다. offset이 음수이면 히스토그램의 분포는 왼쪽으로 이동하여 영상의 밝기는 어두워진다. [그림 8.1.6]은 히스토그램 이동에 따른 영상 밝기의 변화를 나타낸다.

$$I'(x,y) = I(x,y) + offset \quad \text{식 (8.1.2)}$$

[그림 8.1.6] 히스토그램 이동 결과

히스토그램이 넓은 범위에 분포하면 높은 명암 대비의 영상을 나타낸다. 그러나 높은 명암 대비가 좋은 명암 대비와 동일한 것은 아니다. 검정색과 흰색으로만 구성된 이진 영상도 높은 명암 대비의 영상이지만 좋은 명암 대비를 갖는다고 할 수 없다. 좋은 명암 대비를 갖기 위해서는 영상의 밝기 분포가 넓은 범위에 나타나면서 각 밝기 값의 누적 값이 균일하게 나타나야 한다. [그림 8.1.7]에서 높은 명암 대비와 좋은 명암 대비를 비교하여 확인할 수 있다.

(a) 높은 명암 대비 (b) 좋은 명암 대비

[그림 8.1.7] 높은 명암 대비와 좋은 명암 대비 영상의 비교

히스토그램 균일화는 좋은 명암 대비를 갖는 영상을 생성하는 연산이다. 히스토그램 균일화는 원칙적으로 [그림 8.1.8]과 같이 히스토그램의 모양을 모든 밝기의 범위에서 균일하게 변경하는 연산이다. 연속 함수를 대상으로 히스토그램 균일화를 수행하면 모든 범위에서 균일한 값을 갖는 새로운 함수로 변환할 수 있다. 그러나 디지털 영상은 이산 함수이므로 연속 함수와는 다르게 완벽하게 균일한 결과를 생성할 수는 없다([그림 8.1.8] 참조).

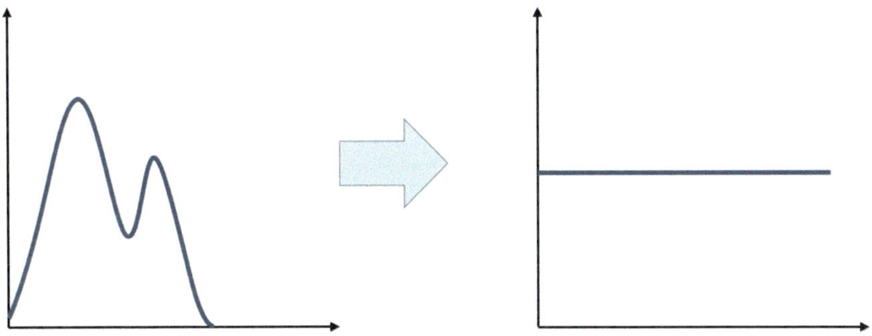

[그림 8.1.8] 히스토그램 균일화 개념

히스토그램 균일화를 수행하는 기본 원리는 [그림 8.1.9]의 왼쪽 그림처럼 입력 히스토그램에 대한 누적 분포를 구한 뒤 이 분포를 매핑 함수로 사용하여 그레이스케일 변환을 수행하는 것이다. 그레이스케일 변환에 대해서는 다음 절에서 설명한다. 히스토그램 균일화 수행 결과는 [그림 8.1.9]의 오른쪽 그림과 같다. 각 밝기에서 균일한 분포를 나타내지 않지만 이 결과 히스토그램에 대한 누적 분포를 계산하면 직선의 형태로 나타난다. 누적 분포가 직선의 형태로 나타난다는 것은 누적 값이 균일하게 증가한다는 것을 의미한다.

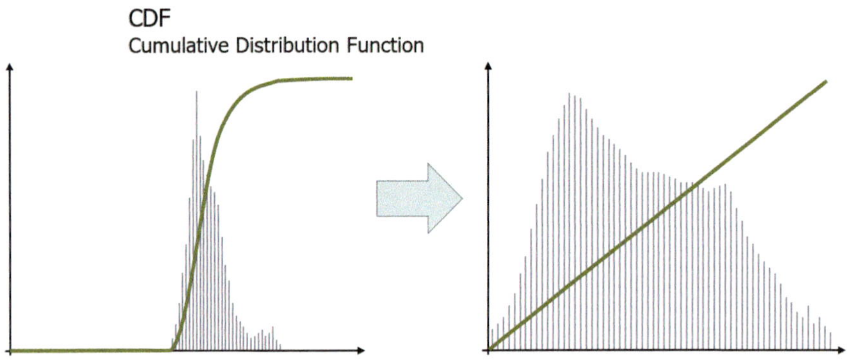

[그림 8.1.9] 히스토그램 균일화 수행 원리

이 과정을 컴퓨터에서 처리 가능한 알고리즘으로 표현하면 히스토그램 균일화 절차는 다음과 같다.

STEP 1. 입력 히스토그램에서 각 빈까지의 누적 값을 계산하여 누적 히스토그램 계산
STEP 2. 히스토그램의 누적 합을 전체 픽셀의 개수로 나누어 값에 대한 정규화 처리 수행
STEP 3. 정규화된 값에 최대 밝기 값을 곱한 후 반올림 수행하여 변환 값 계산
STEP 4. 입력 영상의 각 밝기 값을 변환 값으로 변경하여 결과 영상 생성

[그림 8.1.10]은 명암 대비가 낮은 두 개의 영상에 대한 히스토그램 균일화의 결과이다. 그림에서 확인할 수 있듯이 두 영상에 대한 히스토그램 균일화 결과는 동일하다. 명암 대비는 다르지만 원래의 영상이 동일하면 히스토그램 균일화는 항상 가장 좋은 명암 대비를 갖는 동일한 결과 영상을 생성한다. 히스토그램 균일화를 두 번 이상 영상에 적용하더라도 최초 적용 결과에서 변화가 없다.

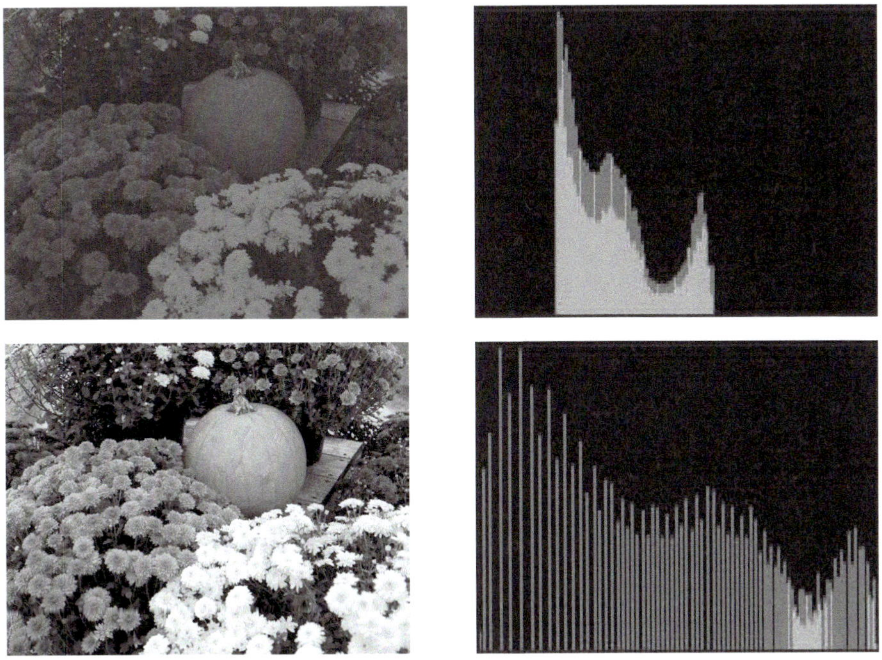

[그림 8.1.10] 히스토그램 균일화 결과

일반적인 히스토그램 균일화는 다음과 같은 몇 가지 문제점을 가지고 있다.

- 배경의 노이즈가 강조될 수 있음
- 밝기가 균일한 영역에서는 영상 품질이 저하될 수 있음
- 상대적으로 밝거나 어두운 영역의 경우 적절한 명암 대비 향상이 이루어지지 않을 수 있음

이런 문제점을 해결하기 위해 개선된 히스토그램 균일화 방법들이 제안되었다. 적응적 히스토그램 균일화(adaptive histogram equalization)가 대표적이다. 일반적인 히스토그램 균일화는 전역적 방법이지만 적응적 히스토그램 균일화는 지역적인 방법이다. 각 픽셀을 중심으로 일정한 크기의 블록을 설정한 후 이 블록 단위로 히스토그램 균일화를 수행한다. 그런데 적응적 히스토그램 균일화도 균일한 밝기를 갖는 영역에서 명암 대비가 과하게 증폭되어 노이즈가 발생하는 문제가 발생할 수 있다. 이런 문제점을 극복하기 위한 방법이 명암 대비 제한 적응적 히스토그램 균일화(Contrast Limited Adaptive Histogram Equalization, CLAHE)이다. 이 방법은 적응적 히스토그램 균일화와 동일하게 블록 단위의 히스토그램 균일화를 수행한다. 그런데 노이즈 영

향을 줄이기 위해 명암 대비 한계(contrast limit)를 초과하는 픽셀들에 대해서는 [그림 8.1.11]과 같이 재배치를 수행한다. 명암 대비 한계에 대한 기준 값이 낮아질수록 재배치 대상 픽셀들이 많아지므로 명암 대비는 증가한다. CLAHE는 블록 단위로 히스토그램 균일화를 수행하므로 블록 간 경계가 두드러지는 경향이 발생한다. 이를 완화하기 위해서는 블록 간 경계에서 적절한 보간 처리가 필요할 수 있다.

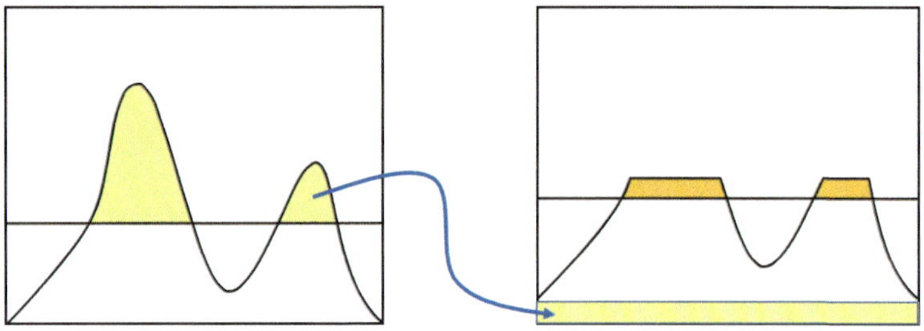

[그림 8.1.11] CLAHE에서의 픽셀 재배치

[그림 8.1.12]는 일반적인 히스토그램 균일화와 CLAHE의 수행 결과를 비교하여 보여준다. 일반적인 히스토그램 균일화의 결과에서는 갈매기 몸과 머리 영역이 과도하게 밝아지는 현상이 발생하고 있지만 CLAHE에서는 적절한 명암 대비가 이루진 것을 확인할 수 있다. CLAHE의 결과 영상에서는 사용한 기준 값에 따른 결과 차이를 구분할 수 있다.

[그림 8.1.12] 히스토그램 균일화 방법에 따른 결과 비교

3) 히스토그램 비교

특징(feature)이란 영상이 포함하는 정보를 조금 더 높은 수준에서 표현하기 위한 수단이나 방법을 의미한다. 영상에서 자주 사용하는 특징에는 색(color), 밝기(intensity), 모양(shape), 질감(texture) 등이 존재한다. 특징 추출(feature extraction)이란 영상의 내용을 잘 표현할 수 있는 이런 특징을 추출하는 과정이다. 일반적으로 특징은 단일 픽셀보다는 영상 분할 과정에서 분리한 영역을 기반으로 추출한다. 영상 검색 등의 응용 분야에서 영상을 픽셀 단위의 밝기나 컬러로 표현하는 것보다 특징을 사용하여 표현함으로써 데이터량을 줄일 수 있을 뿐만 아니라 조금 더 높은 수준에서의 영상 정보 표현이 가능하다. 여기에서 높은 수준(higher level)이란 인간이 사고하고 인지하는 개념에 조금 더 가깝다는 것을 의미한다. 해결하고자 하는 문제의 분야와 종류에 따라 사용하는 영상의 특징은 달라지며, 추출한 특징의 유용성에 따라 문제 해결의 정확도와 난이도가 크게 달라질 수 있다.

영상이나 영상에 포함된 객체의 밝기 분포 또는 색의 분포를 히스토그램을 사용하여 표현할 수 있다. 물론 객체의 평균 밝기, 분산, 최대 밝기, 최소 밝기 등과 같이 단순한 값으로 객체의 영역에 대한 특징을 표현할 수도 있지만, 히스토그램을 사용하면 조금 더 효과적으로 표현하는 것이 가능하다. [그림 8.1.13]에서 확인할 수 있듯이 객체가 서로 다른 색의 분포를 갖는 경우 객체의 색 분포를 히스토그램으로 표현하면 그 모양이 서로 다른 형태로 나타난다. 객체들 간의 히스토그램 유사도를 계산한다면 이들 사이의 색에 대한 유사 정도를 파악할 수가 있다.

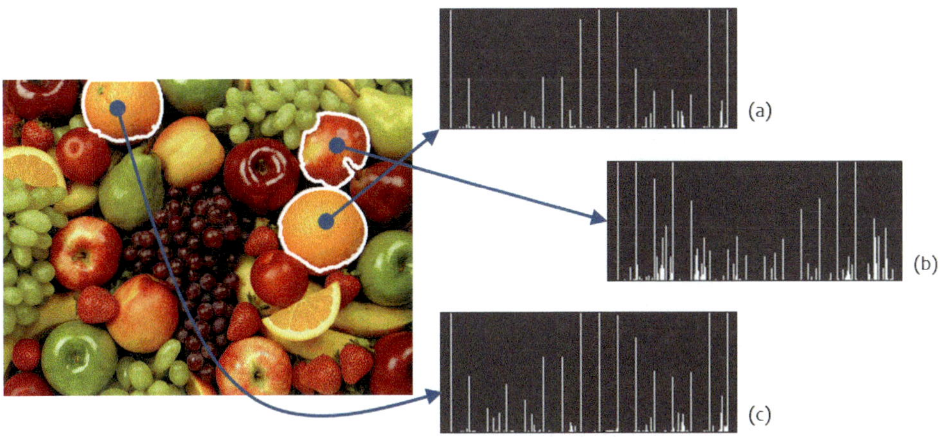

[그림 8.1.13] 과일의 종류에 따른 히스토그램 분포 차이

[그림 8.1.13]을 다시 살펴보자. [그림 8.1.13](a)는 오렌지의 색 분포를 나타낸다. [그림 8.1.13](c)도 역시 오렌지의 히스토그램으로 [그림 8.1.13](a)와 유사한 분포를 갖는다. 반면 [그림 8.1.13](b)는 사과의 색 분포로서 오렌지와는 확연하게 차이 나는 분포를 나타낸다. 이와 같이 히스토그램의 분포를 사용하여 영상이나 물체의 색이나 밝기의 분포를 표현하고 이를 특징으로 사용하여 검색(retrieval), 분류(classification) 및 인식(recognition)에 사용할 수 있다.

히스토그램을 비교하는 방법에는 인터섹션(intersection), 카이 제곱(Chi-Square), 코릴레이션(correlation) 등의 방법이 존재한다. 그런데 이 방법은 모두 동일한 빈의 개수와 성질을 가지고 있는 두 개의 히스토그램을 대상으로 사용할 수 있다. 조금 더 범용적인 히스토그램의 비교에는 EMD(Earth Mover's Distance)[9] 등의 방법을 사용할 수 있다.

인터섹션은 식 (8.1.3), 카이 제곱은 식 (8.1.4), 코릴레이션은 식 (8.1.5)와 같이 계산한다. 인터섹션은 두 개의 히스토그램의 각 빈에 대해 작은 값을 선택하여 모두 더한 값으로 계산한다. 카이 제곱은 두 개의 히스토그램의 각 빈에 대해 차이의 제곱을 계산한 후 기준 히스토그램의 해당 빈의 값으로 나눈 결과를 모두 더한 값으로 계산한다. 영상 검색의 경우 기준 히스토그램은 질의 영상의 히스토그램으로 사용한다. 코릴레이션은 각 히스토그램의 빈들이 갖는 값에서 해당 히스토그램의 평균 밝기를 뺀 값을 계산한 후 이들 간의 곱으로 계산한다. 식 (8.1.5)의 분모와 같이 적절한 값을 나누어 정규화를 수행한다.

$$d(H_1, H_2) = \sum_I \min(H_1(I), H_2(I)) \quad \text{식 (8.1.3)}$$

$$d(H_1, H_2) = \sum_I \frac{(H_1(I) - H_2(I))^2}{H_1(I)} \quad \text{식 (8.1.4)}$$

$$d(H_1, H_2) = \frac{\sum_I \left(H_1(I) - \overline{H}_1\right)\left(H_2(I) - \overline{H}_2\right)}{\sqrt{\sum_I \left(H_1(I) - \overline{H}_1\right)^2 \sum_I \left(H_2(I) - \overline{H}_2\right)^2}} \quad \text{식 (8.1.5)}$$

4) 히스토그램 역투영

히스토그램 역투영(histogram backprojection)은 영상에서 관심 영역만을 구분하여 검출하는 방법 중 하나이다. 히스토그램 역투영은 다음과 같은 단계로 수행한다.

- 미리 설정한 관심 영역에 대한 히스토그램 계산
- 대상 영상에서 관심 영역의 히스토그램을 사용하여 해당하는 영역만을 분리(결과 영상의 각 픽셀은 관심 영역에 대한 확률 값으로 표현)

컬러 영상에서 효과적으로 히스토그램 역투영을 수행하기 위해서는 관심 영역과 대상 영상의 컬러 히스토그램을 생성할 때 밝기 정보를 제외하고 생성한다. 밝기 정보를 제외하기 위해서는 RGB 영상을 HSV 영상으로 변환한 후 V(명도) 성분은 제외하고 H(색상)와 S(채도) 성분에 대해서만 히스토그램을 생성하여 사용한다. V 성분을 제외하면 조명에 대한 영향을 어느 정도 배제하면서 관심 영역 검출이 가능하다.

[그림 8.1.14]는 히스토그램 역투영에 대한 결과 영상이다. [그림 8.1.14](a)는 관심 영역을 검출할 타겟 영상(target image)이고 [그림 8.1.14](b)는 관심 영역만을 포함하는 참조 영상(reference image)이다. [그림 8.1.14](c)는 참조 영상에 대한 1차원 히스토그램이다. [그림 8.1.14]에서는 히스토그램 역투영 결과를 생성하기 위해 1차원 히스토그램을 사용한다. [그림 8.1.14](d)는 히스토그램 역투영에 따른 확률 값을 그레이스케일 영상으로 표현한 것으로 이 결과를 활용하여 타겟 영상에서 관심 영역만을 검출한 최종 결과는 [그림 8.1.14](e)에 표시하였다. 참조 영상에 해당하는 관심 영역만을 타겟 영상에서 검출한 것을 확인할 수 있다.

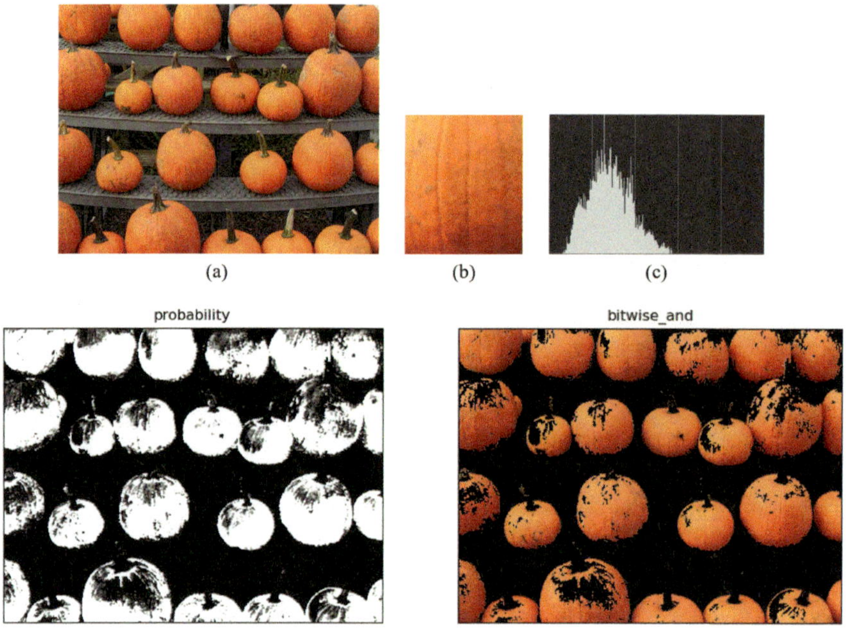

(a) (b) (c)

(d) (e)

[그림 8.1.14] 히스토그램 역투영 결과

앞서 살펴본 것과 같이 히스토그램 역투영은 참조 영상에서 관심 영역(객체)을 검출하는 방법이다. 이와 비슷한 방법으로 우리는 4.2절에서 비슷한 목적을 수행하는 히스토그램 슬라이싱에 대해 살펴봤다. [그림 8.1.15]는 히스토그램 역투영과 히스토그램 슬라이싱의 결과 차이를 나타낸다. 히스토그램 슬라이싱은 검출 영역(객체)의 범위를 직접 설정해야 하지만 히스토그램 역투영은 참조 영상을 사용하면 별도의 설정 과정이 필요 없다.

(a) 히스토그램 역투영 (b) 히스토그램 슬라이싱

[그림 8.1.15] 히스토그램 역투영과 히스토그램 슬라이싱 결과 비교

5) 그레이 스케일 변환

그레이 스케일 변환(gray-scale transformations)은 매핑 함수(mapping function)를 사용하여 픽셀 단위로 입력 영상의 밝기 값을 변환하는 과정이다. 이 함수는 선형 또는 비선형의 형태를 갖는다. [그림 8.1.16]은 가능한 몇 가지 종류의 매핑 함수를 나타낸다. 가로축은 입력 영상의 그레이 레벨이며 세로축은 변환된 영상의 그레이 레벨을 나타낸다. 그레이 스케일 변환은 주로 명암 대비와 영상의 밝기를 조정하기 위해 사용한다. 그레이 스케일 변환을 기반으로 하는 연산은 다음과 같은 종류들로 구분할 수 있다.

- 그레이 스케일 축소(Gray-Scale Compression) 및 확장(Gray-Scale Stretching)
- 그레이 레벨 분할(Gray-Level Slicing)
- 그레이 레벨 임계화(Gray-Level Thresholding)
- 그레이 레벨 반전(Gray-Level Negative)

그레이 스케일 축소는 입력 영상의 밝기 범위를 축소하여 명암 대비가 감소한 결과 영상을 생성한다. 반면 그레이 스케일 확장은 입력 영상의 일부 밝기 구간 또는 전체 밝기 구간을 확장하여 명암 대비를 증가시킨다. 그레이 레벨 분할은 입력 영상의 일부 밝기 구간만을 강조하는 결과를 생성한다. 이때 나머지 구간의 밝기를 그대로 유지하거나 특정한 단일 값으로 변경하는 것이 가능하다.

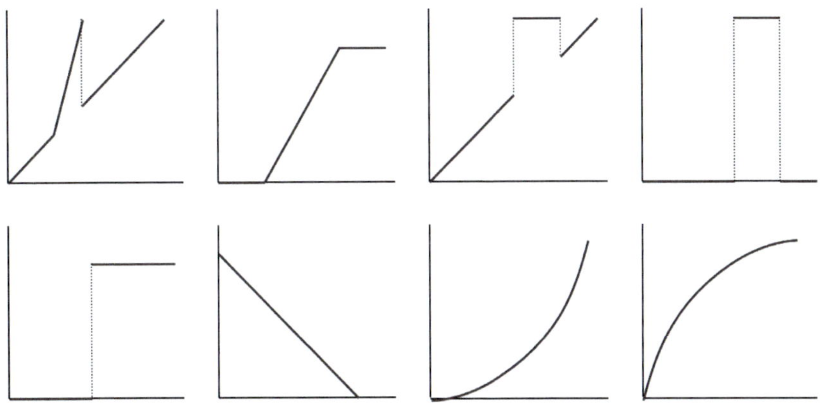

[그림 8.1.16] 그레이 스케일 변환을 위한 매핑 함수

먼저 그레이 스케일 축소의 기능에 대해 살펴보자. 그레이 스케일 축소는 결과 영상의 동적 범위를 입력 영상보다 좁은 범위로 변경하는 연산이다. 그레이 스케일 축소는 일반적인 의미에서의 영상 개선은 아니지만 영상처리 과정에서 후반 단계의 원활한 작업을 위해 전처리 용도로 사용할 수 있다.

그레이 스케일 확장은 결과 영상의 동적 범위를 입력 영상보다 넓게 변경하는 연산이다. 입력 밝기의 전체 범위를 대상으로 그레이 스케일 확장을 수행하면 만족스러운 명암 대비 효과를 얻을 수 없다. 그레이 스케일 확장에서는 일반적으로 중간 밝기나 일정 범위의 밝기에 대해 확장을 수행한다.

그레이 스케일 확장을 일부 입력 범위에 대해 수행할 수 있다. 전체 밝기 범위를 대상으로 했을 때보다 관심 영역 위주로 처리하기 때문에 영상의 일부 영역을 대상으로 하는 경우에는 더욱 만족스러운 결과를 얻을 수 있다.

그레이 레벨 분할은 입력 영상에서 관심 영역이나 객체를 강조하거나 분리하기 위한 목적으로 사용한다.

그레이 레벨 임계화를 수행하기 위해서는 먼저 기준 밝기를 선택한다. 그리고 입력 밝기가 기준 밝기보다 낮으면 결과 밝기는 0, 높으면 255로 변환한다. 기준 밝기를 임곗값(threshold)이라고 부른다. 그레이 레벨 임계화는 이진화를 수행하는 대표적인 방법 중 한 가지이다. 그레이 레벨 임계화에 대해서는 이미 4장에서 자세하게 살펴보았다.

직선으로 나타나는 매핑 함수의 기울기를 음수로 사용하면 입력 영상의 밝기를 반전할 수 있다. 이 경우 입력 영상의 검정색은 결과 영상에서 흰색으로 변환되고 흰색은 검정색으로 변환된다. 유사하게 어두운 밝기는 밝은 밝기, 밝은 밝기는 어두운 밝기로 변환되므로 입력 영상의 밝기를 반전한 결과를 얻을 수 있다.

8.2 따라하기 실습

실습 내용

- 히스토그램 균일화 수행
- 적응적 임계화 수행
- 영상 간의 유사도 계산
- 히스토그램 역투영 수행

1) 히스토그램 균일화 수행

이번 실습에서는 낮은 명암 대비를 갖는 영상에 대해 히스토그램 균일화를 수행하여 개선된 명암 대비를 갖도록 처리하는 과정에 대해 실습한다. 개선 이전과 개선 이후의 히스토그램을 확인하여 히스토그램에 어떤 변화가 발생하는지도 살펴본다.

우선 OpenCV에서 제공하는 전역 히스토그램 균일화 함수에 대해 살펴보자. 이 함수의 원형은 다음과 같고 대괄호([])는 생략 가능한 파라미터이다. 이 함수는 그레이 스케일 영상에 대해서만 사용 가능하며 컬러 영상에는 사용할 수 없다.

전역 히스토그램 균일화 함수

```
cv2.equalizeHist(src[, dst]) → dst
```

전역 히스토그램 균일화 방법은 앞에서 살펴본 것과 같이 배경 영역의 노이즈가 증가하거나 밝기 변화가 없는 영역에서의 영상 품질이 저하되는 문제가 발생할 수 있다. 또한, 밝은 영역이 다른 영역에 비해 극단적으로 밝아지거나 적절한 명암 대비 향상이 이루어지지 않는 경우가 발생한다. 이런 문제점을 해결하는 방법이 적응적 히스토그램 균일화(adaptive histogram equalization) 방법이다. 이 방법에서는 전체 영상을 작은 영역으로 구분한 후에 영역별로 히스토그램 균일화를 수행한다. 일반적으로는 각 처리 픽셀을 중심으로 블록을 설정한 후 블록 단위로 히스토그램 균일화를 수행한다. 대표적인 방법으로는 CLAHE(Contrast Limit Adaptive Histogram Equalization)이 있다.

OpenCV에서 제공하는 적응적 히스토그램 균일화 함수에 대해 살펴보자. 이 함수의 원형은 다음과 같으며 대괄호([])는 생략 가능한 파라미터이다. CLAHE를 사용하여 적응적 히스토그램 균일화를 수행하기 위해서는 우선 createCLAHE( ) 함수를 사용하여 CLAHE 객체를 생성한다. 그리고 생성된 객체의 apply() 메소드를 사용하여 히스토그램 균일화를 수행한다. 이 함수도 그레이스케일 영상에 대해서만 사용 가능하며 컬러 영상에는 사용할 수 없다.

적응적 히스토그램 균일화 함수

```
cv2.createCLAHE([, cliplimit[, numofgrid]]) → retval
CLAHE.apply(src[, dst]) → dst
```

소스 코드는 8장 폴더에 위치하며 파일명은 equalize_histogram.py이다. 명령행 인자를 사용하여 입력 파일명과 히스토그램 균일화 방법을 전달한다. 사용자가 입력한 방법에 따라 기존 히스토그램 균일화와 적응적 히스토그램 균일화를 선택적으로 수행한다. 원본 영상과 히스토그램 균일화된 결과 영상에 대해 각각 히스토그램과 누적 히스토그램을 계산한다. 소스 코드를 실행하는 방법은 다음과 같다. 아나콘다 프롬프트에서 equalize_histogram.py 파일이 위치한 폴더로 이동한 후에 명령을 실행한다.

- 입력 파일명은 ../images/gull_color.jpg이며 히스토그램 균일화 방법은 전역 방법(이 방법이 기본값이며 1의 값을 가짐)으로 지정

```
> python equalize_histogram.py --image ../images/gull_color.jpg
```

- 입력 파일명은 ../images/gull_color.jpg이며 히스토그램 균일화 방법은 적응적 균일화 방법(2의 값을 가짐)으로 지정

```
> python equalize_histogram2.py --image ../images/gull_color.jpg
--type 2
```

```
# 필요한 패키지를 import함
from __future__ import print_function
import argparse
import cv2
import numpy as np
from matplotlib import pyplot as plt
```

2~6번 줄은 필요한 패키지를 포함한다.

```
8  def histogram(img):
9  
10     # 그레이레벨 히스토그램 계산
11     hist = cv2.calcHist([img], [0], None, [256], [0, 256])
12 
13     # 누적 히스토그램 생성
14     cdf = hist.cumsum()
15     # 빈도를 0 ~ 1사이로 정규화
16     cdf = cdf * float(max(hist)) / max(cdf)
17 
18     # 결과 히스토그램 반환
19     return hist, cdf
```

8번 줄은 histogram() 함수를 정의한다. 이 함수는 4장에서 정의한 것과 거의 동일하지만 추가로 누적 히스토그램을 계산하여 반환한다.

11번 줄은 그레이스케일 영상에 대한 1차원 히스토그램을 계산하고 14번 줄은 누적 히스토그램을 계산한다.

16번 줄에서는 누적 히스토그램의 범위를 정규화한다. 누적 히스토그램의 범위를 0 ~ 1 사이로 설정한다.

19번 줄에서는 계산한 히스토그램과 누적 히스토그램을 반환한다.

```
21 if __name__ == “__main__” :
22     # 명령행 인자 처리
23     ap = argparse.ArgumentParser()
24     ap.add_argument(‘-i’, ‘--image’, required = True, ₩
25             help = ‘Path to the input image’)
26     ap.add_argument(‘-t’, ‘--type’, type = int, ₩
27             default = 1,
28             help = ‘type of histogram equalize(1: original, 2: CLAHE)’)
29     args = vars(ap.parse_args())
30 
31     filename = args[‘image’]
32     type = args[‘type’]
```

```
33
34     # OpenCV를 사용하여 영상 데이터 로딩
35     image = cv2.imread(filename)
36
37     # 그레이스케일 영상으로 변환
38     image = cv2.cvtColor(image, cv2.COLOR_BGR2GRAY)
```

23~32번 줄에서는 명령행 처리를 수행한다. 38번 줄은 히스토그램 균일화 수행을 위해 입력 영상을 그레이스케일 영상으로 변환한다.

```
37     # 원본 영상에 대한 히스토그램 계산
38     hist1, cdf1 = histogram(image)
39
40     # 원본 영상에 대한 히스토그램 출력
41     plt.subplot(2, 2, 1), plt.imshow(image, 'gray')
42     plt.title('image'), plt.xticks([]), plt.yticks([])
43     plt.subplot(2, 2, 2)
44     plt.plot(hist1, color='k')
45     plt.plot(cdf1, color='r')
46     plt.title('histogram'), plt.xlim([0,256])
47
48     # 히스토그램 균일화 수행
49     if type == 1:
50         equalize = cv2.equalizeHist(image)
51     elif type == 2:
52         clahe = cv2.createCLAHE(clipLimit=3.0, tileGridSize=(8,8))
53         equalize = clahe.apply(image)
54
55     # 히스토그램 균일화 영상에 대한 히스토그램 계산
56     hist2, cdf2 = histogram(equalize)
57
58     # 히스토그램 균일화 영상에 대한 히스토그램 출력
59     plt.subplot(2, 2, 3), plt.imshow(equalize, 'gray')
60     plt.title('image'), plt.xticks([]), plt.yticks([])
61     plt.subplot(2, 2, 4)
62     plt.plot(hist2, color='k')
```

```
63     plt.plot(cdf2, color='r')
64     plt.title('histogram'), plt.xlim([0,256])
65     plt.show()
```

38번 줄은 8번 줄에서 정의한 histogram() 함수를 호출하여 원본 영상에 대해 히스토그램과 누적 히스토그램을 계산한다.

41~46번 줄은 원본 영상에 대해 계산한 히스토그램과 누적 히스토그램을 화면에 표시한다. 원본 영상도 함께 표시한다.

49~53번 줄은 균일화 수행 방법에 따라 히스토그램 균일화를 수행한다. 50번 줄은 전역 히스토그램 균일화를 수행하고 52~53번 줄은 적응적 히스토그램 균일화인 Contrast-Limited Adaptive Histogram Equalization(CLAHE)을 수행한다. CLAHE는 앞에서 살펴본 것과 같이 입력 영상을 일정한 크기의 블록으로 구분한 후 블록별로 히스토그램 균일화를 수행한다. 이때 노이즈 영향을 줄이기 위하여 contrast limiting 이라는 기법을 사용하고 블록별 히스토그램 균일화가 끝나면 블록 간의 경계 부근을 매끄럽게 처리하기 위해 양선형 보간(bilinear interpolation)을 수행한다.

56번 줄은 히스토그램 균일화를 수행한 결과 영상에 대해 히스토그램과 누적 히스토그램을 계산한다.

59~65번 줄은 히스토그램 균일화를 수행한 영상에 대해 계산한 히스토그램과 누적 히스토그램을 화면에 표시한다. 결과 영상도 함께 표시한다.

이 프로그램에 대한 실행 결과는 [그림 8.2.1] 및 [그림 8.2.2]와 같다. [그림 8.2.1]은 전역 히스토그램 균일화 수행 결과이고 [그림 8.2.2]는 적응적 히스토그램 균일화 수행 결과이다. 이 그림들의 첫 번째 행은 원본 영상과 이 영상에 대한 히스토그램 및 누적 히스토그램에 대한 그래프이다. 누적 히스토그램은 선 그래프로 표시하였는데 단조 증가하는 것을 확인할 수 있다. 두 번째 행은 히스토그램 균일화를 수행한 영상에 대한 그래프이다. [그림 8.2.1]에서 누적 히스토그램을 보면 그래프가 직선으로 나타나는 것을 확인할 수 있다. 히스토그램 균일화를 수행한 결과에서 히스토그램 자체는 균일하지 않지만, 누적 히스토그램이 직선의 그래프로 나타나는 것을 통해 균일화가 수행된 것을 확인할 수 있다. [그림 8.2.2]에서는 누적 히스토그램의 분포가 직선으로 나타나지는 않는다. 블록 단위로 히스토그램 균일화를 수행하고 명암 대비 한계를 사용하기 때문에 히스토그램 균일화가 수행되지 않는 픽셀들도 존재하기 때문이다.

[그림 8.2.1] 전역 히스토그램 균일화 수행 결과

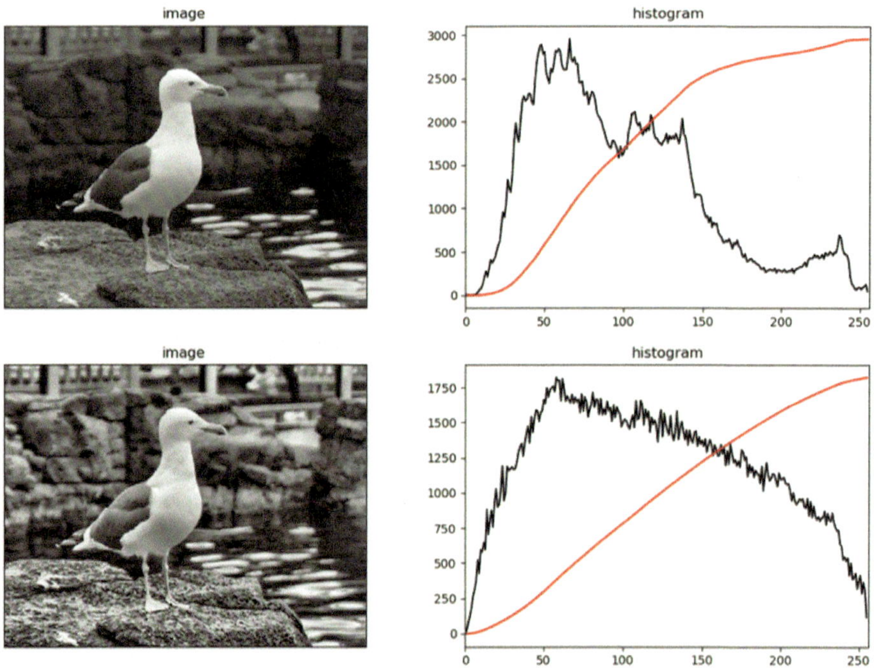

[그림 8.2.2] 적응적 히스토그램 균일화 수행 결과

2) 적응적 임계화 수행

이번 실습에서는 적응적 임계화 방법에 대해 실습한다. 4장에서 그레이 레벨 임계화에 대해 이론적으로 학습하고 실습을 수행하였다. 4장에서 학습한 그레이 레벨 임계화는 전역적인 임계화 방법이다. 그런데 이 방법은 조명이 균일하지 않은 상태에서 촬영된 영상에서는 만족스러운 객체 검출 결과를 얻을 수 없다. 이렇게 조명이 균일하지 않은 상태에서 사용할 수 있는 임계화 방법이 적응적 임계화 방법이다.

OpenCV에서 제공하는 적응적 임계화 함수에 대해 살펴보자. 이 함수의 원형은 다음과 같으며 대괄호([])는 생략 가능한 파라미터이다. 이 함수는 그레이스케일 영상에 대해서만 사용가능하며 컬러 영상에는 사용할 수 없다.

적응적 임계화 함수

```
cv2.adaptiveThreshold(src, maxValue, adaptiveMethod, thresholdType,
   blockSize, C[, dst]) → dst
```

3번째 인자인 adpativeMethod는 적응적 임계화 방법을 구분하는데 다음과 같은 값을 사용할 수 있다.

- cv2.ADAPTIVE_THRESH_MEAN_C: 중심 픽셀 (x,y)를 기준으로 blocksize × blocksize 내부의 픽셀 값 평균에서 C를 뺀 값을 임곗값으로 사용
- cv2.ADAPTIVE_THRESH_GAUSSIAN_C: 중심 픽셀 (x,y)를 기준으로 blocksize × blocksize 안에 있는 Gaussian 윈도우 기반 가중치들의 합에서 C를 뺀 값을 임곗값으로 사용

소스 코드는 8장 폴더에 위치하며 파일명은 adaptive_threshold.py이다. 소스 코드를 실행하는 방법은 다음과 같다.

```
> python adaptive_threshold.py --image ../images/nature.jpg
```

아나콘다 프롬프트에서 adaptive_threshold.py 파일이 위치한 폴더로 이동한 후에 명령을 실행한다. 프로그램은 1개의 명령행 인자를 사용하는데 입력 영상에 대한 경로이다. 입력 영상의 경로는 소스 파일을 포함하는 폴더의 상위 폴더의 images 폴더에 위치한다.

```
1  # 필요한 패키지를 import함
2  from __future__ import print_function
3  import argparse
4  import cv2
```

2~4번 줄은 필요한 패키지를 포함한다.

```
5  if __name__ == "__main__" :
6      # 명령행 인자 처리
7      ap = argparse.ArgumentParser()
8      ap.add_argument('-i', '--image', required = True, ₩
9             help = 'Path to the input image')
10     args = vars(ap.parse_args())
11
12     filename = args['image']
```

5~12번 줄에서는 명령행 처리를 수행한다.

```
14     # OpenCV를 사용하여 영상 데이터 로딩
15     image = cv2.imread(filename)
16
17     # 그레이스케일 영상으로 변환하고 노이즈 제거
18     image = cv2.cvtColor(image, cv2.COLOR_BGR2GRAY)
19     image = cv2.medianBlur(image, 5)
20
21     th, dst1 = cv2.threshold(image, 127, 255, ₩
22      cv2.THRESH_BINARY+cv2.THRESH_OTSU)
23     dst2 = cv2.adaptiveThreshold(image, 255, ₩
24        cv2.ADAPTIVE_THRESH_MEAN_C, cv2.THRESH_BINARY, 11, 2)
25     dst3 = cv2.adaptiveThreshold(image, 255, ₩
26        cv2.ADAPTIVE_THRESH_GAUSSIAN_C, cv2.THRESH_BINARY, 11, 2)
27
28     titles = ['image', 'Global Thresh', 'Adaptive Mean Thresh', ₩
29      'Adaptive Gaussian Thresh']
```

```
30      images = [image, dst1, dst2, dst3]
31
32  for i in range(4):
33          plt.subplot(2, 2, i+1), plt.imshow(images[i], 'gray')
34          plt.title(titles[i])
35          plt.xticks([]),plt.yticks([])
36
37      plt.show()
```

15번 줄에서는 영상을 불러와 18번 줄에서 영상의 유형을 그레이스케일 영상으로 변환한 후에 19번 줄에서 중간값 필터링을 사용하여 노이즈 제거 작업을 수행한다.

21~22번 줄에서는 전역 임계화를 수행하고 23~24번 줄에서는 ADAPTIVE_THRESH_MEAN_C 방법을 사용한 적응적 임계화, 그리고 25~26번 줄에서는 ADAPTIVE_THRESH_GAUSSIAN_C 방법을 사용한 적응적 임계화를 수행한다.

28~37번 줄에서는 임계화 결과를 화면에 표시한다. 임계화 결과는 [그림 8.2.3]에서 확인할 수 있다. [그림 8.2.3]의 좌측 상단은 입력 영상이다. 조명이 균일하지 않아 영상의 하단은 전반적으로 어둡고 상단은 상대적으로 밝게 나타나고 있다. [그림 8.2.3]의 우측 상단은 전역적 임계화를 수행한 결과 영상이다. 조명의 불균일성에 의해 동전들이 제대로 분리되지 못하고 있는 것을 확인할 수 있다. [그림 8.2.3]의 하단에 위치한 2개의 영상은 적응적 임계화 결과이다. 방법에 따라 조금의 차이는 있지만 두 가지 방법들은 모두 동전을 제대로 검출하고 있다.

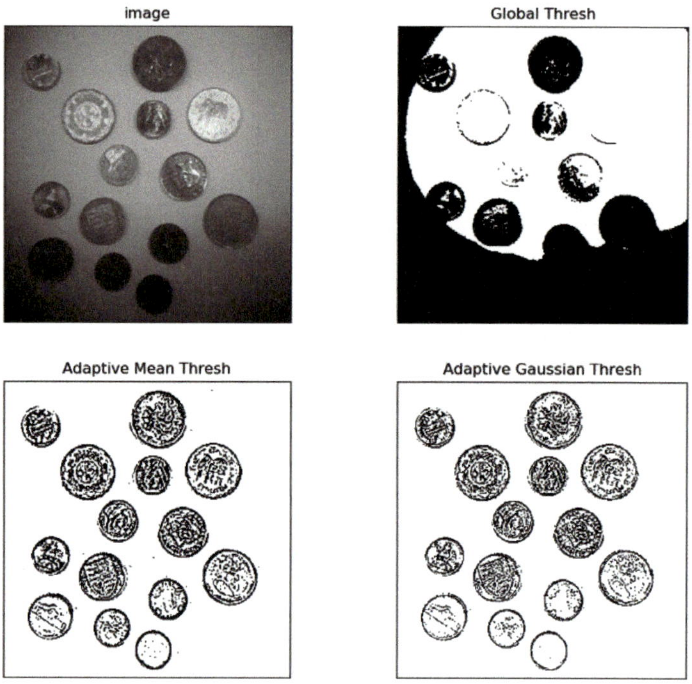

[그림 8.2.3] 임계화 방법에 따른 결과 비교

3) 영상 간 유사도 계산

이번 실습에서는 2개의 영상을 사용하여 이들 간 유사도를 계산하는 실습을 수행한다. 영상 간 유사도는 히스토그램 유사도를 사용한다. 영상으로부터 히스토그램을 계산한 후에 히스토그램 간의 유사도를 영상 간 유사도로 사용한다.

OpenCV에서 제공하는 히스토그램 간 유사도를 계산하는 함수에 대해 살펴보자. 함수 원형은 다음과 같고 대괄호([])는 생략 가능한 파라미터이다.

히스토그램 유사도 계산 함수

```
cv2.compareHist(H1, H2, method) → dst
```

cv2.compareHist() 함수는 다음과 같은 파라미터를 사용한다.

- H1: 질의 영상에 대한 히스토그램이며 1, 2, 3차원 히스토그램을 사용할 수 있음
- H2: 참조 영상에 대한 히스토그램이며 H1과 동일한 빈의 크기와 의미를 가져야 함. 빈의 의미가 동일하다는 것은 질의 히스토그램과 참조 히스토그램의 대응하

는 빈은 동일한 성질(예를 들어, 동일 밝기나 동일 색 등)을 가진다는 의미이며, 만약 빈의 크기나 빈의 성질이 다른 경우에는 EMD(Earth Mover Distance) [9]와 같은 방법을 사용해야 함

- method: 히스토그램 비교 방법으로 다음과 같은 방법을 사용할 수 있음
  - cv.HISTCMP_INTERSECT: 인터섹션
  - cv.HISTCMP_CHISQR: 카이 제곱
  - cv2.HISTCMP_CORREL: 코릴레이션
  - cv2.HISTCMP_BHATTACHARYYA: 바타차야 거리

히스토그램 간 유사도를 비교할 때 원본 히스토그램 대신에 정규화된 히스토그램을 사용할 수도 있다. 정규화된 히스토그램이란 각 빈의 값을 모든 빈의 합으로 나누어서 표현한 히스토그램이다. 정규화된 히스토그램에서 각 빈은 해당 값의 발생 확률을 나타낸다. OpenCV에서 제공하는 히스토그램 정규화 함수에 대해 살펴보자.

히스토그램 정규화 함수

```
cv2.normalize( src, dst[, alpha[, beta[, norm_type[, dtype[, mask]]]]] ) → dst
```

norm_type 인자에 따라 정규화 결과가 달라지는데 가능한 인자 값과 이에 따른 결과를 살펴보자.

- cv2.NORM_L1: 각 빈의 값을 모든 빈의 전체 합으로 나누어 정규화 수행(확률로 정규화)

예)

```
data = np.array([[2.0], [8.0], [20.0], [10.0]])
ata = cv2.normalize(data, data, 1.0, 0.0, cv2.NORM_L1)
```

[2.0]에 대한 정규화 ⇒ $\frac{2}{2+8+20+10}\times 1.0(\text{alpha})$

최종 결과 ⇒

```
array([[0.05],
       [0.2],
       [0.5],
       [0.25]])
```

- cv2.NORM_L2(기본 값): 각 빈의 값을 각 빈의 제곱 합에 대한 제곱근으로 나누어서 정규화 수행(단위 벡터로 정규화)

예)
```
data = np.array([[2.0], [8.0], [20.0], [10.0]])
data = cv2.normalize(data, data, 1.0, 0.0, cv2.NORM_L2)
```
[2.0]에 대한 정규화 ⇒ $\frac{2}{\sqrt{2^2+8^2+20^2+10^2}} \times 1.0(alpha)$

최종 결과 ⇒
```
array([[0.08391814],
       [0.33567214],
       [0.83918136],
       [0.41959068]])
```

- cv2.NORM_INF: 각 빈의 값을 빈 중의 최대값으로 나누어 정규화 수행

예)
```
data = np.array([[2.0], [8.0], [20.0], [10.0]])
data = cv2.normalize(data, data, 1.0, 0.0, cv2.NORM_INF)
```
[2.0]에 대한 정규화 ⇒ $\frac{2}{max(2+8+20+10)} \times 1.0(alpha)$

최종 결과 ⇒
```
array([[0.1],
       [0.4],
       [1. ],
       [0.5]])
```

- cv2.NORM_MINMAX: 각 빈의 값의 범위로 [0.0, 1.0] 범위로 정규화

예)
```
data = np.array([[2.0], [8.0], [20.0], [10.0]])
data = cv2.normalize(data, data, 1.0, 0.0, cv2.NORM_NORM_MINMAX)
```
정규화 처리 과정

2.0 ⇒ 0.0 (shift to left border)

8.0 ⇒ 0.333 (8-2)/(20-2)

20.0 ⇒ 1.0 (20-2)/(20-2)

```
10.0 ⇒ 0.444 (10-2)/(20-2)
```
(빈 값 중에서 최소값은 왼쪽 경계, 최대값은 오른쪽 경계로 사용)

최종 결과 ⇒
```
array([[0.        ],
       [0.33333333],
       [1.        ],
       [0.44444444]])
```

소스 코드는 8장 폴더에 위치하며 파일명은 compare_histogram.py이다. 소스 코드를 실행하는 방법은 다음과 같다.

```
python compare_histogram.py --query ../images/ani1.jpg
      --reference ../images/ani2.jpg --type 2
```

아나콘다 프롬프트에서 compare_histogram.py 파일이 위치한 폴더로 이동한 후 명령을 실행한다. 프로그램은 3개의 명령행 인자를 사용하는데 첫 번째 인자는 질의 영상에 대한 경로이고 두 번째 인자는 참조 영상에 대한 경로이다. 2개의 입력 영상의 경로는 images 폴더에 위치한다. 세 번째 인자는 히스토그램 유사도 계산에 사용할 히스토그램의 유형을 나타낸다. type이 1이면 1차원 히스토그램, type이 2이면 2차원 히스토그램 그리고 type이 3이면 3차원 히스토그램을 사용하여 히스토그램 유사도를 계산한다.

```
1  # 필요한 패키지를 import함
2  from __future__ import print_function
3  import argparse
4  import cv2
```

2~4번째 줄은 필요한 패키지를 포함한다.

```
6  def histogram1D(img):
7      # 1차원 히스토그램 계산
8      hist = cv2.calcHist([img], [0], None, [256], [0, 256])
9      hist = cv2.normalize(hist, hist)
```

```
10
11      # 결과 히스토그램 반환
12      return hist
13
14  def histogram2D(img):
15      # 2차원 히스토그램 계산
16      hist = cv2.calcHist( [img], [0, 1], None, ₩
17                  [180, 256], [0, 180, 0, 256] )
18      hist = cv2.normalize(hist, hist)
19
20      # 결과 히스토그램 반환
21      return hist
22
23  def histogram3D(img):
24      # 2차원 히스토그램 계산
25      hist = cv2.calcHist( [img], [0, 1, 2], None, ₩
26              [32, 32, 32], [0, 256, 0, 256, 0, 256] )
27      hist = cv2.normalize(hist, hist)
28
29      # 결과 히스토그램 반환
20      return hist
```

6번 줄은 histogram1D() 함수를 정의한다. 이 함수는 그레이스케일 영상에 대해 1차원 히스토그램을 계산한다. 히스토그램은 정규화(기본 값인 cv2.NORM_L2 사용)하여 반환한다.

14번 줄은 histogram2D() 함수를 정의한다. 이 함수는 HSV 영상의 색상 및 채도에 대해 2차원 히스토그램을 계산한다. 역시 히스토그램은 정규화(기본 값인 cv2.NORM_L2 사용)하여 반환한다.

23번 줄은 histogram3D() 함수를 정의한다. 이 함수는 컬러 영상의 모든 성분을 사용하여 3차원 히스토그램을 계산한다. 역시 히스토그램은 정규화(기본 값인 cv2.NORM_L2 사용)하여 반환한다.

```
32  if __name__ == "__main__" :
33      # 명령행 인자 처리
34      ap = argparse.ArgumentParser()
```

```
35    ap.add_argument('-q', '--query', required = True, ₩
36          help = 'Path to the query image')
37    ap.add_argument('-r', '--reference', required = True, ₩
38          help = 'Path to the reference image')
39    ap.add_argument('-t', '--type', type = int, ₩
40       default = 1,
41       help = 'type of histogram(1: gray, 2: color)')
42    args = vars(ap.parse_args())
43
44    query = args['query']
45    reference = args['reference']
46    hist_type = args['type']
```

32~46번 줄에서는 명령행 처리를 수행한다.

```
48    # OpenCV를 사용하여 질의 영상 데이터 로딩
49    imageq = cv2.imread(query)
50
51    if hist_type == 1:
52       # 그레이스케일 영상으로 변환
53       grayq = cv2.cvtColor(imageq, cv2.COLOR_BGR2GRAY)
54       # 히스토그램 계산
55       histq = histogram1D(grayq)
56    elif hist_type == 2:
57       # HSV 영상으로 변환
58       hsvq = cv2.cvtColor(imageq, cv2.COLOR_BGR2HSV)
59       # 히스토그램 계산
60       histq = histogram2D(hsvq)
61    elif hist_type == 3:
62       # 히스토그램 계산
63       histq = histogram3D(imageq)
```

49번 줄은 질의 영상을 불러온다.

51~63번 줄은 히스토그램의 유형에 따라 앞에서 정의한 함수를 사용하여 질의 영상에 대한 히스토그램을 계산한다.

```
65    # OpenCV를 사용하여 참조 영상 데이터 로딩
66    imager = cv2.imread(reference)
67
68    if hist_type == 1:
69        # 그레이스케일 영상으로 변환
70        grayr = cv2.cvtColor(imager, cv2.COLOR_BGR2GRAY)
71        # 히스토그램 계산
72        histr = histogram1D(grayr)
73    elif hist_type == 2:
74        # HSV 영상으로 변환
75        hsvr = cv2.cvtColor(imager, cv2.COLOR_BGR2HSV)
76        # 히스토그램 계산
77        histr = histogram2D(hsvr)
78    elif hist_type == 3:
79        # 히스토그램 계산
80        histr = histogram3D(imager)
```

66번 줄은 참조 영상을 불러온다.

68~80번 줄은 히스토그램의 유형에 따라 앞에서 정의한 함수를 사용하여 참조 영상에 대한 히스토그램을 계산한다.

```
82    val = cv2.compareHist(histq, histr, cv2.HISTCMP_CORREL)
83    print(query, "~", reference, "(correlation): ", val)
84    val = cv2.compareHist(histq, histr, cv2.HISTCMP_CHISQR)
85    print(query, "~", reference, "(Chi-Square): ", val)
86    val = cv2.compareHist(histq, histr, cv2.HISTCMP_INTERSECT)
87    print(query, "~", reference, "(intersect): ", val)
88    val = cv2.compareHist(histq, histr, cv2.HISTCMP_BHATTACHARYYA)
89    print(query, "~", reference, "(Bhattacharyya): ", val)
90
91    cv2.imshow("query", imageq)
92    cv2.imshow("reference", imager)
93    cv2.waitKey(0)
```

82번 줄은 비교 대상의 영상들에 대해 코릴레이션 방법으로 히스토그램의 유사도

를 비교하여 유사도를 계산한다. 83번 줄은 계산한 유사도를 화면에 출력한다.

84번 줄은 비교 대상의 영상들에 대해 카이 제곱 방법으로 히스토그램의 유사도를 비교하여 유사도를 계산한다. 85번 줄은 계산한 유사도를 화면에 출력한다.

86번 줄은 비교 대상의 영상들에 대해 인터섹션 방법으로 히스토그램의 유사도를 비교하여 유사도를 계산한다. 87번째 줄은 계산한 유사도를 화면에 출력한다.

88번 줄은 비교 대상의 영상들에 대해 바타차야(BHATTACHARYYA) 방법으로 히스토그램의 유사도를 비교하여 유사도를 계산한다. 89번째 줄은 계산한 유사도를 화면에 출력한다.

[그림 8.2.4]의 세 가지 영상에 대해 상호 유사도를 비교한다. 유사도 비교는 앞에서 설명한 4가지 방법을 사용한다. 코릴레이션은 영상이 유사할수록 1에 가까운 값을 가지고 차이가 클수록 0에 가까운 값을 갖는다. 카이 제곱과 바타차야는 영상이 유사할수록 0에 가까우 값을 가지고 차이가 클수록 큰 값을 갖는다. 인터섹션은 영상이 유사할수록 큰 값을 갖는다. 카이 제곱을 제외한 3가지 방법은 질의 영상과 참조 영상이 서로 바뀌어도 동일한 유사도를 계산한다.

ani1.jpg ani2.jpg ani3.jpg

[그림 8.2.4] 영상 유사도 비교를 위한 입력 영상 1

1차원 히스토그램을 사용한 경우 영상 간 유사도 비교 결과는 다음과 같다. 우리는 ani1.jpg과 ani2.jpg 또는 ani1.jpg과 ani3.jpg 사이의 유사도에 비해 ani2.jpg과 ani3.jpg 사이의 유사도가 더 높을 것으로 기대하지만 실제 결과에서는 동일 영상 간 비교를 제외하고는 ani1.jpg과 ani3.jpg 사이의 유사도가 가장 높은 것으로 나타나고 있다. 이것은 1차원 히스토그램을 사용하기 때문에 발생하는 것으로 2차원 또는 3차원 히스토그램을 사용하면 우리가 기대하는 결과를 얻을 수 있다. [그림 8.2.5]는 [그림 8.2.4]의 영상들에 대한 1차원 히스토그램을 표시한 것이다. ani1.jpg과 ani3.jpg의 1차원 히스토그램이 매우 유사하게 분포하고 있는 것을 확인할 수 있다.

Correlation (query × reference)

query \ reference	ani1	ani2	ani3
ani1	1.0	0.37	0.93
ani2	0.37	1.0	0.56
ani3	0.93	0.56	1.0

Chi-Square (query × reference)

query \ reference	ani1	ani2	ani3
ani1	0.0	70.04	0.83
ani2	5.63	0.0	4.95
ani3	1.09	40.93	0.0

Intersect (query × reference)

query \ reference	ani1	ani2	ani3
ani1	13.91	11.53	12.35
ani2	11.53	14.89	11.75
ani3	12.35	11.75	13.51

Bhattacharyya (query × reference)

query \ reference	ani1	ani2	ani3
ani1	0.0	0.23	0.09
ani2	0.23	0.0	0.21
ani3	0.09	0.21	0.0

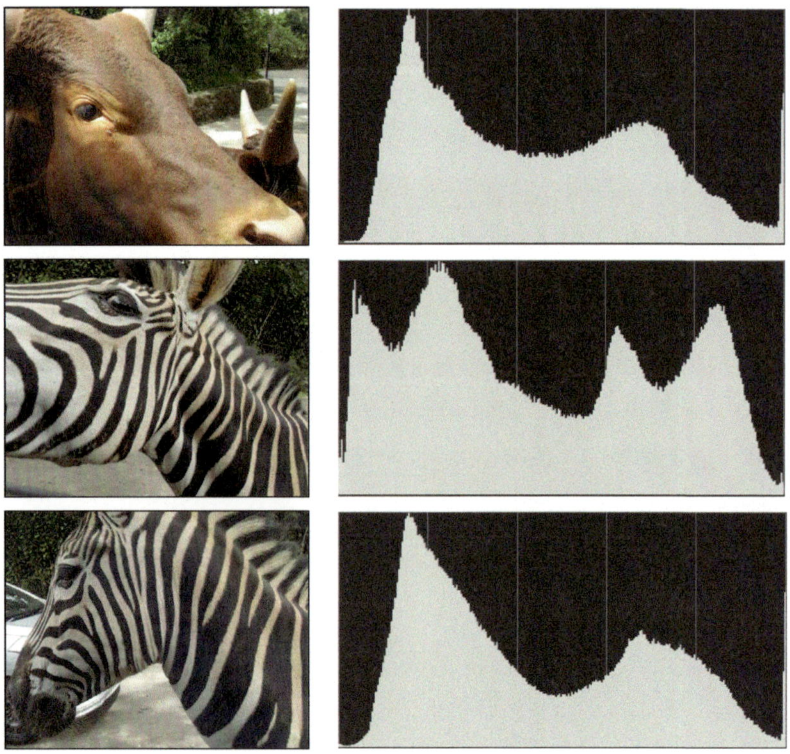

[그림 8.2.5] 영상 유사도 비교를 위한 입력 영상 2

2차원 및 3차원 히스토그램을 사용한 경우 영상 유사도를 직접 계산하여 다음 표를 완성해보자. 그리고 색상 성분(H)에 대한 1차원 히스토그램을 사용하는 경우에는 그레이스케일 히스토그램과 어떤 차이가 있는지도 다음 표를 완성해 확인해보자.

- 2차원 히스토그램을 사용한 경우의 영상 유사도 비교 결과

reference (columns) / query (rows)

	ani1	ani2	ani3
ani1			
ani2			
ani3			

Correlation

	ani1	ani2	ani3
ani1			
ani2			
ani3			

Chi-Square

	ani1	ani2	ani3
ani1			
ani2			
ani3			

Intersect

	ani1	ani2	ani3
ani1			
ani2			
ani3			

Bhattacharyya

- 3차원 히스토그램을 사용한 경우의 영상 유사도 비교 결과

	ani1	ani2	ani3
ani1			
ani2			
ani3			

Correlation

	ani1	ani2	ani3
ani1			
ani2			
ani3			

Chi-Square

	ani1	ani2	ani3
ani1			
ani2			
ani3			

Intersect

	ani1	ani2	ani3
ani1			
ani2			
ani3			

Bhattacharyya

- H성분에 대한 1차원 히스토그램을 사용한 경우의 영상 유사도 비교 결과

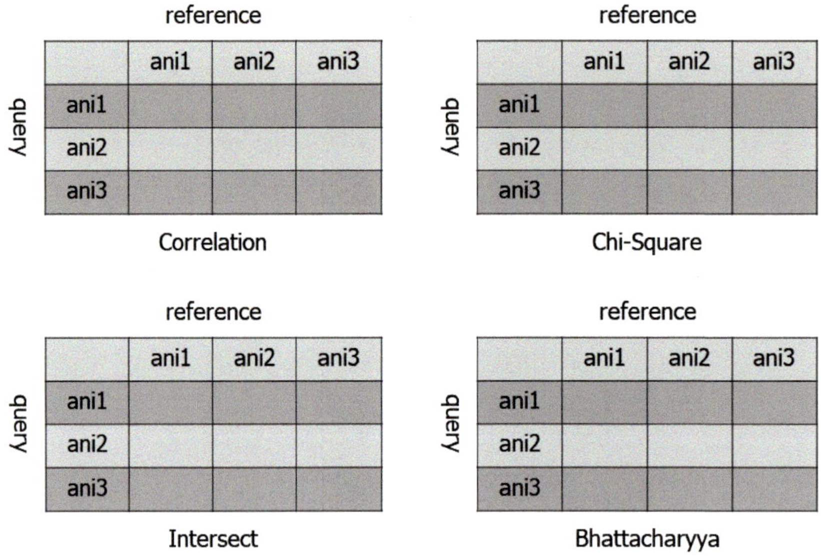

4) 히스토그램 역투영 수행

이번 실습에서는 히스토그램 역투영에 대해 실습한다. OpenCV에서 제공하는 히스토그램 역투영 함수에 대해 살펴보자. 이 함수의 원형은 다음과 같고 대괄호([])는 생략 가능한 파라미터이다. 이 함수는 임의의 채널 개수를 가지는 입력 영상에 대해 사용할 수 있다.

히스토그램 역투영 함수

```
cv2.calcBackProject(images, channels, hist, ranges, scale[, dst]) → dst
```

소스 코드는 8장 폴더에 위치하며 파일명은 backproject_histogram.py이다. 명령행 인자를 사용하여 기준 영상에 대한 입력 파일명과 대상 영상에 대한 입력 파일명을 전달한다. 소스 코드를 실행하는 방법은 다음과 같다. 아나콘다 프롬프트에서 backproject_histogram.py 파일이 위치한 폴더로 이동한 후에 명령을 실행한다.

```
> python backproject_histogram.py --reference ../images/pumpkin_
  roi.jpg --target ../images/pumpkin.jpg
```

```
1  # 필요한 패키지를 import함
2  from __future__ import print_function
3  import argparse
4  import cv2
5  import numpy as np
6  from matplotlib import pyplot as plt
```

2~6번 줄은 필요한 패키지를 포함한다.

```
8  def back_project(img_ref, img_tar):
9      r_hsv = cv2.cvtColor(img_ref, cv2.COLOR_BGR2HSV)
10     t_hsv = cv2.cvtColor(img_tar, cv2.COLOR_BGR2HSV)
11
12     # calculating histogram for reference image
13     r_hist = cv2.calcHist([r_hsv], [0,1], None, ₩
14             [180,256], [0,180, 0,256] )
15
16     # apply backprojection
17     dst = cv2.calcBackProject([t_hsv], [0,1], r_hist, [0,180,0,256], 1)
18
19     # convolute with circular disc
20     ele = cv2.getStructuringElement(cv2.MORPH_ELLIPSE, (5,5))
21     cv2.filter2D(dst, -1, ele, dst)
22
23     return dst
```

8번 줄은 back_project() 함수를 정의한다. 이 함수는 기준 영상과 대상 영상을 인자로 전달받아 히스토그램 역투영 결과를 생성하여 반환한다. 9번과 10번 줄은 각각 기준 영상과 대상 영상을 HSV 칼라 모델로 변환한다. 13~14번 줄은 기준 영상에 대해 2차원 히스토그램을 계산한다. 17번 줄은 기준 영상에 대한 히스토그램을 사용하여 대상 영상에서 기준 영상에 해당하는 관심 영역을 검출한다. 20번 및 21번 줄에서는 검출한 관심 영역을 두드러지게 표현할 수 있도록 적절한 컨볼루션 연산을 수행한다.

```
25 if __name__ == "__main__" :
26     # 명령행 인자 처리
27     ap = argparse.ArgumentParser()
28     ap.add_argument('-r', '--reference', required = True, ₩
29             help = 'Path to the reference image')
30     ap.add_argument('-t', '--target', required = True, ₩
31             help = 'Path to the target image')
32     args = vars(ap.parse_args())
33 
34     f_ref = args['reference']
35     f_tar = args['target']
```

25~35번 줄은 명령행 처리를 수행한다.

```
37     # OpenCV를 사용하여 영상 데이터 로딩
38     img_ref = cv2.imread(f_ref)
39     img_tar = cv2.imread(f_tar)
40 
41     # excute histogram backprojection
42     proj = back_project(img_ref, img_tar)
43 
44     # threshold and binary AND
45     th, th_proj = cv2.threshold(proj, 50, 255, 0)
46     th_proj = cv2.merge((th_proj, th_proj, th_proj))
47 
48     img_ref = cv2.cvtColor(img_ref, cv2.COLOR_BGR2RGB)
49     img_tar = cv2.cvtColor(img_tar, cv2.COLOR_BGR2RGB)
50 
51     # bitwise and operation for generating result
52     r_img = cv2.bitwise_and(img_tar, th_proj)
```

38번 및 39번 줄에서는 기준 영상과 대상 영상을 불러온다. 42번 줄은 앞에서 정의한 back_project() 함수를 사용하여 히스토그램 역투영을 수행하고 그 결과를 반환받는다. 45번 줄은 임계치를 50으로 설정하여 임계화를 수행한다. 임계치 50은 경험적으로 설정한 값이다. 46번 줄에서는 임계화 결과를 3개의 채널을 갖는 영상으로 변환

한다. 그 이유는 52번 줄과 같이 대상 영상과 임계화 결과 영상을 비트 단위 AND 연산을 수행하기 위해서이다. 대상 영상은 3개의 채널로 구성된 칼라 영상이므로 비트 단위 AND 연산을 수행하기 위해서는 마스크에 해당하는 임계화 결과 영상도 3개 채널을 가져야 한다. 48번 및 49번 줄은 BGR 칼라 모델을 RGB 칼라 모델로 변환한다. BGR 칼라 모델은 OpenCV에서 사용하는 방식으로 칼라의 표현 순서가 B, G, R의 순서로 나타난다. 반면 RGB 칼라 모델은 matplotlib에서 사용하는 방식으로 칼라 순서가 R, G, B의 순서로 나타난다.

```
54      plt.subplot(2, 2, 1), plt.imshow(img_tar)
55      plt.title('target'), plt.xticks([]), plt.yticks([])
56      plt.subplot(2, 2, 2), plt.imshow(img_ref)
57      plt.title('reference'), plt.xticks([]), plt.yticks([])
58      plt.subplot(2, 2, 3), plt.imshow(proj, 'gray')
59      plt.title('probability'), plt.xticks([]), plt.yticks([])
60      plt.subplot(2, 2, 4), plt.imshow(r_img)
61      plt.title('bitwise_and'), plt.xticks([]), plt.yticks([])
62      plt.show()
```

54~62번 줄은 히스토그램 역투영 결과를 화면에 출력한다. [그림 8.2.6]은 히스토그램 역투영 결과 영상이다. 영상 상단의 제목을 통해 각 영상의 의미를 확인할 수 있다.

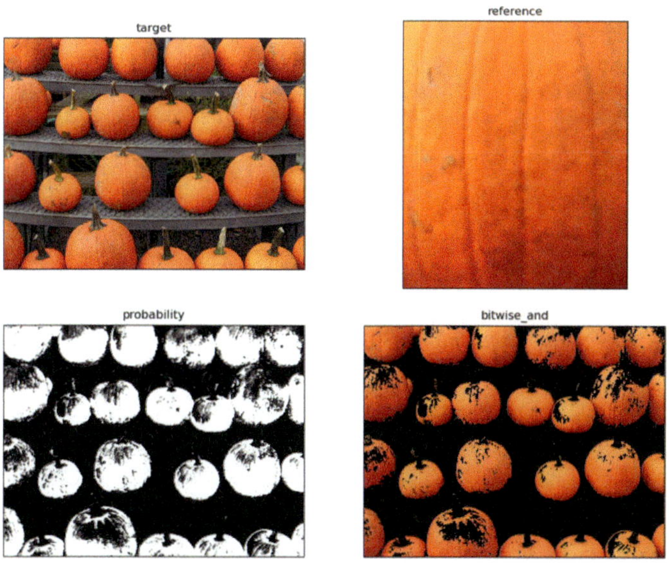

[그림 8.2.6] 히스토그램 역투영 결과

8.3 스스로 하기 실습

실습 내용

- 히스토그램 스케일링 및 슬라이딩 수행하기

1) 히스토그램 스케일링 및 슬라이딩 수행

이번 실습에서는 히스토그램 스케일링과 슬라이딩을 통해 영상의 명암대비와 밝기를 변경하는 방법에 대해 실습한다.

목표

히스토그램 스케일링과 슬라이딩을 수행한다.

절차

- 파일명은 scale_slide_histogram.py으로 지정한다.
- 명령 행 인자를 사용하여 입력 파일명을 전달한다.
- 컬러 영상과 그레이스케일 영상을 모두 지원한다.
- 히스토그램 스케일링 함수를 작성한다.
- 히스토그램 슬라이딩 함수를 작성한다.
- 원본 영상에 대해 히스토그램 스케일링과 슬라이딩을 차례로 수행하고 그 결과를 서로 다른 영상에 저장한다.
- 원본 영상, 스케일링 결과 영상, 슬라이딩 결과 영상에 대해 각각 히스토그램을 계산한다.
- 각 영상과 해당 히스토그램을 화면에 표시한다.

```
│
├── images
│
└── 8장
     ├── adaptive_threshold.py
     ├── compare_histogram.py
     ├── equalize_histogram.py
     └── scale_slide_histogram.py
```

실행 방법

- 입력 파일 명은 ../images/pumpkin_dim.jpg, 스케일링과 슬라이딩 값은 기본값(각각 [50, 150]과 50)으로 지정

```
> python scale_slide_histogram.py --image ../images/pumpkin_dim.jpg
```

- 입력 파일 명은 ../images/pumpkin_dim.jpg, 스케일링 범위는 [0, 255], 슬라이딩 값은 30으로 지정

```
> python scale_slide_histogram.py --image ../images/pumpkin_dim.jpg
    --range 0 255 --slide 30
```

실행 결과 확인

```
> python scale_slide_histogram.py --image ../images/pumpkin_dim.jpg
```

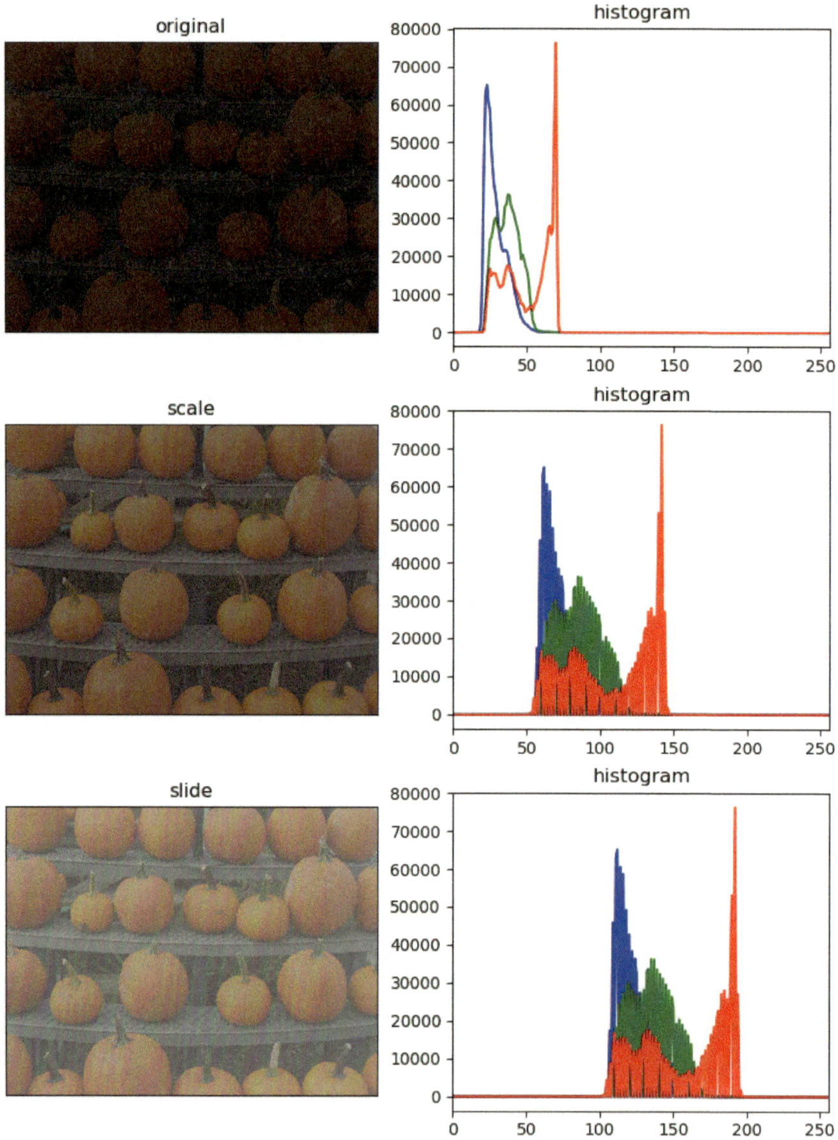

[그림 8.3.1] 기본값을 사용하여 처리한 결과

실행 결과 확인

```
> python scale_slide_histogram.py --image ../images/pumpkin_dim.jpg
    --range 0 255 --slide 30
```

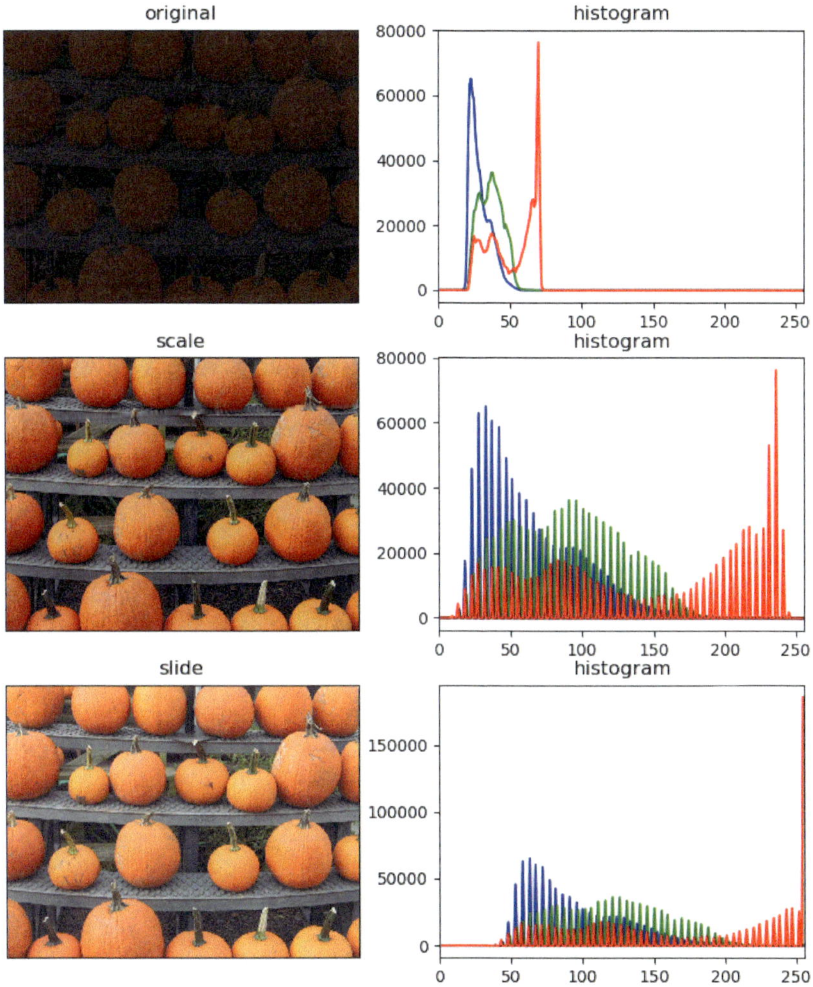

[그림 8.3.2] 명령 행 인자를 지정하여 처리한 결과

☞ 도움말

1. 히스토그램 스케일링을 수행하는 scaleHistogram() 함수를 작성한다.

2. 히스토그램 슬라이딩을 수행하는 slideHistogram() 함수를 작성한다.
   - OpenCV에서 읽은 영상은 Numpy의 array형이며 각 원소(픽셀)는 uint8 자료형을 가지므로 유효한 값의 범위는 [0, 255]임
   - 슬라이딩 연산을 통해 픽셀값을 변경하여 255보다 커지면 0으로 값이 순환함. 예를 들어, 다음의 예제를 참조

   ```
   >>> A = np.array([30, 50, 100, 200], dtype='uint8')
   >>> A = A + 100
   >>> A
   array([130, 150, 200, 44], dtype='uint8')
   ```

   - 0보다 작은 경우에도 유사한 결과가 나타나므로 이런 연산 결과를 고려해야 함

3. 원본 영상에 대해 히스토그램 스케일링과 슬라이딩을 차례로 수행한다.

4. 원본 영상, 스케일링 결과 영상, 슬라이딩 결과 영상에 대해 각각 히스토그램을 계산한다.

5. matplotlib를 사용하여 각 영상과 해당 히스토그램을 화면에 표시한다.

2) 히스토그램 기반의 영상 검색 수행

이번 실습에서는 히스토그램을 영상 특징으로 사용하여 영상 검색을 수행하는 방법에 대해 실습한다.

실습 목표

- 히스토그램 기반의 영상 검색을 수행한다.

실습 절차

- 웹에서 영상 검색을 수행할 영상 데이터를 수집한다. 최소 3가지 이상의 클래스

를 수집하도록 하고 각 클래스에는 6장 이상의 영상을 포함한다.

- 구축하는 영상 검색 시스템은 일종의 내용 기반 영상 검색(content-based image retrieval) 시스템이며 이때 사용하는 내용 정보는 히스토그램을 기반으로 하는 특징 정보이다.
- 이 검색 시스템은 2개의 파일로 구성되며 첫 번째 파일명은 cbir_index.py로 지정하고 두 번째 파일명은 cbir_search.py으로 지정한다. cbir_index.py 파일은 수집한 영상 데이터로부터 데이터베이스를 구축하는 작업을 수행하고 cbir_search.py에서는 질의 영상에 대한 검색을 수행한다.
- cbir_index.py의 명령행 인자에는 인덱스를 구축할 입력 영상 집합이 저장된 폴더의 경로와 생성되는 히스토그램 기반의 특징 정보를 저장하는 인덱스 파일의 경로와 이름을 지정한다. 사용 방법은 하단을 참조한다.
- cbir_search.py의 명령행 인자에는 입력 영상 집합이 저장된 폴더의 경로와 생성된 인덱스 파일의 경로와 이름 및 질의 영상 파일명을 지정한다. 그리고 질의 영상에 해당하는 영상의 경로를 지정한다. 사용 방법은 하단을 참조한다.
- 컬러 영상과 그레이스케일 영상을 모두 지원한다.
- cbir_index.py 파일은 제공되는 것을 사용한다.
- cbir_search.py 파일의 calc_similarity() 함수를 작성한다.
- 질의 영상에 대해 가장 유사도가 높은 6개의 영상을 유사도 순서대로 출력한다.

- images
- 8장
  - **dataset**
  - **index**
  - adaptive_threshold.py
  - cbir_index.py
  - cbir_search.py
  - compare_histogram.py
  - equalize_histogram.py
  - scale_slide_histogram.py

실행 방법

- 인덱스 생성: 수집된 영상 데이터 세트는 ./dataset 폴더에 저장되어 있고 생성하는 인덱스 파일은 ./index 폴더에 index.idx 이름으로 저장(현재 폴더의 하위에 index 폴더가 존재해야 함)

```
> python cbir_index.py --dataset ./dataset --index ./index/index.idx
```

- 영상 검색: 영상 데이터 세트는 ./dataset 폴더에 저장되어 있고 이전에 생성된 인덱스 파일은 ./index 폴더에 index.idx 이름으로 저장되어 있으며 질의에 사용할 영상은 ./dataset 폴더의 crownfish01.jpg 사용(수집된 영상 데이터 세트에 포함된 영상 이외의 추가 영상 데이터를 사용하여 검색 가능함)

```
> python cbir_search.py --dataset ./dataset --index ./index/index.
idx --query ./dataset/crownfish01.jpg
```

실행 결과

- 첫 번째 영상을 질의 영상으로 사용하여 가장 유사도가 높은 6장의 영상을 표시

[그림 8.3.3] 영상 검색 결과 예시

☞ 도움말

1. 질의 영상과 데이터베이스에 인덱싱되어 있는 영상 사이의 히스토그램 유사도를 계산하는 `calc_similarity()` 함수를 작성한다.
    - 파일에서 불러온 인덱스 데이터를 입력 인자로 사용
    - 함수에서는 질의 영상과의 데이터베이스에 저장된 각 영상과의 히스토그램 유사도를 계산하여 파이썬의 `dictionary` 형으로 저장
        - 히스토그램 유사도 계산을 위해 사용하는 방법(예를 들어, 코릴레이션 등)은 여러분들이 결정함
        - `key`는 파일 명, `value`에는 유사도 저장 (`cbir_index.py` 참조)
    - 유사도에 따라 내림차순으로 정렬한 후 `dictionary` 데이터 반환

2. 주어진 코드에서는 2차원 히스토그램을 사용하고 있는데 다른 유형의 히스토그램을 사용하여 결과를 비교하세요.

실습 보고서 (실습 주제별로 작성)

<table>
<tr><td>학번</td><td></td><td>이름</td><td></td></tr>
<tr><td>제출일</td><td></td><td>전자 메일</td><td></td></tr>
<tr><td>주제</td><td colspan="3"></td></tr>
<tr><td>실습 목표</td><td colspan="3">이번 실습을 통해 달성하고자 하는 목표를 2가지 이상 개별 제시
• 목표 1
• 목표 2</td></tr>
<tr><td>해결 과정 및 주요 코드에 대한 설명</td><td colspan="3">• 문제 해결 절차 및 방법
• 소스 코드에서의 핵심 코드를 제시하고 설명</td></tr>
<tr><td>실행 결과</td><td colspan="3">• 세 가지 이상의 서로 다른 실행 결과 제시
• 명령 행 인자나 호출 함수 인자의 변경을 통해 실행 결과 생성</td></tr>
<tr><td>느낀 점</td><td colspan="3">• 문제 해결 과정이나 실습 과정에서 느낀 점</td></tr>
<tr><td colspan="4">첨부: 소스 파일(별도 파일)</td></tr>
</table>

제 9 장

영상 변환

학습 목표

1) 영상 변환의 의미와 절차를 살펴본다.
2) 주파수 공간에서의 필터링 방법을 살펴본다.
3) 코사인 변환(Cosine transform)을 실습한다.
4) 푸리에 변환(Fourier transform)을 실습한다.

9.1. 기본 이론

영상 변환(image transform)의 의미와 처리 절차에 대해 살펴보고 영상 변환 방법인 코사인 변환과 푸리에 변환에 대해 살펴본다. 또한, 주파수 공간에서 필터링 방법에 대해 살펴본다.

1) 영상 변환 개요

영상 변환이란 변환 수식을 사용하여 주어진 영상 데이터를 새로운 공간으로 매핑하는 과정이다. 영상 데이터는 지금까지 살펴본 것처럼 밝기 정보를 갖는 픽셀 단위로 이루어져 있다. 이렇게 밝기 정보를 가지는 영상 데이터를 영상 변환을 통해 주파수 정보를 가지는 데이터로 변환한다. 대부분의 영상 변환은 주파수 변환(frequency transform)에 해당한다. 따라서 영상 변환은 공간 도메인(spatial domain)의 영상 데이터를 주파수 도메인(frequency domain)의 주파수 데이터로 매핑하는 과정이라고 할 수 있다.

영상 변환을 위한 변환 수식의 일반적인 형태는 식 9.1.1과 같다. I는 입력 영상, B는 기저 영상(basis image)이다. 이 수식은 입력 영상을 각 기저 영상에 투영하여 유사 정도를 계산하는데 이를 통해 입력 영상을 각 기저 영상에 대한 가중 합으로 분해하게 된다. 입력 영상을 구성하는 모든 픽셀은 출력 데이터의 각 값을 계산하는 데 영향을 미친다. 주파수 데이터를 다시 영상 데이터로 복원하는 과정은 역변환 수식을 사용하여 처리한다. 역변환 수식의 일반적인 형태는 식 (9.1.2)와 같다.

$$T(u,v) = k\sum_{r=0}^{M-1}\sum_{c=0}^{N-1} I(r,c)B(r,c;u,v) \qquad \text{식 (9.1.1)}$$

$$I(r,c) = k\sum_{u=0}^{M-1}\sum_{v=0}^{N-1} T(u,v)B^{-1}(r,c;u,v) \qquad \text{식 (9.1.2)}$$

r, c는 공간 도메인에 대한 변수이고 u, v는 주파수 도메인에 대한 변수이다. 앞의 수식에서 영상의 가로 길이는 N, 세로 길이는 M으로 가정한다.

2) 코사인 변환

코사인 변환(Cosine Transform)은 기저 함수에 코사인 함수를 사용한다. 그리고 변환된 주파수 데이터는 실숫값으로만 구성된다. 코사인 변환은 영상 압축 방법인 JPEG과 비디오 압축 방법인 MPEG에서 데이터 압축을 위해 사용하고 있다. 2차원의 이산 코사인 변환(Discrete Cosine Transform, DCT)을 위한 변환 수식과 역변환 수식은 식 9.1.3과 같다. 여기에서 영상의 가로와 세로 길이는 같으며 N으로 가정한다. $\alpha(u)$, $\alpha(v)$는 가중치이며 u, v 값에 따라 식 (9.1.4)와 같이 정의된다.

$$\begin{aligned} C(u,v) &= \alpha(u)\alpha(v)\sum_{r=0}^{N-1}\sum_{c=0}^{N-1} I(r,c)\left[\cos\left\{\frac{(2r+1)u\pi}{2N}\right\}\cos\left\{\frac{(2c+1)v\pi}{2N}\right\}\right] \\ I(r,c) &= \sum_{u=0}^{N-1}\sum_{v=0}^{N-1} \alpha(u)\alpha(v)C(u,v)\left[\cos\left\{\frac{(2r+1)u\pi}{2N}\right\}\cos\left\{\frac{(2c+1)v\pi}{2N}\right\}\right] \end{aligned} \qquad \text{식 (9.1.3)}$$

$$\alpha(u),\alpha(v) = \begin{cases} \sqrt{\dfrac{1}{N}} & \text{for } u,v=0 \\ \sqrt{\dfrac{2}{N}} & \text{for } u,v=1,2,\cdots,N-1 \end{cases} \qquad \text{식 (9.1.4)}$$

[그림 9.1.1]과 [그림 9.1.2]는 인공 영상과 자연 영상에 대한 DCT 결과를 나타낸다. 변환 데이터의 원점은 주파수가 0인 지점을 나타내며 우측과 하단으로 위치가 이동할수록 주파수가 증가한다. 거의 모든 영상의 경우 주파수가 0인 지점에 에너지가 집중되어 있고 고주파로 갈수록 에너지가 감소한다. 주파수가 0인 지점에 에너지가 집중되어 다른 지점에 비해 상대적으로 큰 값으로 나타나기 때문에, 이 에너지 값을 영상으로 표현한 경우 스펙트럼 영상에서 확인할 수 있듯이 대부분 지점에서 검은색으로 나타난다.

스펙트럼 영상이란 주파수별 에너지를 영상으로 시각화하여 표현한 영상이다. 따라서 에너지 분포를 시각적으로 표현하기 위해 로그 함수를 활용하여 로그 스케일로 표현한다.

DCT 결과에 대해 역변환을 수행하면 원래 영상을 다시 복원할 수 있다. DCT 결과에 대한 주파수 연산을 통해 일부 유용한 정보만 추출한 후 역변환을 통해 영상을 복원하여 영상 공간에서는 처리할 수 있는 작업을 수행하는 것이 가능하다. 예를 들어, 앞에서도 설명한 것처럼 DCT는 영상 압축(JPEG)과 비디오 압축(MPEG)에서 유용하게 사용하고 있다. 압축을 위한 DCT는 영상 전체를 대상으로 처리하는 것이 아니라 영상을 8x8 크기의 블록으로 구분한 후에 블록 단위로 수행된다.

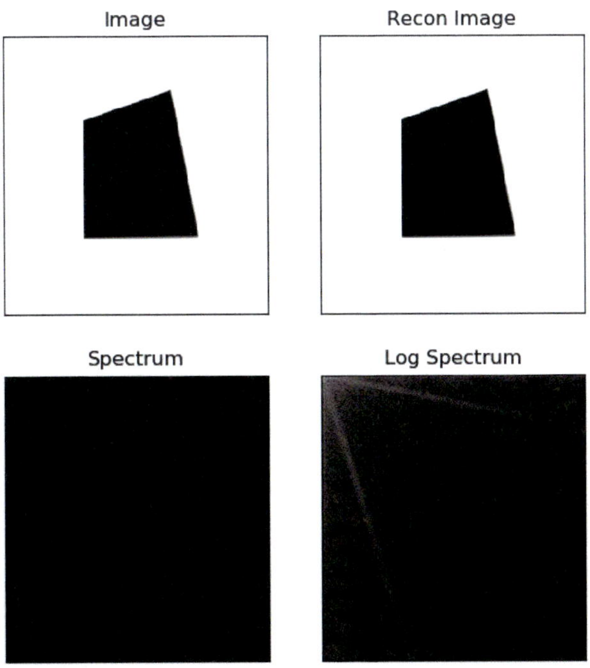

[그림 9.1.1] 인공 영상에 대한 DCT 결과 및 역변환

[그림 9.1.2] 자연 영상에 대한 DCT 결과 및 역변환

3) 푸리에 변환

푸리에 변환(Fourier Transform)은 코사인 함수와 사인 함수를 기저 함수로 함께 사용한다. 즉 푸리에 변환은 영상을 정현파의 가중 합(weighted sum)으로 분해한다. 변환된 주파수 데이터는 실수부뿐만 아니라 허수부를 포함한다. 2차원의 이산 푸리에 변환(Discrete Fourier Transform, DFT)을 위한 변환 수식은 식 (9.1.5)와 같다. 여기에서 영상의 가로와 세로 길이는 같으며 N으로 가정한다. 오일러 등식(Euler's identity)에 의해 e^{jx}는 식 (9.1.6)과 같이 정의된다. 식 (9.1.5)에 식 (9.1.6)을 대입하면 변환 수식은 식 (9.1.7)과 같이 표현할 수 있다.

$$F(u,v) = \frac{1}{N}\sum_{r=0}^{N-1}\sum_{c=0}^{N-1} I(r,c)e^{-j2\pi\frac{(ur+vc)}{N}} \quad \text{식 (9.1.5)}$$

$$e^{jx} = \cos x + j\sin x \quad \text{식 (9.1.6)}$$

$$F(u,v) = \frac{1}{N}\sum_{r=0}^{N-1}\sum_{c=0}^{N-1} I(r,c)\left[\cos\left\{\frac{2\pi}{N}(ur+vc)\right\} - j\sin\left\{\frac{2\pi}{N}(ur+vc)\right\}\right] \quad \text{식 (9.1.7)}$$

DFT 결과는 실수부와 허수부로 구성되므로 $F(u, v) = R(u, v) + jI(u, v)$로 표현할 수 있다. 코사인 함수는 실수부, 사인 함수는 허수부에 해당한다. 스펙트럼 분석을 위해 크기(magnitude)와 위상(phase)을 사용한다. 크기와 위상은 식 (9.1.8)과 같이 계산한다. 크기는 정현파의 최대치(peak)이고 위상은 정현파의 원점에 대한 상대적인 이동 값이다.

$$|F(u,v)| = \sqrt{|R(u,v)|^2 + |I(u,v)|^2}$$
$$\Phi(u,v) = \tan^{-1}\left[\frac{I(u,v)}{F(u,v)}\right] \qquad \text{식 (9.1.8)}$$

주파수에 따른 에너지 분포를 확인하기 위해 스펙트럼의 크기를 사용하는데, DCT와 동일하게 에너지가 주파수 0인 지점에 집중적으로 분포한다. 따라서 스펙트럼 영상을 효과적으로 시각화하기 위해 로그 스케일을 사용한다. 로그 스케일 계산은 식 (9.1.9)와 같다.

$$\log(u,v) = k\log[1 + |F(u,v)|] \qquad \text{식 (9.1.9)}$$

2차원의 이산 푸리에 변환을 위한 역변환 수식은 식 (9.1.10)과 같다. 식 (9.1.5)와 비교했을 때 기저 함수의 지수 부호가 -1에서 $+1$로만 변경된 것을 확인할 수 있다.

$$I(r,c) = \frac{1}{N}\sum_{r=0}^{N-1}\sum_{c=0}^{N-1} F(u,v)e^{j2\pi\frac{(ur+vc)}{N}} \qquad \text{식 (9.1.10)}$$

푸리에 변환은 몇 가지 특성을 갖는다. 조금 전에 2차원 푸리에 변환에 대해 살펴보았는데, 2차원 변환은 연속적인 1차원 변환으로 분리할 수 있다. 수평 방향의 1차원 푸리에 변환을 수행한 후 다시 수직 방향의 1차원 푸리에 변환을 수행하면 2차원 푸리에 변환과 동일한 결과를 얻을 수 있다.

영상은 연속적인 신호로 해석 가능하다. 따라서 영상이 수평과 수직 방향으로 주기를 갖고 반복되는 신호로 취급할 수 있는데, 푸리에 변환 결과도 주기성을 가지며 무한히 반복된다. 따라서 푸리에 스펙트럼의 크기를 출력하기 위해 [그림 9.1.3]과 같이 스펙트럼 영상을 수평과 수직으로 각각 $N/2$만큼 수평 이동하여 영상의 원점을 좌

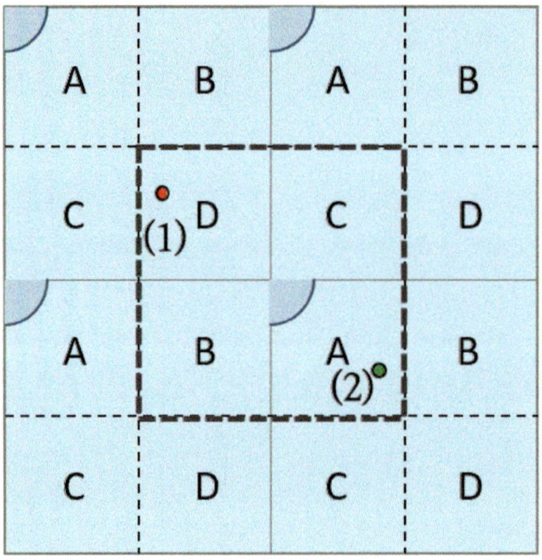

[그림 9.1.3] 푸리에 변환의 주기성과 공액 대칭

측 상단이 아닌 영상의 중심 지점으로 이동할 수 있다. 마지막으로 푸리에 변환 결과는 공액 대칭(conjugate symmetry)을 이룬다. 공액 대칭이란 [그림 9.1.3]과 같이 영상의 중심을 원점으로 설정했을 때 원점 대칭되는 두 지점인 (1)과 (2)의 값에 $F(u, v) = F^{*}(-u, -v)$의 관계가 성립한다.

[그림 9.1.4]는 인공 영상에 대한 푸리에 변환 결과이다. [그림 9.1.4](a)의 입력 영상에 대해 스펙트럼 크기를 표현한 영상을 [그림 9.1.4](b) 왼쪽 위에 표시하였다. 주파수 0인 지점이 영상의 상하좌우 네 모서리에 있어서 에너지가 잘 표현되지 않는다. 이 크기에 대해 로그 스케일로 표현한 영상이 오른쪽 위 그림으로서 에너지 분포를 확인할 수 있다. 왼쪽 아래에는 푸리에 변환의 주기성을 이용하여 원점을 영상의 중심 지점으로 이동한 영상이다. 영상 중심에 밝은 점을 확인할 수 있다. 이 영상에 대한 로그 스케일은 오른 그림쪽에 해당한다. 영상의 중심을 원점으로 하여 로그 스케일로 표현된 스펙트럼 크기를 확인할 수 있다.

[그림 9.1.5]는 자연 영상에 대한 푸리에 변환 결과이다. 인공 영상에 비해 고주파 영역에서 에너지가 강한 지점이 뚜렷하게 존재하지 않는 것을 확인할 수 있다.

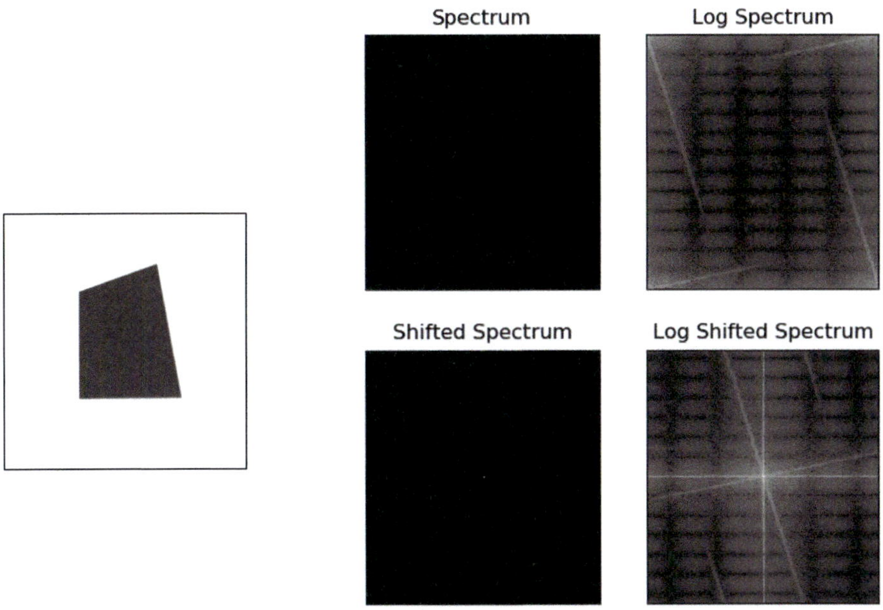

(a) (b)

[그림 9.1.4] 인공 영상에 대한 푸리에 변환 결과

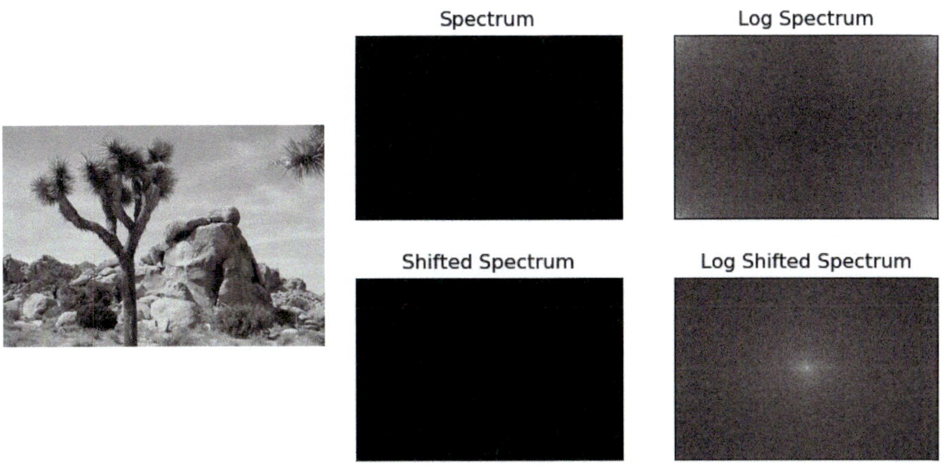

(a) (b)

[그림 9.1.5] 자연 영상에 대한 푸리에 변환 결과

4) 주파수 공간에서의 필터링

우리는 앞에서 영상을 대상으로 수행할 수 있는 여러 가지 필터링 방법에 대해 살펴보았다. 이번에는 주파수 공간에서 필터링을 수행하는 방법에 대해 살펴본다. 주파수 공간에서의 필터링은 다음과 같이 크게 3가지 종류로 구분할 수 있다.

- 저주파 통과 필터링(lowpass filtering)
- 고주파 통과 필터링(highpass filtering)
- 대역 통과 필터링(bandpass filtering)

주파수 공간에서 필터링을 수행하면 영상을 대상으로 필터링을 수행하는 것보다 효과적으로 필요한 정보의 추출이나 유지가 가능할 수 있다. 주파수 공간에서의 필터링은 컨볼루션 정리(convolution theorem)에 따라 식 (9.1.11)과 같이 수행할 수 있다. 영상에 대한 필터링은 컨볼루션 연산을 사용하는데 주파수 공간에서의 필터링은 영상과 마스크에 대한 푸리에 변환의 곱으로 수행한다. $F(u, v)$와 $H(u, v)$는 각각 입력 영상 $I(r, c)$과 마스크 $h(r, c)$에 대한 푸리에 변환 결과이다.

$$I(r,c) * h(r,c) \Leftrightarrow F(u,v)H(u,v) \qquad \text{식 (9.1.11)}$$

(1) 저주파 통과 필터링

저주파 통과 필터링(lowpass filtering)은 고주파 성분을 제거하여 저주파 성분만을 유지하는 필터링이다. 결과적으로 영상은 흐려진다. 저주파 통과 필터링은 영상 평활화와 동일한 결과를 생성한다. 영상에 포함된 노이즈를 약화시키거나 제거하는 작업을 수행한다.

필터링에서 사용하는 필터의 형태는 [그림 9.1.6]과 같이 크게 이상적인 필터(ideal filter)와 버터워스 필터(Butterworth filter)로 구분한다. 그리고 가우시안 필터를 사용할 수도 있다. 이상적인 필터는 [그림 9.1.6](a)와 같이 컷오프 주파수(cutoff frequency)를 기준으로 통과 대역과 정지 대역이 정확하게 구분된다. 반면 버터워스 필터는 컷오프 주파수가 존재하지만, 경계가 뚜렷하지 않고 완만하게 변하는 것을 확인할 수 있다. 식 (9.1.12)는 버터워스 필터를 위한 필터 함수이다. 필터 차수 n에 따라 전환 영역의 기울기가 결정된다. 차수가 커질수록 기울기는 수직에 가까워진다.

$$H(u,v) = \frac{1}{1 + \left[\,|F(u,v)|/f_0\right]^{2n}} \qquad \text{식 (9.1.12)}$$

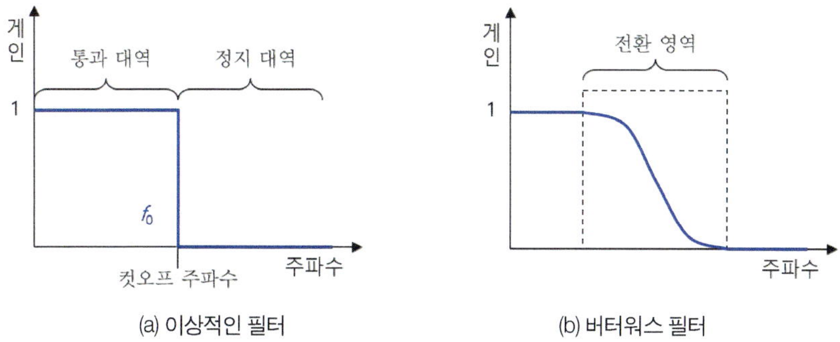

[그림 9.1.6] 저주파 통과 필터링의 필터 형태

[그림 9.1.7]은 [그림 9.1.5](a) 영상에 대해 이상적인 필터를 사용한 경우 컷오프 주파수에 따른 저주파 통과 필터링의 결과이다. 그림 상단에 컷오프 주파수를 표시하였다. [그림 9.1.8]은 버터워스 필터를 사용한 경우 동일한 컷오프 주파수에 따른 저주파 통과 필터링 결과이다. 저주파 통과 필터링을 수행한 경우 결과 영상에서는 영상이 흐려지는 것을 확인할 수 있다. 그런데 이상적인 필터를 사용한 경우 영역의 경계 부근 지점에서 버터워스 필터에서는 확인할 수 없는 물결 왜곡(ringing artifact)이 발생한다. 이상적인 필터에서 이런 물결 왜곡이 발생하는 원인은 컷오프 주파수 지점에서 원래는 연속이었던 값이 갑자기 불연속으로 바뀌기 때문이다.

[그림 9.1.7] 컷오프 주파수에 따른 저주파 통과 필터링 결과 (이상적인 필터 사용)

[그림 9.1.8] 컷오프 주파수에 따른 저주파 통과 필터링 결과 (버터워스 필터 사용)

[그림 9.1.9]는 버터워스 필터에서 필터 차수 n에 따른 저주파 통과 필터링 결과이다. 모든 입력 영상에 대해 컷오프 주파수는 0.05를 사용하였다. 앞에서 설명한 것처럼 차수가 낮을수록 컷오프 주파수에서 완만한 경사를 나타내며 차수가 높을수록 기울기가 가파르게 되어 이상적인 필터와 유사하게 된다. 그림에서 확인할수록 차수가 높아질수록 물결 왜곡이 많아지는 것을 확인할 수 있다. 그림 상단에 필터 차수를 표시하였다.

[그림 9.1.9] 버터워스 필터에서 필터 차수에 따른 저주파 통과 필터링 결과

(2) 고주파 통과 필터링

고주파 통과 필터링(highpass filtering)은 저주파 성분을 제거하여 고주파 성분만을 유지하는 필터링이다. 결과적으로 영상은 선명해진다. 저주파 통과 필터링은 에지 검출이나 영상 선명화의 결과를 생성한다. 물체의 경계를 강화하는 작업을 수행한다. 고주파 통과 필터링은 저주자 통과 필터링의 반대 작업이므로 $H_{highpass}(u, v) = 1 - H_{lowpass}(u, v)$의 관계가 성립한다. $H_{highpass}$와 $H_{lowpass}$은 각각 고주파 통과 필터와 저주파 통과 필터이다. [그림 9.1.10]은 고주파 통과 필터링에서 사용하는 이상적인 필터와 버터워스 필터이다. 저주파 통과 필터링과 동일하게 고주파 통과 필터링을 위해 가우시안 필터를 사용할 수도 있다.

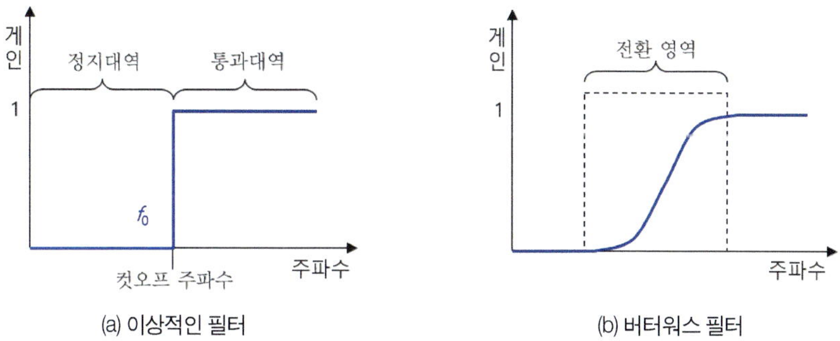

[그림 9.1.10] 고주파 통과 필터링의 필터 형태

[그림 9.1.11]은 [그림 9.1.5](a) 영상에 대해 이상적인 필터를 사용한 경우 컷오프 주파수에 따른 고주파 통과 필터링의 결과이다. 그림 상단에 컷오프 주파수를 표시하였다. [그림 9.1.12]는 버터워스 필터를 사용한 경우 동일한 컷오프 주파수에 따른 고주파 통과 필터링 결과이다. 이상적인 필터를 사용하여 고주파 통과 필터링을 수행한 경우 영역 경계만 추출된 것을 확인할 수 있다. 그리고 이상적인 필터를 사용한 경우 영역의 경계 부근 지점에서 물결 왜곡이 발생한 것을 확인할 수 있다.

[그림 9.1.13]은 버터워스 필터에서 필터 차수 n에 따른 저주파 통과 필터링 결과이다. 모든 입력 영상에 대해 컷오프 주파수는 0.05를 사용하였다. 차수가 높아질수록 물결 왜곡이 많아지는 것을 확인할 수 있다. 그림 상단에 필터 차수를 표시하였다.

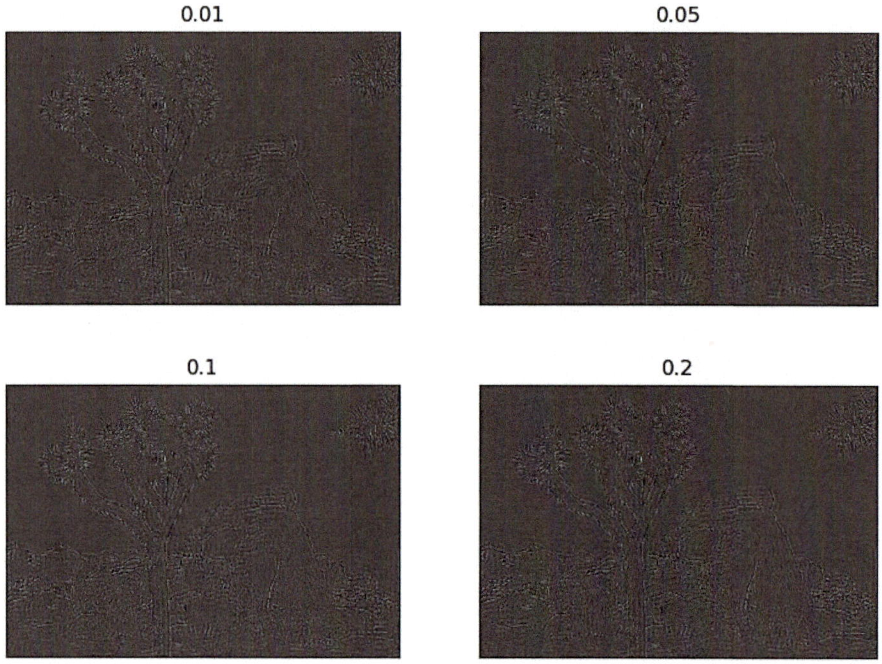

[그림 9.1.11] 컷오프 주파수에 따른 고주파 통과 필터링 결과 (이상적인 필터 사용)

[그림 9.1.12] 컷오프 주파수에 따른 고주파 통과 필터링 결과 (버터워스 필터 사용)

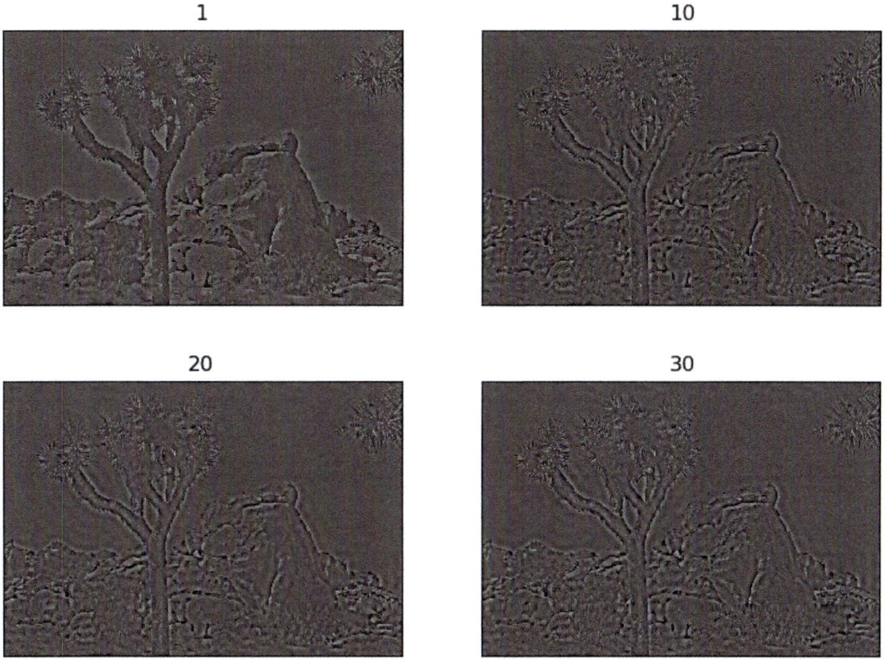

[그림 9.1.13] 버터워스 필터에서 필터 차수에 따른 고주파 통과 필터링 결과

(3) 대역 통과 필터링

대역 통과 필터링(bandpass filtering)은 특정 대역의 주파수 범위에 해당하는 주파수 성분만을 유지하는 필터링이다. 두 개의 컷오프 주파수를 사용하여 통과 주파수 범위를 설정한다. 역시 이상적인 필터와 버터워스 필터 유형을 사용할 수 있다.

대역 통과 필터링과 반대의 동작을 수행하는 필터링은 대역 거절 필터링(bandreject filtering)이다. 특정 대역의 주파수 범위만을 제거하고 나머지 주파수를 통과시키는 필터링 방법이다.

9.2. 따라하기 실습

실습 내용

- 이산 코사인 변환 수행하기
- 이산 푸리에 변환 및 주파수 공간에서의 필터링 수행하기

1) 이산 코사인 변환

이번 실습에서는 이산 코사인 변환(discrete Cosine transform)을 수행하여 스펙트럼 크기를 출력하고 다시 역변환을 통해 원래 영상을 복원하는 과정에 대해 실습한다.

우선 OpenCV에서 제공하는 이산 코사인 변환 함수에 대해 살펴보자. 이 함수는 적은 수의 인자를 사용한다. 대괄호([])는 생략 가능한 파라미터이다. 이 함수는 그레이 스케일 영상만 사용 가능하며 컬러 영상에는 사용할 수 없다. 입력 영상은 실수형의 자료형을 가지며 결과 영상은 입력 영상과 동일한 자료형과 크기를 갖는다.

이산 코사인 변환 함수

- cv2.dct(src[, dst[, flags]]) → dst
- cv2.idct(src[, dst[, flags]]) → dst

사용 가능한 플래그는 다음과 같다.

- DCT_INVERSE: 역변환을 수행
- DCT_ROWS: 영상의 행 단위로 1차원 변환을 수행

소스 코드는 9장 폴더에 위치하며 파일 명은 cosine_transform.py이다. 소스 코드를 실행하는 방법은 다음과 같다.

명령

```
python consine_transform.py --image ../images/nature.jpg
```

아나콘다 프롬프트에서 우선적으로 cosine_transform.py 파일이 위치한 폴더로 이동한 후에 명령을 실행한다. 프로그램은 1개의 명령 행 인자를 사용하는데 입력 영상의 경로를 지정한다. 입력 영상의 경로는 소스 파일이 위치하는 폴더와 동일한 수준

의 폴더인 images 폴더에 위치하는 nature.jpg이다.

```
1  # 필요한 패키지를 import함
2  from __future__ import print_function
3  import argparse
4  import cv2
5  import numpy as np
6  from matplotlib import pyplot as plt
```

2번 줄에서 6번 줄까지는 필요한 패키지를 포함한다.

```
8  def convert_to_optimal_size(img):
9      # Convert to optimal size by padding 0s
10     # It is fastest when array size is power of two
11     # size is a product of 2's, 3's, and 5's are also good
12     rows, cols = img.shape
13     nrows = 2*cv2.getOptimalDFTSize((rows+1)//2)
14     ncols = 2*cv2.getOptimalDFTSize((cols+1)//2)
15 
16     right = ncols - cols
17     bottom = nrows - rows
18     bordertype = cv2.BORDER_CONSTANT
19     img = cv2.copyMakeBorder(img, 0, bottom, 0, right, ₩
20             bordertype, value=0)
21 
22     return img
```

8번 줄은 convert_to_optimal_size() 함수를 정의한다. 이 함수는 이산 코사인 변환을 수행할 수 있는 입력 영상의 적절한 크기를 계산한 후 확장된 영역에 0 값을 추가(padding)하여 입력 영상의 크기를 변경한다. 가장 빠른 이산 코사인 변환을 위한 입력 영상의 크기는 2의 지수승이다. 그러나 영상의 크기가 2, 3, 5에 대한 곱의 조합으로 표현될 수 있다면 비교적 빠른 속도에서 이산 코사인 변환 수행이 가능하다.

12번 줄은 그레이 스케일 영상에 대한 영상 크기를 계산하고 13번 및 14번 줄에서 OpenCV의 getOptimalDFTSize() 함수를 사용하여 이산 코사인 변환을 위한 입력 영상의 최적의 크기를 계산한다.

16번 줄에서 20번 줄에서는 확장되는 영역에 0으로 값을 채우는 처리를 수행한다.

22번 줄에서는 최적의 크기로 확장한 영상을 반환한다.

```
24  def DCT_OpenCV(img):
25      img = convert_to_optimal_size(img)
26
27      dct = cv2.dct(np.float32(img))
28      magnitude = np.abs(dct)
29
30      return dct, magnitude
31
32  def IDCT_OpenCV(data, sz):
33      img_back = cv2.idct(data)
34      img_back = np.uint8(img_back[0:sz[0], 0:sz[1]])
35      return img_back
36
37  def log_magnitude(magnitude, k=1):
38      log_mag = k*np.log(1 + magnitude)
39      return log_mag
```

24번 줄은 이산 코사인 변환을 수행하는 DCT_OpenCV() 함수를 정의한다. 이 함수는 실수형의 그레이 스케일 영상을 입력으로 사용한다.

25번 줄에서 앞에서 정의한 convert_to_optimal_size() 함수를 호출하여 최적의 크기로 확장된 입력 영상을 생성한다.

27번 줄에서는 이산 코사인 변환을 수행하는데, 입력 영상의 자료형을 실수형으로 변환하여 수행한다.

28번 줄에서는 이산 코사인 변환 결과에 대한 스펙트럼의 크기를 생성한다. 소스 코드에서 확인할 수 있듯이 이산 코사인 변환에 대한 스펙트럼 크기는 스펙트럼의 절댓값을 사용한다.

30번 줄에서는 DCT 변환 결과와 스펙트럼 크기를 반환한다.

32번 줄은 이산 코사인 역변환을 수행하는 IDCT_OpenCV() 함수를 정의한다. 이 함수는 이산 코사인 변환 결과 데이터와 원본 영상의 크기를 입력으로 사용한다.

33번 줄에서는 이산 코사인 역변환을 수행한다.

34번 줄에서는 역변환 영상에서 실제 영상 크기에 해당하는 영역만을 추출한 후에 자료형을 정수형으로 변환한다.

35번 줄에서는 복원된 결과 영상을 반환한다. 앞에서 효과적인 DCT 연산을 기해 영상의 크기를 확장한 것을 기억하자.

37번 줄은 스펙트럼 크기에 대한 로그 스케일을 계산하는 log_magnitude() 함수를 정의한다. 이 함수는 스펙트럼 크기 데이터와 가중치 값을 입력으로 사용한다.

38번 줄에서는 입력 값에 대한 로그 스케일로 변환된 값을 계산하고 39번 줄에서 그 결과를 반환한다.

```
41 if __name__ == “__main__”:
42     # 명령 행 인자 처리
43     ap = argparse.ArgumentParser()
44     ap.add_argument(‘-i’, ‘--image’, required = True, ₩
45             help = ‘Path to the input image’)
46     args = vars(ap.parse_args())
47 
48     filename = args[‘image’]
49 
50     # OpenCV를 사용하여 영상 데이터 로딩
51     image = cv2.imread(filename)
52     gray = cv2.cvtColor(image, cv2.COLOR_BGR2GRAY)
53 
54     dct, mag = DCT_OpenCV(gray)
55     log_mag = log_magnitude(mag)
56 
57     rows, cols = gray.shape
58     image_rec = IDCT_OpenCV(dct, (rows, cols))
59 
60     plt.subplot(221),plt.imshow(gray, cmap = ‘gray’)
61     plt.title(‘Image’), plt.xticks([]), plt.yticks([])
62     plt.subplot(222),plt.imshow(image_rec, cmap = ‘gray’)
63     plt.title(‘Recon Image’), plt.xticks([]), plt.yticks([])
64     plt.subplot(223),plt.imshow(mag, cmap = ‘gray’)
65     plt.title(‘Spectrum’), plt.xticks([]), plt.yticks([])
```

```
66      plt.subplot(224),plt.imshow(log_mag, cmap = 'gray')
67      plt.title('Log Spectrum'), plt.xticks([]), plt.yticks([])
68      plt.show()
```

42번에서 48번 줄은 명령 행 인자를 처리한다.

51번 줄에서는 입력 영상을 불러오고 52번 줄에서는 컬러 영상을 그레이 스케일 영상으로 변환한다.

54번 줄에서는 이산 코사인 변환을 수행하고 55번 줄에서는 스펙트럼 크기에 대한 로그 값을 계산한다.

58번 줄은 다시 이산 코사인 역변환을 수행하여 원본 영상을 복원한다.

60번 줄에서 68번 줄은 중간 결과와 복원 영상을 화면에 표시한다.

이 프로그램의 실행 결과는 [그림 9.2.1]과 같다. 왼쪽 위는 입력 영상, 오른쪽 위는 복원 영상이다. 왼쪽 아래는 스펙트럼 크기, 오른쪽 아래는 스펙트럼 크기를 로그 스케일로 변환하여 표시한 결과이다.

[그림 9.2.1] 이산 코사인 변환 결과

2) 이산 푸리에 변환

이번 실습에서는 이산 푸리에 변환(discrete Fourier transform)을 수행하여 스펙트럼 크기를 출력하고 다시 역변환을 통해 원래 영상을 복원하는 과정에 대해 실습한다. 우선 이산 푸리에 변환 함수에 대해 살펴보자.

이산 푸리에 변환은 OpenCV와 Numpy에서 각각 제공한다. 함수 원형은 다음과 같다. OpenCV에서 제공하는 함수는 그레이 스케일 영상만 사용 가능하며 컬러 영상에는 사용할 수 없다. 그리고 입력 영상은 실수 또는 복소수의 자료형을 가지며 결과 영상은 입력 영상과 동일한 자료형과 크기를 갖는다. dft() 함수는 dct() 함수와는 다르게 임의 크기의 영상에 적용하는 것이 가능하다. 그러나 효과적인 처리 속도를 위해서는 이산 코사인 변환과 마찬가지로 영상 크기에 대한 변경이 필요하다.

이산 푸리에 변환 함수

- cv2.dft(src[, dst[, flags[, nonzeroRows]]]) → dst
- cv2.idft(src[, dst[, flags[, nonzeroRows]]]) → dst
- numpy.fft.fft2(src[, shape=None[, axes=(-2, -1))→ dst
- numpy.fft.ifft2(src[, shape=None[, axes=(-2, -1)) → dst

사용 가능한 플래그는 다음과 같다.

- DFT_INVERSE: 역변환을 수행
- DFT_ROWS: 영상의 행 단위로 1차원 변환을 수행
- DFT_COMPLEXT_OUTPUT: 변환 결과에서 복소수 데이터를 생성
- DFT_REAL_OUTPUT: 변환 결과에서 실수 데이터를 생성

소스 코드는 9장 폴더에 위치하며 파일 명은 fourier_transform.py이다. 소스 코드를 실행하는 방법은 다음과 같다.

명령

```
python fourier_transform.py --image ../images/nature.jpg
```

아나콘다 프롬프트에서 우선적으로 fourier_transform.py 파일이 위치한 폴더로 이동한 후에 명령을 실행한다. 프로그램은 1개의 명령 행 인자를 사용하는데 입력 영상의 경로를 지정한다. 입력 영상의 경로는 images 폴더에 위치하는 nature.jpg이다.

```
1  # 필요한 패키지를 import함
2  from __future__ import print_function
3  import argparse
4  import cv2
5  import numpy as np
6  from matplotlib import pyplot as plt
```

2번 줄에서 6번 줄까지는 필요한 패키지를 포함한다.

```
8   def convert_to_optimal_size(img):
9       # Convert to optimal size by padding 0s
10      # It is fastest when array size is power of two
11      # size is a product of 2's, 3's, and 5's are also good
12      rows, cols = img.shape
13      nrows = 2*cv2.getOptimalDFTSize((rows+1)//2)
14      ncols = 2*cv2.getOptimalDFTSize((cols+1)//2)
15
16      right = ncols - cols
17      bottom = nrows - rows
18      bordertype = cv2.BORDER_CONSTANT
19      img = cv2.copyMakeBorder(img, 0, bottom, 0, right, ₩
20                bordertype, value=0)
21
22      return img
```

8번 줄은 convert_to_optimal_size() 함수를 정의한다. 이 함수는 이산 코사인 변환에서 설명한 것과 같이 이산 푸리에 변환을 빠르게 수행하기 위한 적절한 입력 영상의 크기를 계산하고 0을 채워서 입력 영상의 크기를 변경한다.

```
24  def DFT_Numpy(img):
25      img = convert_to_optimal_size(img)
26
```

```
27     ft = np.fft.fft2(img)
28     magnitude = np.abs(ft)
29     ft_shift = np.fft.fftshift(ft)
30     shift_magnitude = np.abs(ft_shift)
31 
32     return ft_shift, magnitude, shift_magnitude
33 
34 def DFT_OpenCV(img):
35     img = convert_to_optimal_size(img)
36 
37     ft = cv2.dft(np.float32(img), flags=cv2.DFT_COMPLEX_OUTPUT)
38     magnitude = cv2.magnitude(ft[:,:,0], ft[:,:,1])
39     ft_shift = np.fft.fftshift(ft)
40     shift_magnitude = cv2.magnitude(ft_shift[:,:,0], ft_shift[:,:,1])
41 
42     return ft_shift, magnitude, shift_magnitude
43 
44 def log_magnitude(magnitude, k=1):
45     log_mag = k*np.log(1 + magnitude)
46     return log_mag
```

24번 줄은 Numpy를 사용하여 이산 푸리에 변환을 수행하는 함수를 정의한다.

25번 줄에서는 변환을 위한 최적의 입력 영상 크기를 계산하고 그 크기로 영상의 크기를 변환한다.

27번 줄에서는 이산 푸리에 변환을 수행한다. 푸리에 스펙트럼은 복소수 형태의 단일 행렬을 사용하여 표현한다.

28번 줄에서는 푸리에 스펙트럼에 대한 크기를 계산한다. Numpy의 abs() 함수는 입력 데이터가 $a + jb$ 복소수인 경우 $\sqrt{a^2 + b^2}$의 값을 반환한다.

29번 줄에서는 원점의 위치를 왼쪽 위에서 영상의 중심 위치로 이동한다.

30번 줄에서는 평행 이동된 푸리에 스펙트럼에 대한 크기를 다시 계산한다.

32번 줄에서는 평행 이동된 푸리에 스펙트럼, 원래 스펙트럼 크기, 그리고 평행 이동된 푸리에 스펙트럼에 대한 크기를 반환한다.

34번 줄은 OpenCV를 사용하여 이산 푸리에 변환을 수행하는 함수를 정의한다. 세부적인 코드는 Numpy를 사용하는 경우와 크게 다르지 않기 때문에 구체적인 설명은 생략한다. 주의할 점은 OpenCV에서 생성한 푸리에 스펙트럼은 복소수를 단일 행렬을 사용하여 표현하는 것이 아니고 실수부와 허수부로 구분하여 각각 별도의 행렬을 사용하여 저장한다. 따라서, 스펙트럼 크기를 계산하기 위해 Numpy에서는 abs() 함수를 사용했지만 OpenCV에서는 magnitude() 함수를 사용하고 있다.

44번 줄은 로그 스케일을 계산하기 위한 log_magnitude() 함수를 정의한다.

```
48 def IDFT_Numpy(data, sz):
49     ishift = np.fft.ifftshift(data)
50     img_back = np.fft.ifft2(ishift)
51     img_back = np.real(img_back)
52     img_back = img_back[0:sz[0], 0:sz[1]]
53     return img_back
54 
55 def IDFT_OpenCV(data, sz):
56     ishift = np.fft.ifftshift(data)
57     img_back = cv2.idft(ishift)
58     img_back = img_back[0:sz[0], 0:sz[1], 0]
59     return img_back
```

48번 줄은 Numpy를 사용하여 이산 푸리에 역변환을 수행하는 함수를 정의한다. 이 함수의 첫 번째 인자는 평행 이동된 스펙트럼 데이터이기 때문에 49번 줄에서 다시 한 번 평행 이동을 수행하여 원점의 위치를 다시 왼쪽 위로 이동한다.

50번 줄에서는 이산 푸리에 역변환을 수행하고 51번 줄에서는 결과 데이터에서 실수부만 추출한다.

52번 줄에서는 원본 영상의 크기에 해당하는 영역만 역변환 결과에서 추출하여 최종 복원 영상을 생성한다.

55번 줄은 OpenCV를 사용하여 이산 푸리에 역변환을 수행하는 함수를 정의한다. 이 함수에서 처리하는 내용은 Numpy를 사용하는 경우와 유사하기 때문에 자세한 처리 과정에 대한 설명은 생략한다.

```
def make_filter(size, type='butterworth', cut_off=0.05, order=10):
    filt = np.zeros(size)
    if type=='low_ideal':
```

```
64          filt = ideal(size, cut_off)
65      elif type=='low_butterworth':
66          filt = butterworth(size, cut_off, order)
67      elif type=='low_Gaussian':
68          filt = Gaussian(size, cut_off, order)
69      elif type=='high_ideal':
70          filt = ideal(size, cut_off)
71          filt = 1 - filt
72      elif type=='high_butterworth':
73          filt = butterworth(size, cut_off, order)
74          filt = 1 - filt
75      elif type=='high_Gaussian':
76          filt = Gaussian(size, cut_off, order)
77          filt = 1 - filt
78
79      return filt
```

61번 줄은 주파수 도메인에서의 필터를 생성하기 위한 메인 함수이다. 필터 유형에 따라 실제 필터를 생성하는 함수를 호출하여 필터를 생성하여 반환한다. 기본 컷오프 주파수 값은 0.05, 필터 차수는 10으로 설정한다. 필터링은 평행 이동한 스펙트럼을 대상으로 실행한다.

```
81  def ideal(size, cut_off):
82      crow, ccol = size[0]//2 , size[1]//2
83      srow = np.int(size[0]*cut_off/2)
84      scol = np.int(size[1]*cut_off/2)
85
86      filt = np.zeros(size)
87      filt[crow-srow:crow+srow+1, ccol-scol:ccol+scol+1] = 1
88
89      return filt
90
91  def butterworth(size, cut_off, order):
92      crow, ccol = size[0]//2 , size[1]//2
93      std = np.uint8(max(size) * cut_off)
94
```

```
95      (R, C) = np.meshgrid(np.linspace(0, size[0]-1, size[0]),
96          np.linspace(0, size[1]-1, size[1]),
97          sparse=False, indexing='ij')
98
99      Duv = (((R-crow)**2+(C-ccol)**2)).astype(float)
100     filt = 1/(1+(Duv/std**2)**order)
101
102     return filt
103
104 def Gaussian(size, cut_off, order):
105     crow, ccol = size[0]//2 , size[1]//2
106     std = np.uint8(max(size) * cut_off)
107
108     (R, C) = np.meshgrid(np.linspace(0, size[0]-1, size[0]),
109         np.linspace(0, size[1]-1, size[1]),
110         sparse=False, indexing='ij')
111
112     Duv = (((R-crow)**2+(C-ccol)**2)).astype(float)
113     filt = np.exp(-Duv/(2*std**2))
114
115     return filt
116
117 def apply_filter(fshift, lp_filt):
118     if(len(fshift.shape) is 2):
119         n_lp_filt = lp_filt
120     elif(len(fshift.shape) is 3):
121         n_lp_filt = np.dstack([lp_filt, lp_filt])
122
123     n_fshift = n_lp_filt * fshift
124
125     return n_fshift
```

81번 줄은 이상적인 필터를 생성하는 함수를 정의한다.

82번 줄은 필터의 중심 위치를 계산한다.

86번째 및 87번 줄에서는 주어진 컷오프 주파수를 기준으로 이상적인 필터를 생성한다.

91번 줄은 버터워스 필터를 생성하는 함수를 정의한다.

92번 줄은 필터의 중심 위치를 계산한다.

93번 줄은 컷오프를 사용하여 영상의 크기를 고려하여 표준 편차를 계산한다.

95번 줄에서 100번 줄에서는 버터워스 필터를 생성한다. Numpy의 linspace() 함수는 주어진 범위에서 균일하게 분포하는 수를 반환한다. 예를 들어, linspace(0, 49, 50)은 [0, 49] 범위에서 50개의 수를 균일한 분포로 생성한다. 따라서 0에서 1씩 증가하며 49까지 분포하는 총 50개의 수를 만들어 반환한다.

Numpy의 meshgrid() 함수는 좌표 벡터로부터 좌표 행렬을 생성하여 반환한다. 예를 들어, meshgrid([0, 1, 2, 3], [0, 1])는 [[0, 1, 2, 3], [0, 1, 2, 3]], [[0, 0, 0, 0], [1, 1, 1, 1]]의 *x*좌표에 해당하는 행렬과 *y*좌표에 해당하는 행렬을 생성하여 반환한다. 행렬의 크기는 2×4이다. 이 함수에 의해 (0,0), (1,0), (2,0), (3,0), (0,1), (1,1), (2,1), (3,1)의 좌표를 생성할 수 있다. 이때 sparse 인자를 False로 설정하면 희소 행렬 생성을 방지하고, indexing 인자를 'ij'로 설정하면 *x*, *y* 좌표가 아닌 행렬의 행과 열에 해당하는 위치 행렬을 생성한다.

예를 들어, meshgrid([0, 1, 2, 3], [0, 1], indexing='ij')는 [[0,0], [1,1], [2,2], [3,3]], [[0,1], [0,1], [0,1], [0,1]]의 4×2 크기 행렬을 반환한다. 100번 줄은 식 (9.1.12)에 의해 필터를 생성한다.

104번에서 115번 줄에서는 가우시안 필터를 생성한다. 생성 과정은 버터워스 필터와 매우 유사하다. 세부적인 설명은 생략한다.

117번 줄은 생성한 필터를 사용하여 필터링을 수행하는 apply_filter() 함수를 정의한다. Numpy를 사용하여 푸리에 스펙트럼을 생성한 경우 단일 행렬(깊이가 1)을 사용하여 복소수를 저장하지만, OpenCV를 사용한 경우 2개의 행렬(깊이가 2)을 사용하므로 실수부와 허수부를 구분하여 저장한다. 따라서 118번에서 121번 줄에서 이들을 구분하여 필터의 차원을 설정한다.

123번 줄에서는 필터링을 수행한다. 주파수 도메인에서의 필터링은 곱셈으로 처리한다.

```
127 if __name__ == "__main__" :
128     # conda activate psypy3
129     # 명령 행 인자 처리
130     ap = argparse.ArgumentParser()
131     ap.add_argument('-i', '--image', required = True, ₩
```

```
132            help = 'Path to the input image')
133     args = vars(ap.parse_args())
134
135     filename = args['image']
136
137     # OpenCV를 사용하여 영상 데이터 로딩
138     image = cv2.imread(filename)
139     gray = cv2.cvtColor(image, cv2.COLOR_BGR2GRAY)
```

127번에서 135번 줄은 명령 행 인자를 처리한다.
138번 및 139번 줄은 입력 영상을 불러와서 그레이 스케일 영상으로 변환한다.

```
141     # 변환 함수 유형 입력 처리
142     print("변환 함수 종류 선택")
143     print(" 11. Numpy 제공 함수")
144     print(" 12. OpenCV 제공 함수")
145     fun_type = eval(input("선택 〉〉 "))
146
147     # 필터 유형 입력 처리
148     print("필터 종류 선택")
149     print(" 21. Lowpass (Ideal)")
150     print(" 22. Lowpass (Butterworth)")
151     print(" 23. Lowpass (Gaussian)")
152     print(" 24. Highpass (Ideal)")
153     print(" 25. Highpass (Butterworth)")
154     print(" 26. Highpass (Gaussian)")
155     filter_type = eval(input("선택 〉〉 "))
156
157     if(fun_type 〈 11 or fun_type 〉 12 or ₩
158         filter_type 〈 21 or filter_type 〉 26):
159         print("Invalid input")
160         exit(1)
```

142번에서 160번 줄에서는 수행할 필터링 기능에 대한 사용자 입력 처리를 수행한다. 그리고 푸리에 변환을 위해 사용할 함수가 포함된 패키지의 종류를 선택할 수 있다.

```
    if(fun_type == 11):
        ft_shift, mag, s_mag = DFT_Numpy(gray)
    elif(fun_type == 12):
        ft_shift, mag, s_mag = DFT_OpenCV(gray)
    log_mag = log_magnitude(mag)
    log_s_mag = log_magnitude(s_mag)
```

사용자가 선택한 패키지 종류에 따라 이산 푸리에 변환을 수행하고 스펙트럼 크기에 대한 로그 크기를 계산한다.

```
    cutoff, order = 0.05, 5
    size = ft_shift.shape[0:2]
    if(filter_type == 21):
        filt = make_filter(size, ‘low_ideal’, cutoff)
    elif(filter_type == 22):
        filt = make_filter(size, ‘low_butterworth’, cutoff, order)
    elif(filter_type == 23):
        filt = make_filter(size, ‘low_Gaussian’, cutoff, order)
    elif(filter_type == 24):
        filt = make_filter(size, ‘high_ideal’, cutoff)
    elif(filter_type == 25):
        filt = make_filter(size, ‘high_butterworth’, cutoff, order)
    elif(filter_type == 26):
        filt = make_filter(size, ‘high_Gaussian’, cutoff, order)
    ft_filt_shift = apply_filter(ft_shift, filt)
```

사용자가 선택한 필터링 연산의 종류에 따라 해당 필터링을 수행한다.

```
    rows, cols = gray.shape
    if(fun_type == 11):
        filtered_log_s_mag = log_magnitude(np.abs(ft_filt_shift))
        image_rec = IDFT_Numpy(ft_filt_shift, (rows, cols))
    elif(fun_type == 12):
        magnitude =
```

```
            cv2.magnitude(ft_filt_shift[:,:,0], ft_filt_shift[:,:,1])
        filtered_log_s_mag = log_magnitude(magnitude)
        image_rec = IDFT_OpenCV(ft_filt_shift, (rows, cols))
```

필터링 결과에 대한 스펙트럼 크기를 각각 계산한다. 그리고 주파수 공간에서 수행한 필터링에 결과를 사용하여 푸리에 역변환을 수행하여 영상을 복원한다.

```
    plt.subplot(421),plt.imshow(gray, cmap = ‘gray’)
    plt.title(‘Image’), plt.xticks([]), plt.yticks([])
    plt.subplot(422),plt.imshow(image_rec, cmap = ‘gray’)
    plt.title(‘Recon Image’), plt.xticks([]), plt.yticks([])
    plt.subplot(423),plt.imshow(mag, cmap = ‘gray’)
    plt.title(‘Spectrum’), plt.xticks([]), plt.yticks([])
    plt.subplot(424),plt.imshow(log_mag, cmap = ‘gray’)
    plt.title(‘Log Spectrum’), plt.xticks([]), plt.yticks([])
    plt.subplot(425),plt.imshow(s_mag, cmap = ‘gray’)
    plt.title(‘Shifted Spectrum’), plt.xticks([]), plt.yticks([])
    plt.subplot(426),plt.imshow(log_s_mag, cmap = ‘gray’)
    plt.title(‘Log Shifted Spectrum’), plt.xticks([]), plt.yticks([])
    plt.subplot(428),plt.imshow(filtered_log_s_mag, cmap = ‘gray’)
    plt.title(‘filtered LS Spectrum’), plt.xticks([]), plt.yticks ([])
    plt.show()
```

이산 푸리에 변환 과정에서 생성한 여러 가지 데이터와 필터링 결과 영상을 화면에 표시한다.

이 프로그램의 실행 화면은 [그림 9.2.2]와 같다. 입력 영상과 필터링된 결과 영상, 스펙트럼 크기, 로그 스케일된 스펙트럼 크기, 평행 이동된 스펙트럼 크기 및 로그 스케일의 크기 데이터를 화면에 표시한다.

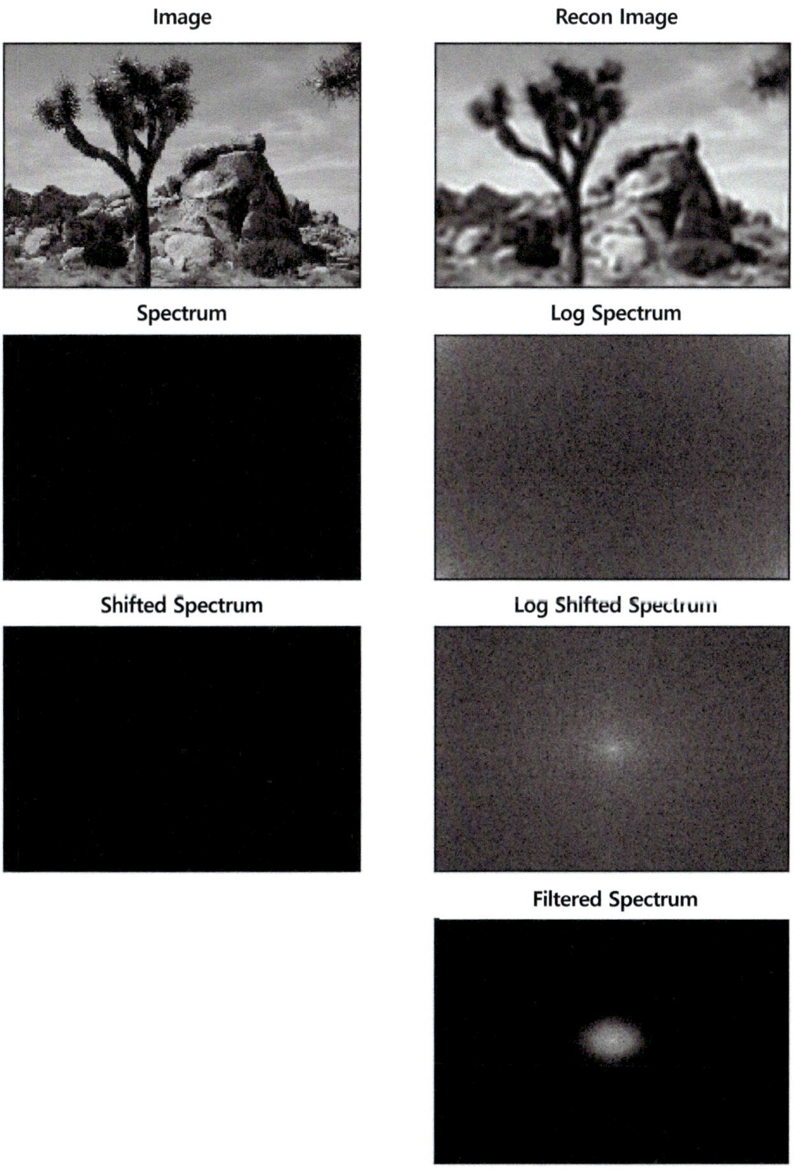

[그림 9.2.2] 이산 푸리에 변환 및 필터링 수행 결과

9.3 스스로 하기 실습

실습 내용

- 호모모픽(homomorphic) 필터링 수행하기

1) 호모모픽 필터링 수행

이번 실습에서는 호모모픽(homomorphic) 필터를 사용하여 영상의 명암은 평탄하게 만들면서 명암 대비를 개선하는 방법에 대해 실습한다. 호모모픽 필터링에 대해 간단히 살펴보고 처리 과정을 소개한다. 처리 과정을 차례대로 수행하여 호모모픽 필터링을 직접 구현해본다.

빛이 물체에 도달하면 물체의 표면에서 빛이 반사되는데 이 반사되는 빛을 디지털화하여 디지털 영상을 생성한다. 따라서 영상은 다음과 같이 조명 성분(lighting component)과 반사 성분(reflectance component)의 조합으로 표현할 수 있다.

$$I(r,c) = L(r,c)R(r,c)$$

$L(r,c)$는 조명 성분으로 물체에 도달하는 빛의 밝기 변화는 크지 않으므로 낮은 주파수 성분에 해당한다. $R(r,c)$는 반사 성분으로 물체의 밝기에 해당하며 고주파 성분을 많이 포함한다. 조명 성분은 억제하고 반사 성분을 강화하는 것은 다양한 응용 분야에서 유용한 경우가 많다. 호모모픽 필터링을 통해 이런 목적을 달성할 수 있다.

호모모픽 필터링 처리 과정은 다음과 같다.

입력 영상은 조명 성분과 반사 성분의 곱으로 가정하므로 로그 함수를 사용하여 조명 성분과 반사 성분을 분리할 수 있다. 1단계에서 로그 연산을 통해 이 과정을 수행한다. 2단계에서 푸리에 변환을 수행한다. 3단계에서 고주파 통과 필터링을 수행한다. 필터 종류는 무관한데 저주파 영역과 고주파 영역에 각각 가중치를 사용하여 기여도를 결정한다. 고주파 영역의 가중치는 일반적으로 1보다 크고 저주파 영역은 1보다 작은 가중치를 사용한다. 전형적인 필터의 형태는 다음과 같다.

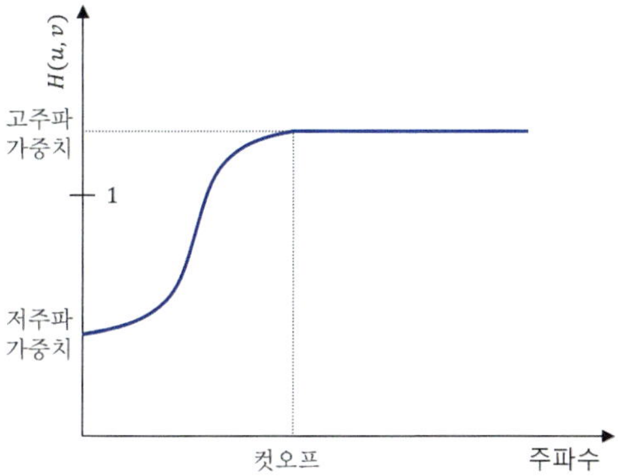

4단계에서는 필터링된 결과를 푸리에 역변환하여 영상을 복원한 후 마지막 단계에서 지수 연산을 수행하여 로그 연산된 결과를 복원한다. 최종 결과에 대해 히스토그램 확장이나 히스토그램 균일화를 수행하면 개선된 명암 대비의 효과를 확인할 수 있다.

입력 영상은 컬러 영상과 그레이 스케일 영상을 모두 사용할 수 있다. 컬러 영상의 경우에는 밝기 성분에 대해서만 처리하는 것이 일반적이기 때문에 RGB 영상을 Yuv 영상으로 변환한 후에 Y 성분에 대해 필터링을 수행한 후 다시 RGB 영상으로 변환한다.

목표

호모모픽 필터링을 수행한다.

절차

- 파일명은 homomorphic.py으로 지정한다.
- 명령 행 인자를 사용하여 입력 파일명을 전달한다.
- 컬러 영상과 그레이 스케일 영상을 모두 지원한다.
- apply_filter() 함수를 작성한다.
- homomorphic_filtering() 함수를 작성한다.
- 컬러 영상과 그레이 스케일 영상에 대해 차례로 수행하고 그 결과를 확인한다.
- 히스토그램 균일화를 수행한 경우와 그렇지 않은 경우에 대해 구분하여 결과를 확인한다.

- images
- 9장
  - consine_transform.py
  - fourier_transform.py
  - homomorphic.py

실행 방법

입력 파일 명은 ../images/cup2.jpg으로 지정

```
> python homomorphic.py --image ../images/cup2.jpg
> python homomorphic.py --image ../images/cup2_grayscale.jpg
```

실행 결과 확인

```
> python homomorphic.py --image ../images/cup2.jpg
```

[그림 9.3.1] 컬러 영상에 대한 처리 결과—히스토그램 균일화 미수행

[그림 9.3.2] 컬러 영상에 대한 처리 결과–히스토그램 균일화 수행

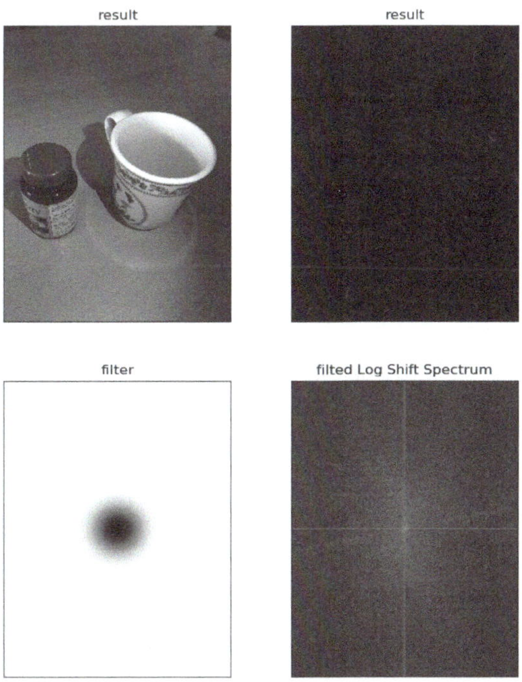

[그림 9.3.3] 그레이 스케일 영상에 대한 처리 결과–히스토그램 균일화 미수행

[그림 9.3.4] 그레이 스케일 영상에 대한 처리 결과—히스토그램 균일화 수행

다음의 주어진 코드를 사용하여 필요한 함수를 완성하시오. 자세한 내용은 도움말을 참조하시오.

```
from __future__ import print_function
import argparse
import cv2
import numpy as np
import matplotlib.pyplot as plt

def convert_to_optimal_size(img):
    # Convert to optimal size by padding 0s
    # It is fastest when array size is power of two
    # size is a product of 2's, 3's, and 5's are also good
    rows, cols = img.shape
    nrows = cv2.getOptimalDFTSize(rows)
    ncols = cv2.getOptimalDFTSize(cols)
```

```
    right = ncols - cols
    bottom = nrows - rows
    bordertype = cv2.BORDER_CONSTANT
    img = cv2.copyMakeBorder(img, 0, bottom, 0, right, ₩
              bordertype, value=0)

    return img

def DFT_Numpy(img):
    img = convert_to_optimal_size(img)

    ft = np.fft.fft2(img)
    magnitude = np.abs(ft)
    ft_shift = np.fft.fftshift(ft)
    shift_magnitude = np.abs(ft_shift)

    return ft_shift, magnitude, shift_magnitude

def log_magnitude(magnitude, k=1):
    log_mag = k*np.log(1 + magnitude)
    return log_mag

def IDFT_Numpy(data, sz):
    ishift = np.fft.ifftshift(data)
    img_back = np.fft.ifft2(ishift)
    img_back = np.real(img_back)
    img_back = img_back[0:sz[0], 0:sz[1]]
    return img_back

def make_filter(size, type='butterworth', cut_off=0.05, order=10):
    filt = np.zeros(size)
    if type=='low_ideal':
        filt = ideal(size, cut_off)
    elif type=='low_butterworth':
        filt = butterworth(size, cut_off, order)
    elif type=='low_Gaussian':
        filt = Gaussian(size, cut_off, order)
```

```
    elif type=='high_ideal':
        filt = ideal(size, cut_off)
        filt = 1 - filt
    elif type=='high_butterworth':
        filt = butterworth(size, cut_off, order)
        filt = 1 - filt
    elif type=='high_Gaussian':
        filt = Gaussian(size, cut_off, order)
        filt = 1 - filt

    return filt

def ideal(size, cut_off):
    crow, ccol = size[0]//2 , size[1]//2
    srow = np.int(size[0]*cut_off/2)
    scol = np.int(size[1]*cut_off/2)

    filt = np.zeros(size)
    filt[crow-srow:crow+srow+1, ccol-scol:ccol+scol+1] = 1

    return filt

def butterworth(size, cut_off, order):
    crow, ccol = size[0]//2 , size[1]//2
    std = np.uint8(max(size) // 2 * cut_off)

    (R, C) = np.meshgrid(np.linspace(0, size[0]-1, size[0]),
        np.linspace(0, size[1]-1, size[1]),
        sparse=False, indexing='ij')

    Duv = (((R-crow)**2+(C-ccol)**2)).astype(float)
    filt = 1/(1+(Duv/std**2)**order)

    return filt

def Gaussian(size, cut_off, order):
    crow, ccol = size[0]//2 , size[1]//2
```

```
    std = np.uint8(max(size) * cut_off)

    (R, C) = np.meshgrid(np.linspace(0, size[0]-1, size[0]),
       np.linspace(0, size[1]-1, size[1]),
       sparse=False, indexing='ij')

    Duv = (((R-crow)**2+(C-ccol)**2)).astype(float)
    filt = np.exp(-Duv/(2*std**2))

    return filt

def apply_filter(fshift, filt, a, b):
    ## 코드 작성

def homomorphic_filtering(image, type, cutoff, order, a, b):
    ## 코드 작성

if __name__ == "__main__" :
    # conda activate psypy3
    # 명령 행 인자 처리
    ap = argparse.ArgumentParser()
    ap.add_argument('-i', '--image', required = True, ₩
          help = 'Path to the input image')
    args = vars(ap.parse_args())

    filename = args['image']

    # OpenCV를 사용하여 영상 데이터 로딩
    image = cv2.imread(filename)

    result, filt, mag = homomorphic_filtering(image, ₩
       'high_Gaussian', 0.05, 5, 0.5, 2.0)

    image = cv2.cvtColor(image, cv2.COLOR_BGR2RGB)

    plt.figure()
    plt.subplot(221),plt.imshow(image)
```

```
plt.title('input'), plt.xticks([]), plt.yticks([])
plt.subplot(222),plt.imshow(result)
plt.title('result'), plt.xticks([]), plt.yticks([])
plt.subplot(223),plt.imshow(filt, cmap = 'gray')
plt.title('filter'), plt.xticks([]), plt.yticks([])
plt.subplot(224),plt.imshow(mag, cmap = 'gray')
plt.title('filted Log Shift Spectrum'), ₩
   plt.xticks([]), plt.yticks([])
plt.show()
```

☞ 도움말

1. 필터링을 수행하는 apply_filter() 함수를 작성한다. 함수 원형은 다음과 같다.

함수 원형

apply_filter(spectrum, filter, a, b)

- spectrum: 평행이동된 푸리에 스펙트럼
- filter: 필터
- a: 저주파 영역에 대한 가중치
- b: 고주파 영역에 대한 가중치
- 반환: 생성한 필터

2. 호모모픽 필터링을 수행하는 homomorphic_filtering() 함수를 작성한다. 함수 원형은 다음과 같다.

함수 원형

homomorphic_filtering(image, type, cutoff, order, a, b)

- image: 입력 영상 (컬러 또는 그레이 스케일 영상)
- type: 필터 유형 (fourier_transform.py 참조)
- cutoff: 컷오프 주파수
- order: 필터 차수
- a: 저주파 영역에 대한 가중치
- b: 고주파 영역에 대한 가중치
- 반환: 결과 영상, 필터, 필터링되고 평행 이동된 로그 스펙트럼 크기 데이터

5단계의 호모모픽 필터링 처리 과정을 구현한다. 푸리에 변환, 필터링, 푸리에 역변환은 fourier_transform.py를 참조한다. 로그 변환은 numpy.log1p(), 지수 변환은 numpy.expm1() 함수를 사용한다.

3. 컬러 영상과 그레이 스케일 영상에 대해 차례로 수행하고 그 결과를 확인한다.

4. 히스토그램 균일화를 수행한 경우와 그렇지 않은 경우에 대해 구분하여 결과를 확인한다.

실습 보고서 (실습 주제별로 작성)

<table>
<tr><td>학번</td><td></td><td>이름</td><td></td></tr>
<tr><td>제출일</td><td></td><td>전자 메일</td><td></td></tr>
<tr><td>주제</td><td colspan="3"></td></tr>
<tr><td>실습 목표</td><td colspan="3">이번 실습을 통해 달성하고자 하는 목표를 2가지 이상 개별 제시
• 목표 1
• 목표 2</td></tr>
<tr><td>해결 과정 및 주요 코드에 대한 설명</td><td colspan="3">• 문제 해결 절차 및 방법
• 소스 코드에서의 핵심 코드를 제시하고 설명</td></tr>
<tr><td>실행 결과</td><td colspan="3">• 세 가지 이상의 서로 다른 실행 결과 제시
• 명령 행 인자나 호출 함수 인자의 변경을 통해 실행 결과 생성</td></tr>
<tr><td>느낀 점</td><td colspan="3">• 문제 해결 과정이나 실습 과정에서 느낀 점</td></tr>
<tr><td colspan="4">첨부: 소스 파일(별도 파일)</td></tr>
</table>

참고 문헌

[1] Python Wheels, pythonwheels.com

[2] The Wheel Binary Package Format 1.9, www.python.org/dev/peps/pep-0491

[3] 김성영, **멀티미디어 이론과 실습**, 카오스북, 2014

[4] Netpbm, en.wikipedia.org/wiki/Netpbm

[5] John Canny, "A Computational Approach to Edge Detection", *IEEE Transactions on Pattern Analysis and Machine Intelligence*, 8(6), 1986

[6] Gonzalez, R. Woods, *Digital Image Processing* (3rd Edition), Prentice Hall, 2002

[7] Nobuyuki Otsu, "A threshold selection method from gray-level histograms", *IEEE Trans. Sys. Man. Cyber.* 9(1):62-66, 1979

[8] C-H Teh and Roland T. Chin, "On the detection of dominant points on digital curves", *IEEE Transactions on Pattern Analysis and Machine Intelligence*, 11(8):859-872, 1989

[9] Yossi Rubner, Carlo Tomasi, and Leonidas J Guibas, "The earth mover's distance as a metric for image retrieval", *International Journal of Computer Vision*, 40(2):99-121, 2000

[10] Scott E Umbaugh, *Computer Imaging*, CRC Press, 2005

[11] Adrian Rosebrock, *Practical Python and OpenCV*, Pyimagesearch

찾아보기

[ㄱ]

[ㄴ]

[ㄷ]

[ㄹ]

[ㅁ]

[ㅂ]

[ㅅ]

[ㅇ]

[ㅈ]

[ㅊ]

[ㅋ]

[ㅌ]

[ㅍ]

[ㅎ]

[숫자]

[A]

[B]

[C]

[D]

[E]

[F]

[G]

[H]

[I]